内蒙古社会科学重点研究项目（项目编号：2021BD17）
内蒙古自治区科技计划关键技术攻关项目（项目编号：2021GG0184）

遗产基因智绘论：
文化遗产保护智能应用发展对策研究

韩海燕　著

中国纺织出版社有限公司

内 容 提 要

本书提出的"遗产基因智绘论",是在文化基因视角下,用智能化手段验证文化遗产交融互鉴的属性并提出智能应用对策。研究分为理论论述与实例论证两部分,理论论述部分,主张利用智能交互技术,以"遗产基因"作为基本单元对民族文化遗产保护机理及其价值流变风险进行智能化重构;实例论证部分,以世界级非遗"潮尔"为个案研究对象,通过深挖"交融互鉴"的遗产基因和构建"计算导向"的知识图谱,将"遗产基因"智能化重构植入保护与应用中。

本书可作为艺术学、设计学、计算机科学等学科文化遗产保护与应用领域研究者的参考用书,也可为相关政府机关、单位提出政策性策略作参考之用。

图书在版编目(CIP)数据

遗产基因智绘论:文化遗产保护智能应用发展对策研究 / 韩海燕著. —— 北京:中国纺织出版社有限公司, 2023.1

ISBN 978-7-5180-9793-7

Ⅰ.①遗… Ⅱ.①韩… Ⅲ.①智能技术—应用—文化遗产—保护—研究—中国 Ⅳ.①K203-39

中国版本图书馆 CIP 数据核字(2022)第 148971 号

责任编辑:华长印 郑冰雪 责任校对:高 涵
责任印制:王艳丽

中国纺织出版社有限公司出版发行
地址:北京市朝阳区百子湾东里 A407 号楼 邮政编码:100124
销售电话:010—67004422 传真:010—87155801
http://www.c-textilep.com
中国纺织出版社天猫旗舰店
官方微博 http://weibo.com/2119887771
北京华联印刷有限公司印刷 各地新华书店经销
2023 年 1 月第 1 版第 1 次印刷
开本:710×1000 1/16 印张:15
字数:200 千字 定价:98.00 元

凡购本书,如有缺页、倒页、脱页,由本社图书营销中心调换

前言

早在2013年，笔者就开始聚焦内蒙古文化遗产的数字化保护与应用研究，虽一路磕磕绊绊，但也乐在其中。直到2020年，笔者的研究设想成功被内蒙古社会科学选中并推荐申报自治区重点项目后，才进入了实质性的撰写阶段，并历时近两年时间，最终完稿。在这段时间里，笔者搜集、整理了大量相关的资料与文献，对内蒙古地区文化遗产保护有了较深的认识，也从中总结了相应的经验与方法，受益匪浅。

民族文化遗产作为中华文化的重要组成单元，既保有各民族的鲜明特色，又"多元聚为一体，一体容纳多元"，融汇在中华文化的血脉之中。根据笔者的调研，目前学界缺乏对文化遗产蕴含的文化交融与历史源流等方面的整体性研究，文化遗产基因需要被重视与保护。在应用与开发领域，文化遗产不能实施单一保护，要实现产业化应用，尤其是少数民族地区的文化遗产在产业化过程中既要考虑不同民族用户的接受能力，也要考虑国家层面的文化认同。对于内蒙古地区文化遗产实现融合与创新保护，是当下文化"走出去"的重要任务。利用"艺术、科学、技术"相辅相成、相互促进的辩证关系，将人工智能的"相似匹配、回归聚类"与基因图谱的"用户中心、迭代创新"进行优势互补，解决文化遗产数字化应用中人们"用不对、看不懂、接受弱、体验差"的窘境。

本书以理论论证为基础，辅以实际生活中较典型的案例展开讨论。理论论述部分，从人类学视角挖掘少数民族地区文化遗产"多元一体"的文化基因属性，基于文化基因遗传视角提出民族文化遗产应具备各民族交融与互鉴的"遗产基因"，主张利用智能交互技术，以"遗产基因"作为基本单元对民族文化遗产保护机理及其价值流变风险进行智能化重构；实例分析部分，以世界级非物质文化遗产"潮尔"为个案研究对象，通过深挖"交融互鉴"的遗产基因和构建"计算导向"的知识图谱，将"遗产基因"智能化重构植入文化遗产的保护与应用中。

　　笔者真正意义上对学术研究有了初步的认知还是在武汉理工大学，短短的求学过程中得到导师们的引导与支持，诸如得到导师方兴教授、潘长学教授的悉心栽培，还得到了设计学、艺术学、心理学领域诸多专家、学者、审稿人的指导，才得以成长，本书的完成与他们在多方面无私的帮助是分不开的。非常感谢内蒙古社会科学界联合会、内蒙古自治区科技厅对本研究提供的资助，也要感谢内蒙古师范大学李少博教授、李莉莎教授、董杰教授，中国纺织出版社有限公司艺术与科学分社的主任华长印对笔者的大力支持。在本书成稿过程中，笔者指导的研究生也有深度的参与，李壮、王晶在对潮尔乐器个案的研究中开展了田野调查并对相关文献做出了整理，张婧文、韩晓宇在文化基因和知识图谱部分对有关文献加以梳理与总结，韩超在完成内蒙古社会科学课题中辛勤付出，感谢他们在本书的撰写和校对方面付出了时间与精力。同时，我的家人给我创造了良好的写作空间，在此一并感谢。

　　本书虽能"窥见"部分文化遗产在智能保护与发展中的知识"身影"，但"难觅"文化遗产保护与发展的"全貌"，有"管窥蠡测"之憾，望各位专家、读者批评指正。愿本研究在应用层面能为政府以及相关科研院所在智能化手段下保护与发展文化遗产方面提供些许建议，也冀望在理论层面为交叉学科视域下文化遗产相关研究提供一些方法上的借鉴。

韩海燕
2022年6月于青城

目录

引言 ·001·

第一部分
智能化复兴
——文化遗产数字化新趋势

第一章　数字化背景下文化遗产保护与应用 ·007·
第一节　文化遗产保护与应用 ·007·
第二节　文化遗产数字化保护与应用现状 ·011·

第二章　文化遗产保护与应用的智能化趋势 ·034·
第一节　文化遗产创新保护与应用现状 ·034·
第二节　全球化背景下文化遗产智能复兴 ·044·
第三节　文化遗产智能化复兴之道 ·052·

第二部分
遗产基因图谱
——交融互鉴的文化遗传实证

第三章　文化遗产文化基因挖掘 ·061·
第一节　文化基因与文化传承 ·061·

第二节　文化遗产的文化基因属性　·072·
第三节　文化遗产基因　·077·
第四节　遗传基因下的文化遗产改良　·089·

第四章　文化遗产基因智慧图谱构建　·094·
第一节　知识图谱及其构建　·094·
第二节　文化遗产基因知识图谱构建　·102·
第三节　智慧图谱下的文化遗产保护　·118·

第三部分
"智绘论"实践
——潮尔遗产基因提取与图谱构建

第五章　文化遗产基因提取与图谱构建：以潮尔乐器为例　·131·
第一节　潮尔乐器文化特征　·131·
第二节　潮尔乐器文化基因提取　·137·
第三节　潮尔乐器文化基因图谱知识提取　·144·
第四节　知识图谱知识匹配分析　·150·
第五节　潮尔乐器遗产基因图谱的创新应用　·159·

研究结论与展望　·171·

参考文献　·174·

附录1　内蒙古文化遗产保护与智能应用对策报告　·180·

附录2　潮尔乐器田野调查　·212·

引言

"文化遗产"（Cultural Heritage）通常是指某个民族、国家或群体在社会发展过程中所创造的一切精神财富和物质财富，这种精神财富和物质财富代代相传，构成了该民族、国家或群体区别于其他民族、国家或群体的重要文化特征。文化遗产是物质文化遗产与非物质文化遗产的总称，是人类创造的具有历史、艺术和科学价值的物体，以及某一族群世代相传的、反映其特殊生活方式的知识、实践等传统文化形式。

党的十九大报告明确指出要"坚定文化自信，推动社会主义文化繁荣兴盛"。2020年2月中共中央办公厅、国务院办公厅印发了《关于实施中华优秀传统文化传承发展工程的意见》，指出要大力保护和传承文化遗产。2017年4月，国务院公报发布《文化部关于推动数字文化产业创新发展的指导意见》中提出："实施数字内容创新发展工程，鼓励对非物质文化遗产等文化资源进行数字化转化和开发，实现优秀传统文化的创造性转化和创新性发展。"随着我国社会主义现代化建设的迅猛发展，传统文化与现代社会生活之间存在的割裂、断层局面日益加深，具体表现在：第一，社会生产方式的改变使得文化遗产原本赖以生存的环境不复存在；第二，传承人群体日趋老龄化和青年人对于传承文化遗产兴趣的缺失使得非物质文化遗产传承人出现断层的情况。近年来，国家对非物质文化遗产保护的方针是"保护为主，抢救第一，合理利用，传承发展"。❶另外，在数字化时代背景下，传统文化面临社会大生产的冲击，文化遗产因不适应经济、社会生活的转型以及传播方式的变革而日益衰落，传承与发展陷入困境。作为承载传统文化的非物质文化遗产产品被制作更为精密、生产更加高效的工业产品所代替，逐渐被市场

---

❶ 中华人民共和国中央人民政府网.国务院办公厅关于加强我国非物质文化遗产保护工作的意见 [EB/OL]. (2005-3-28)[2022-06-13].

淘汰，导致文化遗产的文化基因也逐渐消亡，这已经成为传统文化传承中的共性问题。因此，利用与时代语境一致的新技术，如将大数据和人工智能技术创造性地运用在非物质文化遗产保护领域并激发文化传承的活力已经迫在眉睫。

遗产基因智绘论，即"基于人工智能技术挖掘文化基因知识图谱"，是人类学与计算机科学的交叉研究领域。文化遗产保护与利用的基础是文化的传递，文化基因（文化 DNA）是传统文化核心价值的载体，也是构建国家文化内涵的基本信息单元，具有与生物遗传进化相似的本质属性。所有的文化遗产都是特定时代、经济和政治环境下的产物，因此不论是创新理念、工艺方法还是物象题材，无不反映着历史环境下的人文思想、意识形态、生活习俗等，挖掘、改良甚至重组文化基因是文化遗产保护与利用最核心的内容。所以，深度挖掘文化遗产的文化基因内涵和各民族交融互鉴的基因特性，既是人民日益增长的文化需求，也是国家建立文化自信的需求。人工智能（Artificial Intelligence）技术是以大数据为基础、算法为判断指令、机器设备为载体模拟人类的语言和思维来解决问题的技术。随着计算机技术的发展，人工智能在各个行业和领域都实现了广泛的应用。在国家层面，政府也注意到了人工智能技术的重要性。人工智能技术具有"深度学习、跨界融合、人机协同、群智开放、自主智能"的特点，这些特点可以让文化遗产保护和开发流程发生质的变化，在基于大数据模型的背景下结合深度学习的算法，可以让计算机在某些方面替代人类去"自动"生成。目前广泛应用的人工智能算法经历了几次迭代，多数应用场景主要是基于生成对抗网络 GAN（Generative Adversarial Networks）产生的输出。这种算法的核心就是让计算机通过自我学习、自我适应，生成接近人类智能产生的良好数据。

遗产基因智绘论，在文化遗产保护方面，主要体现在文化遗产数字化从"数据导向"转变为"计算导向"。在网络飞速发展的时代，人们已经习惯从各种网络平台中获取信息，如何从海量良莠不齐的网络资源中筛选有效信息成为人们检索信息时的难题之一。在知识图谱的基础上构建语义检索模型以实现精确查找，从而让用户能够快速地获得文化遗产相关的有效信息，加深对文化遗产的了解，最终达到保护和传承文化遗产的目的。在文化遗产创新应用方面，主要体现在文化遗产从对"文化表皮"的保护，到遗产基因"价值数据"的聚类。随着文化产业市场竞争的不断加剧，用户的需求千变万化，传统的审美形态无法满足当前文化市场的需求，将客户的个性化需求和已有的文化基因深度融合再创新，有利于人们加强对文化基因的理解。因此，加快建设文化基因价值数据的聚类，实现文化基因的高效、精准提取，设计和推广优质的文化遗产产品，从而实现对文化遗产的保护。

第一部分

智能化复兴
——文化遗产
数字化新趋势

文化遗产数字化从"数据导向"转变为"计算导向"

在文化遗产保护领域，智能化技术逐渐影响到文化遗产的保护和创新应用的全过程，人工智能正以新的技术手段改变、重构文化遗产的存在形态和传播方式。

第一章
数字化背景下文化遗产保护与应用

随着近年来我国在文化遗产与可持续发展方面不断更新理念，国内文化遗产保护的整体意识得以提升，人民进一步重视文化遗产的保护。全社会逐渐意识到，保护文化遗产可以涵养一个国家、一座城市的内在历史记忆和文化血脉，是人类社会可持续发展的重要组成部分。

第一节 文化遗产保护与应用

一、文化遗产概念限定

"文化遗产"（Cultural Heritage）通常是指某个民族、国家或群体在社会发展过程中所创造的一切精神财富和物质财富，这种精神财富和物质财富代代相传，构成了该民族、国家或群体区别于其他民族、国家或群体的重要文化特征。文化遗产是物质文化遗产与非物质文化遗产的总称，是人类创造的具有历史、艺术和科学价值的物体，以及某一族群世代相传的，能反映其独特的生活方式的知识、实践等传统文化形式。2006年第5号国务院公报发布的《国务院关于加强文化遗产保护的通知》指出："文化遗产包括物质文化遗产和非物质文化遗产"❶（图1-1）。

（一）物质文化遗产

国外通常称物质文化遗产为"文化财产"，在我国物质文化遗产则被称为"文物"。文物可依据不同的标准进行分类，如根据制

---

❶ 中华人民共和国中央人民政府网.国务院关于加强文化遗产保护的通知[EB/OL].(2008-03-28)[2022-06-13].

```
文化遗产概念限定
├─ 物质文化遗产
│   ├─ 可移动文物 ── 珍贵艺术品、工艺品、文献资料及手稿和图书资料等
│   └─ 不可移动文物
│       ├─ 具有历史、艺术、科学价值的古文化遗址、古墓葬、古建筑、石窟寺和石刻、壁画
│       ├─ 与重大历史事件、革命运动或者著名人物有关且具有重要纪念意义或者史料价值的近现代重要史迹
│       └─ 在建筑式样、分布均匀或与环境景色结合方面具有突出普遍价值的历史文化名城、街区和村镇
└─ 非物质文化遗产
    └─ 各种以非物质形态存在的与群众生活密切相关,世代相亲的传统文化表现形式
```

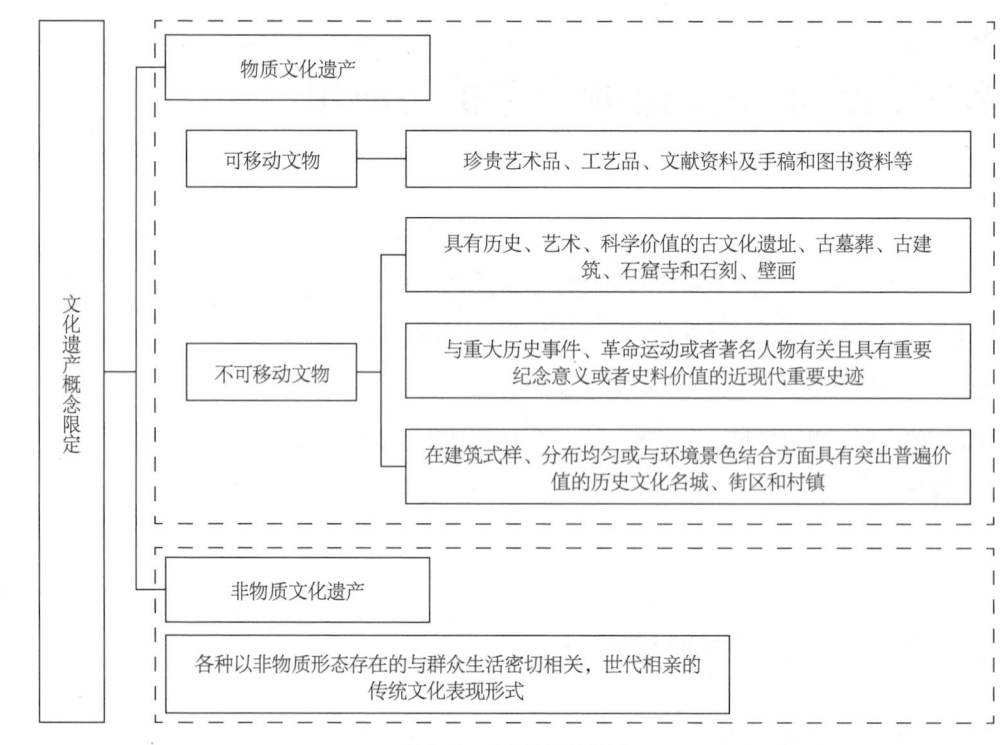

图1-1 文化遗产的范围

作时代的不同,可分为古代文物和近现代文物;根据制作材料的不同,可分为石器、玉器、骨器、木器、青铜器、瓷器、漆器、纺织品、纸质物品等;根据功能属性的不同,可分为礼器(大典、祭祀用品)、明器(随葬品)、生产生活用品、艺术品、科技文物、宗教文物、民俗文物、革命文物等。

1. 可移动文物

可移动文物是指可以通过外力移动的,并且移动后不会影响其价值的文物。可移动文物多为有一定历史的珍贵艺术品、工艺品、文献资料及手稿和图书资料等。这些可移动文物代表着特定历史时期社会制度、生产生活的形态。

2. 不可移动文物

不可移动文物是指不可以通过外力移动的,并且移动后会影响其价值的文物。《中华人民共和国文物保护法》规定:"不可移动文物包括三大类:具有历史、艺术、科学价值的古文化遗址、古墓葬、古建筑、石窟寺和石刻、壁画;与重大历史事件、革命运动或

者著名人物有关的以及具有重要纪念意义、教育意义或者史料价值的近代现代重要史迹、代表性建筑；在建筑式样、分布或与环境景色结合方面具有突出普遍价值的历史文化名城、街区和村镇。"❶

（二）非物质文化遗产

非物质文化遗产是某一族群世代相传的、反映其独特的生活方式的传统文化表现形式，其外延包括口头传统、传统表演艺术、民俗、礼仪与节庆、传统知识和实践、传统手工艺技能等以各种非物质形态存在的传统文化表现形式。

2003年10月17日，中国联合国教科文组织全国委员会秘书处发文《保护非物质文化遗产公约》。其中界定非物质文化遗产为："被各群体、团体、有时为个人视为其文化遗产的各种实践、表演、表现形式、知识和技能及其有关的工具、实物、工艺品和文化场所。"❷我国研究者对"非物质文化遗产"所做的表述于《中国民族民间文化保护工程普查工作手册》："所谓非物质文化遗产，是指各民族人民世代相承的、与群众生活密切相关的各种传统文化表现形式（如民俗活动、表演艺术、传统知识和技能，以及与之相关的器具、实物、手工制品等）和文化空间（即定期举行传统文化活动或集中展现传统文化表现形式的场所、兼具时间性和空间性）。"❸

二、保护与应用相得益彰

早在20世纪中叶，人们愈发认识到人类文化遗产正在受到全球工业化与城市化的破坏和威胁。联合国教科文组织于2003年通过了《保护非物质文化遗产公约》，旨在为人类的子孙后代保护、保存文化与自然遗产。我国历来重视传统文化的保护与建设，一直以来，政府组织文化工作者对部分传统文化遗产进行了调查和研

---

❶ 中国人大网. 中华人民共和国文物保护法 [EB/OL], 2017.[2022-06-13].
❷ 集宁区人民政府. 保护非物质文化遗产公约 [EB/OL], 2022.[2022-06-13].
❸ 中国民族民间文化保护工程国家中心. 中国民族民间文化保护工程普查工作手册 [M]. 北京:文化艺术出版社, 2005.

究，使许多濒临消亡的文化遗产得到抢救。从政府到有关的研究机构都给予了文化遗产保护充分的重视，提升了全社会对文化遗产保护的意识，鼓励各地对文化遗产开展整理、研究和开发活动。

（一）保护为主

世界遗产是全人类共同继承和拥有的宝贵财富，是人们认识历史文化的教科书，是不同民族、不同国家进行交流学习的宝贵资源，同时也是学术研究的重要资源。一个民族的文化遗产能够反映出这个国家的文化软实力，成为对外展示的窗口。然而文化遗产遭到自然和人为破坏的例子屡见不鲜，对其进行科学的保护和有效的监管迫在眉睫，保护好文化遗产成为各方义不容辞的使命。我国的文化遗产，向世界生动展示了中国悠久灿烂的历史文化，让世界各国人民深刻地认识到中华民族为人类文明发展作出的突出贡献。同时，优秀的文化遗产能增强文化自信、增强人民对本民族文化的自豪感，为社会凝聚提供了精神动力。围绕文化遗产开展的本体保护和环境整治工作，带动了文化遗产地对生态的保护、对环境的优化，为文化遗产地的社会发展注入了新的活力。

（二）适当开发

有些国家对本地的遗产实行"活化"保护，即让文化遗产融入当代人的生活，使人们能够在与历史文化的对话中增长知识。让遗产融入当代人的生活是个循序渐进的过程：一方面，政府应该有意识地让遗产走进大众的生活，让大众感受到遗产之美、遗产之珍，进而增强人民的文化自信心、自豪感；另一方面，政府也应该创造机会让更多的人走进遗产、了解遗产，从而展现出遗产的多重价值。学界普遍认为，文化遗产保护"活化"的核心是人的参与，它实际上反映了某一个时代的生产、生活和生态的情况。早期的文化遗产更多是存在于政府、传承人与被传承人之间，随着时间的推移，有了相关保护机构、学者、游客甚至资本的参与，为文化遗产的保护与传承贡献了力量。在国家加强文化遗产"活化"保护的实践过程中，只要保持历史的活态，文化就有无尽的生命力，而"活化"保护的渠道拓展得越宽阔，文化的遗产保护就越有成效。同时，如何在保护与开发中寻求平衡，一直是文化遗产"活化"保护实践中的重要议题。在开放"活化"保护的过程中，部分地区对文化遗产本身的含义缺乏正确的理解，把对文化遗产的保护变成了过度开发，导致世界遗产失去其原真性。从可持续发展的角度出发，在对文化遗产的保护过程中需正确处理好保护与开发利用之间的关系，文化遗产的保护与开发利用表面上看存在对立，关键是要掌握好保护与利用的尺度。而如何把握这个"尺度"，要以不破坏遗产完整性为前提。对待文化遗产，应始终坚持"保护第一，可持续利用"的原则，让保护与利用和谐发展。

第二节 文化遗产数字化保护与应用现状

一、文化遗产数字化保护与应用概述

目前，基于新技术对文化遗产保护和创新方面的研究，在全国先进省市基本达到了推广和全面铺开的阶段，具体研究有：信息化设计方面，浙大彭冬梅在博士论文中以剪纸为例开展了数字化辅助设计和平台的展示系统研究，这是国内较早关注文化遗产信息化应用的研究❶；王耀希在《民族文化遗产数字化》中提出了运用数字技术保护文化遗产，奠定文化遗产数字化保护理论基础❷；杜洁莉在《新媒介场域中非物质文化遗产的创新性传承》中指出新媒介作为一种信息化平台，为文化产业的发展提供了新的场域❸。人工智能结合文化遗产保护方面，聂伟的《非物质文化遗产的智能化传播实践与发展》❹、贾菁的《人工智能背景下非物质文化遗产数字化传播的进阶路向》从不同角度提出用人工智能促进文化遗产数字化传

---

❶ 彭冬梅. 面向剪纸艺术的非物质文化遗产数字化保护技术研究 [D]. 杭州：浙江大学，2008.
❷ 王耀希. 民族文化遗产数字化 [M]. 北京：人民出版社，2009.
❸ 杜洁莉. 新媒介场域中非物质文化遗产的创新性传承 [J]. 浙江传媒学院学报，2017，24(4)：6.
❹ 聂伟. 非物质文化遗产的智能化传播实践与发展 [J]. 四川戏剧，2019(11)：5.

播❶；易善炳在《人工智能在非物质文化遗产保护中的运用》提出将人工智能技术的优越性特征运用在非物质文化遗产保护中❷。文化遗产设计创新方面，李少宏等人在《设计创新视角下的非物质文化遗产保护研究》中提出用设计思维解决文化遗产保护的社会问题❸；清华大学吴琼教授在《面向文化遗产的数字化体验设计》中提出基于智能化技术对文化遗产进行数字化体验创新设计❹；北京科技大学覃京燕教授在《人工智能在非物质文化遗产中的创新设计研究》中以景泰蓝为例对人工智能在文化遗产的设计创新上提出了非常具体的方法和路径❺。基于科技发展的新形势，各个领域的现代化跨越式发展，传统文化的生存空间日益缩小，基于时代发展趋势，迫切需要通过现代数字化手段使传统优秀文化得以重塑，让人们能够直观感受并理解优秀传统文化的魅力所在，推动传统文化保护、传承事业的长效发展。世界各国都有明确的、可持续的文化遗产保护总体发展战略和科学技术发展规划，部分发达国家文化遗产数字化以国家政策为主导，利用公共资金启动文化遗产数字化建设。

其主要体现在以数字技术结合文化遗产项目为输入，在文化遗产项目中形成以数字化为媒介的保护机制，展示与传播、传承与创新三方面的应用，最终输出为一定的经济价值并产生一定的文化影响❻（图1-2）。

（1）文化遗产数字化保护机制主要包含2个方面，即相关法制政策体系的建立、系列数字化举措的推进。

（2）文化遗产数字化展示与传播的保护与应用技术主要包括8个方面，即数字图像处理、数字动画制作、多媒体数据库、虚拟现

---

❶ 贾菁.人工智能背景下非物质文化遗产数字化传播的进阶路向[J].当代传播，2020(1):4.

❷ 易善炳.人工智能在非物质文化遗产保护中的运用[J].科学·经济·社会，2020，38(1):7.

❸ 李少宏,邓碧波,范圣玺.设计创新视角下的非物质文化遗产保护研究[J].东南学术，2014(3):6.

❹ 吴琼.面向文化遗产的数字化体验设计[J].装饰，2019(1):4.

❺ 覃京燕,贾冉.人工智能在非物质文化遗产中的创新设计研究:以景泰蓝为例[J].包装工程，2020，41(6):8.

❻ 王建华,栗帅东.国内非物质文化遗产数字化保护研究现状[J].湖南包装，2021，36(5):1-6,37.

```
┌─────────┐     ┌─────────┐ ┌────┐  ┌──────────────────┬──────────────────┐                    ┌─────┐
│ 数字化  │     │保护机制 │→│形式│→│ 法制政策体系建立 │    数字化举措    │                    │经济 │
│ 技术    │     └─────────┘ └────┘  └──────────────────┴──────────────────┘                    │价值 │
└─────────┘                         ┌──────────────────┬──────────────────┐                    └─────┘
     ↓输入  →   ┌─────────┐ ┌────┐  │ 数字图像处理     │ 数字动画制作     │    → 输出 →
              │展示与传播│→│形式│→│ 多媒体数据库     │ 虚拟现实技术     │                    ┌─────┐
┌─────────┐   └─────────┘ └────┘  │ 数字内容管理与发布│ 数字遥感与数字航拍│                   │文化 │
│ 文化    │                         │ 摄影测量及电工扫描│ 其他数字化技术   │                   │影响 │
│ 遗产    │                         └──────────────────┴──────────────────┘                    └─────┘
└─────────┘   ┌─────────┐ ┌────┐  ┌──────────────────┬──────────────────┐
              │传承与创新│→│形式│→│ 数字影像内容展示 │ VR全景沉浸式体验 │
              └─────────┘ └────┘  │       AR交互场景搭建                │
                                   │ 动漫游戏应用开发 │ 网络媒体内容展示 │
                                   └──────────────────┴──────────────────┘
```

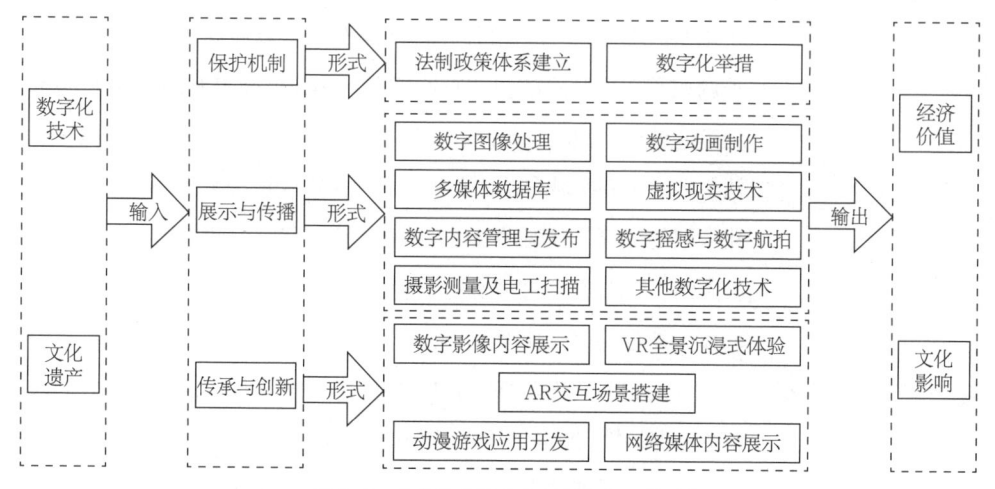

图 1-2　文化遗产数字化保护与应用范围

实技术、数字内容管理与发布、数字遥感与数字航拍、摄影测量及电工扫描、其他数字化技术。

（3）文化遗产数字化传承与创新主要包含 5 个方面，即数字影像内容展示、VR 全景沉浸式体验、AR 交互场景搭建、动漫游戏应用开发、网络媒体内容展示。

二、国内外文化遗产数字化保护机制

（一）国内外文化遗产数字化政策

随着时代的进步，数字化技术已广泛应用到文化遗产保护与传播的各个方面，由于世界各国发展水平与自身资源条件有所差别，因此目前国际上还未形成统一的定义。日本率先将文化遗产划分为有形和无形两种概念；美国启动"美国记忆"建设数字图书资料文库；法国通过收藏古典文集发展文化产业。我国于 2005 年出台的《国务院办公厅关于加强我国非物质文化遗产保护工作的意见》中指出："用录音、录像和文字等多媒体技术手段，对文化遗产保护的对象进行全面性、系统性和真实性记录。"❶ 我国各地政府加大对文化遗产保护政策体系建设和增强扶持力度，让文化遗产数

---

❶ 中华人民共和国中央人民政府网. 国务院办公厅关于加强我国非物质文化遗产保护工作的意见 [EB/OL]. (2008-03-28)[2022-06-07].

字化保护能有法可依。目前法制政策体系建设体现在国家政策的宏观调控和地方政府的协调管理来细化实施标准等方面。2006年田艳等通过分析我国少数民族文化权利保障的相关立法，提出从《宪法》到《民族区域自治法》及地区《文物保护法》等都涉及民族文化权利的保障，并列举云南、福建、贵州等地方政府出台的文化保护条例❶。2010年黄小娟通过分析我国文化遗产传承人所面临的社会环境，结合英美日韩等国际社会对文化遗产传承人的保护措施，提出应尽快完善文化遗产传承人的传承权、署名权、改编权和表演权等立法保护❷。2014年杨茜茜通过分析澳大利亚的数字政策转型，提出宏观与微观相结合、需求驱动力与文档数字化、电子文件管理政策等措施，为我国"双轨制"数字文档管理模式的转型提供可行参考❸。党的十八大以来国家高度重视文化建设，相继出台若干政策措施加强公众文化基础服务建设，人民群众精神文化生活显著改善。但相对于人民群众的个性化、多元化的文化需求，公众文化服务仍存在着许多问题亟待解决。与此同时，党的"十四五"时期，国家将继续推进城乡一体化建设，推动数字化工程建设并开展群众性文化活动，通过智能化网络提升公众文化服务质量，完善"文化+旅游+技术"的价值赋能❹。

随着文化遗产数字化的发展，美国政府推出"挽救美国的财富计划""维护美国行动计划"目的在于激发公众对文化遗产的关注，率先将"内容产业"纳入商业和产业化轨道❺❻。通过颁布"北美行业分类系统"，美国已经将信息内容（特别是文化内容）作为信息产业的主体，美国对文化遗产作为新的经济资源采取的做法是最大

---

❶ 田艳,王让.我国少数民族文化权利保障立法及其完善[J].黑龙江省政法管理干部学院学报,2006(6):5-9.

❷ 黄小娟.少数民族非物质文化遗产传承人的权利探析[D].北京:中央民族大学,2010:16-34.

❸ 杨茜茜.我国文件档案"双轨制"管理模式转型——澳大利亚政府数字转型政策的启示[J].档案学研究,2014(3):5.

❹ 杨乘虎,李强."十四五"时期公共文化服务高质量发展的新观念与新路径[J].图书馆论坛,2021,41(2):1-9.

❺ 郑慧.广西壮族历史档案及其开发利用[J].档案学通讯,2007(5):4.

❻ 郭鸿雁.传媒经济运营与文化产业发展[J].经济研究导刊,2008(3):3.

限度约束政府权力和最大限度开拓文化生活空间的原则❶。

欧洲对文化遗产主要的建设方针是购进和自建相结合的模式，对文化遗产消费市场调查认真细致，项目的规划考虑长远，兼顾综合效应，同时注意了量力而行和分段实施。法国、意大利和西班牙等欧盟国家在利用新数字技术与信息技术开发本国文化资源和采取的措施方面处于国际领先地位❷。法国推出的"国家文化遗产（科技）研究计划"，由政府投入，集中了53个研究团体，进行科研项目攻关，涉及理论、基础研究、技术和具体保护工程项目。意大利推行国家大学科研部文物保护研究三年计划（2003年~2005年），参加项目单位多达350个，其中有64个分布在国家研究委员会、大学和文化遗产部的主要研究机构里，预算总额达3亿欧元❸。欧盟科技发展第六框架计划，确定文化遗产保护和相关研究作为增强经济潜力和凝聚力的战略重点。欧盟2002年至2006年间关于文化遗产数字化对策包括：建立欧洲人研究区，设立欧洲最好的网络中心进行联网和创建国际级水平的虚拟中心，更连贯地执行国家和欧洲的研究活动，扩大研究人员的流动并宣传欧洲文化遗产，投资额度为175亿欧元。其中最具代表的意大利在2003年投入35亿欧元的文物保护经费❹。欧盟认为教育也是文化遗产保护与开发的最大市场：欧洲的博物馆、图书馆和档案馆应和公众用户群建立新的关系，大的文化机构要有新技术装备，数字对象的创建保存是科学研究的关键部分。目前，欧盟存在的主要问题和挑战是有关知识产权保护的问题，投资力度不够以及数字化的方法和途径缺少也是显著的问题。今后欧盟将在保证用户的需求和原始资料品质的前提下制定透明的数字化文化遗产保护策略。

日本和韩国先后推出了"文化立国"计划，主要内容都是如何更好地保护和利用文化遗产。根据2003年日本文部省发布的有关

---

❶ 鄂云龙. 数字图书馆——信息时代发展新阶段的国家级挑战 [J]. 中国电子出版, 2001 (21): 37-43.

❷ 赵耀. 旅游信息化发展战略研究文献综述 [J]. 东方企业文化, 2012(B12): 2.

❸ 田丰. 浅谈古籍保护工作的国际化 [J]. 图书馆工作与研究, 2010(8): 3.

❹ 贺涛. 文物保护形势严峻科技支撑力度贫弱 [EB/OL]. (2004-12-06)[2022-06-07].

资料显示，2002年文化厅预算的总额为985亿日元，文物保护的预算为581亿日元，占文化厅预算的59%。国家财政之外，地方政府对文物保护的资金投入从1990年至1995年一直保持在1400亿日元左右，尚有大量私人财团的捐助❶。印度2003年的科技政策其中一个主要目标就是利用现代科学技术的全部潜力来保护、保全、评价、更新、尊重和利用印度的悠久文化遗产。澳大利亚政府认为当地有多元的文化传统，文化遗产是澳大利亚人民的精神财富，同时更对信息经济的成长有极大贡献，从网络经济的文化层面采取的对策是：推进数字化技术使全国更全面更容易地分享澳大利亚多元文化与文化遗产；通过网络将澳大利亚艺术与文化传播到海外；促进文化工作者与商业及信息业联合成立各类联盟，互蒙其利；推动文化产品之宣传，并保护该国文化不被篡改或盗用。2001年澳大利亚政府把2%的文化遗产研发启动资金投入通过数字内容达到保护文化遗产的目的。

（二）国外文化遗产数字化举措

文化遗产作为人类遗产的重要组成部分，其通过数字化保护与开发文化遗产的方式得到了包括我国在内的世界上许多国家的高度重视。但是作为整合了文化遗产资源并基于计算机学科而出现的应用性很强、跨学科和综合性很大的项目，文化遗产数字化数据库的建设无论是从数字化存档的重要意义方面，还是从文化遗产保护重要路径方面，这一项研究已然成为当今世界的一个重要课题。日本作为文化遗产总数世界第二的国家（仅次于中国），针对文化遗产的保护采用了欧美等发达国家所使用的登录制度。这种制度主要是由政府和专家牵头，利用注册和登记的手段，给予那些代表某一时代某一风格的少数文化遗产精心的保护，通过媒体向大众宣传其所具有的历史文化价值，提高大众对文化遗产的保护意识。相比日本文化遗产走的少数精品路线，韩国对文化遗产的保护走的则是商品化和旅游化的道路。韩国政府在对文化遗产的保护方面，除了采用

---

❶ 徐红,郭姣姣.数字化技术在日本民族文化传承中的运用及启迪[J].新闻大学,2014(6):8.

大量有效的保护措施外，还利用商业手段让文化遗产保护规模化，使其更加容易向全世界推广。在韩国，小到香烟的包装盒，大到机场或是地铁站的广告栏，都充斥着大量的文化遗产宣传广告。虽然这种将非物质文化遗产商品化的方式大大提高了公众对文化遗产保护的关注度，但同时这种模式化的宣传让文化遗产逐渐失去原有的文化内涵。相比于韩国和日本，法国则采用设立文化遗产日和文化遗产保护区的方式来推动和促进文化遗产的保护工作。作为拥有丰富文化遗产和众多文物古迹的大国，法国拥有的历史文物古迹多达4.4万处，并划定了104个历史文化遗产保护区，有80多万居民如今仍在其中生活。同时法国政府也将每年9月的第三个周末设定为文化遗产日，向公众免费开放所有博物馆和历史古迹场所，这不仅增强了民众保护历史文化遗产的意识，也为法国带来大量来自世界各地的游客。这种将历史文化遗产带入人们生活中的方式，不仅没有因经济的建设而使其遭到破坏，还将历史文化遗产转化成为促进经济发展的重要手段，实现了遗产保护和经济建设的协调发展。

作为IT巨头，谷歌公司则采用VR技术对文化遗产进行保护，让人们身临其境般体验各国传统体育和杂技，观赏不同民俗风情的舞蹈和戏剧。谷歌推出的手机应用程序Google Arts & Culture就是这样一款具有强大数据库功能的手机应用软件，它通过将各个国家各个博物馆中的馆藏和资料数字化，向人们近距离的展示那些历史上著名的绘画、雕塑、建筑等艺术作品，打破时间和空间上的限制，让人们置身于人类历史文化的长河中。这可能是除游戏外，VR技术最为直观也最有价值的一种应用了[1]。

三、文化遗产数字化保护与应用技术

随着信息技术的飞速发展以及产业化程度的不断提高，数字化各个阶段需要的软硬件技术日益成熟，大规模进行文化遗产数字化

---

[1] 马光明,王聪华,何东琴.国内非物质文化遗产数据库现状研究的调查报告[J].电脑知识与技术:学术版,2019,15(11):8-9,16.

的技术条件已经基本具备。信息技术的发展可以用日新月异来评价，数字化技术应用日趋普遍，尽管有部分数字化技术和设备还不是尽善尽美，例如在数字制作、数字集成过程中仍面临着一些技术问题需要解决，但这些问题的攻克或逾越是可以期盼的，而且大部分的数字化技术已经比较成熟，能够实现不同的数字化目标和数字化多样性的要求。

（一）数字图像处理

计算机图像技术是文化遗产实现数字化的重要手段。文化遗产数字化需要处理大量的实物图像和制作虚拟图像，需要应用最新的图形图像成果，涉及图像处理、图像过滤、图像理解以及图像检索等与图像处理密切相关的技术，包括图像颜色特征提取、图像纹理分析、图像形状分析、图像对象分割、图像库相关反馈技术、序列图像运动分析等，其中图像肤色检测、图像光照平衡、图像纹理分割、图像对象分割、图像自动分类、图像学习与理解、序列图像活动性分析等是文化遗产数字化的重要技术手段。此外，还涉及数字图像技术包括数据分类与组织；原始图像色彩的校正和均衡，在统一的光照条件下进行亮度、色度的均衡、色彩一致；图像的几何校正技术；基于计算机视觉的图像制作技术；图像拼接技术；重构拍摄技术；图形图像整体校准与融合技术等。

（二）数字动画制作

计算机动画不但是文化遗产数字化的核心技术，是一种高度假定性的电影艺术，也是虚拟现实技术的核心基础。采用计算机设计民族文化遗产数字动画，从技术研究角度工作流程可分为计算机辅助二维动画和计算机辅助三维动画；在动画合成方面，又有动画特技合成、动画实景合成、动画模型合成，甚至还有动画显微摄影合成等分法。传统动画技术包括关键帧动画、路径动画、变形动画、过程动画、粒子动画、群体动画[1][2]。基于物理、动力学、流

---

[1] 刘华. 重塑历史的"真实"——漫谈《故宫》动画制作 [J]. 电视字幕（特技与动画），2005(11)：38-40.

[2] 钟兴华. 装备产品人机设计及三维演示实现的若干研究 [D]. 大连：大连理工大学，2008.

体和粒子模型的动画技术是一种具有潜在优势的三维造型和运动模拟技术，使用该技术比传统动画技术的制作难度和计算复杂度要高得多，但它能逼真地模拟各种物理、自然现象、历史场景和人文活动，能进行刚体运动模拟、塑性物体变形运动以及流体运动模拟，这是基于几何的传统动画生成技术所无法比拟的❶。随着三维设计软件的迅速发展，客观世界的任何对象（如条件不允许公众接触的珍贵文物）都可以用计算机制作并进行全方位的精确展示，而且，客观现实不存在的历史和社会现象也可以用计算机精确制作和生动再现。

（三）多媒体数据库

数字化信息组织的标准和规范有很多，目前网上数字资源比较常用的元数据格式有MARC（中国为CNMARC，WH/T0503-96）、Dublin Core (DC)、VRA核心类目、REACH著录元素集等。其中，DC因其通俗易懂，便于使用，得到了国际社会的普遍认可，有望成为国际标准。与MARC复杂的856个字段相比，DC包含有15个基本著录项：题名、主题、说明、语种、来源、关联、覆盖范围、创建者、出版者、其他责任者、权限、日期、类型、标识、格式。但DC毕竟不是完全针对网络音视频环境而制定的标准，在理想情况下，网络音视频的元数据还应当包括长度和时间，甚至包括一系列关键帧或低码流的预览片段❷。元数据是网络信息组织的重要组成部分，但不同的置标语言支持不同的元数据。现状是Web上的元数据的各种标准太多，且仍有继续制定的趋势❸。尽管如此，截至目前国内外还没有一个完全针对文化遗产数字化保护与利用的元数据标准。

国外比较典型的多媒体数据库技术产品包括UniSQL/X、Jasmine。其中，美国Computer Associates（CA）公司推出的

---

❶ 冯莉.古生物计算机复原技术的研究[D].西安电子科技大学,2005.
❷ 柴利军,谢桂鲁,韩海.媒体资产管理系统及关键技术[C]//全国城市有线电视技术研讨会.中国电子学会,2008.
❸ 王海波,汤珊红.网络信息资源的组织与管理研究[J].现代图书情报技术,2003(3)：60-63.

Jasmine目前是世界上第一个也是唯一集成了多媒体和Internet应用的纯面向对象的数据库。Jasmine既是一个对象数据库引擎，又可作为一个Internet的开发平台，一个客户机/服务器开发环境和一个多媒体信息认证工具。作为一个完全的对象数据库管理系统，Jasmine能利用数据库直接存取多媒体信息。Jasmine存储、管理和操作复杂数据结构如图像、影像等数据，维护对象之间复杂数据关系的表述，支持有多继承性特征的类库所构成层次化的信息结构系统。在我国国家高技术研究发展计划（863计划）和国家重点基础研究发展计划（973计划）的支持下，到目前为止，国产数据库软件在技术上已经具有了较深的层次和广泛性，在产品开发上也积累了一定经验。具有一定影响的国产数据库软件除国信贝斯公司的iBASE非结构化数据库外，还有由中国人民大学和中软总公司合作完成的COBASE、中国人民大学与知识工程研究所推出的EasyBASE/ PBASE、TRS公司的TRS Server以及华中理工大学的DM系统等。

（四）虚拟现实技术

虚拟现实（VR-Virtual Reality）是一种可以创建并体验虚拟世界的计算机系统，应用于文化遗产的数字再现中能取得较好的效果。虚拟环境是由高性能计算机生成的，通过视觉、听觉和触觉等作用于人，使之产生身临其境的感受，它不仅有完善的交互作用能力，而且能帮助和启发人类进行思考❶❷。目前网络展示的虚拟现实技术大体上可分为两个范畴：一个是以3D为基础的虚拟现实造型（VRML）技术，也称Web3D技术；另一个是以Image为基础的全景图（Panorama）技术❸。VR技术是一项投资大、具有较高难度的项目。与国外相比，我国在VR方面的研究主要是以应用为主。在文化遗产的虚拟表现中，文化信息作为对象，可以通过在计算机中用数字形式进行制作、编码、存储，并在计算机网络中相互传递，

---

❶ 谢菊明. VR建筑设计实验室建设方案[J]. 美术学报，2017(4)：4.

❷ 徐兰君，张爱军，吴涛. 虚拟现实技术及其在排球教学中的应用展望[J]. 通化师范学院学报，2008，29(4)：3.

❸ 陈秀丽. 网络数字影像的审美阐释[J]. 传媒观察，2009(3)：2.

并利用解码重新还原成人们可主观感受的表象形式❶。通过虚拟展示获得基于文化的各种体验，人们实现可以通过视听触嗅等手段所感受到的虚拟幻境，故VR技术又称幻境或灵境技术。虚拟现实是一门集成了人与信息的科学，其核心是由一些三维的交互式计算机生成的环境组成。这些环境可以是真实的，也可以是想象的世界模型，其目的是通过人工合成的经历来表示信息❷。有了虚拟现实技术，复杂或抽象系统的概念的形成可以通过将系统的各子部件以某种方式表示成具有确切含义的符号而成为可能❸。虚拟现实是融合了许多人的因素且放大了它对个人感觉影响的工程。虚拟现实技术是建立在集成诸多学科，如心理学、控制学、计算机图形学、数据库设计、实时分布系统、光电技术、机器人及多媒体技术等基础之上的，虚拟现实技术与三维动画最大的不同点在于其互动性。

虚拟现实技术在文化遗产数字化中的应用有三种方式：虚拟实境技术方式、虚拟虚境技术方式与混合虚拟现实方式。把虚拟模型和实景混合在一起，构造出虚拟现实场景，可提高实时漫游的效率。

1. 虚拟实境技术方式

虚拟现实是针对已开发出来的文化遗产进行虚拟旅游，通过这种方式的虚拟旅游，不仅可以起到预先宣传、扩大影响力和吸引游客的作用，而且能够在一定程度上满足一些没有到过该旅游景点或是没有能力到该旅游景点的游客的游览的需求。

2. 虚拟虚境技术方式

虚拟现实是针对现在规划开发的遗产地旅游景点以及已经不存在或部分存在的遗址，通过重现这些遗址的历史场景，满足人们对民族文化的好奇心，给人们怀旧心理以某种程度上的抚慰❹。通过虚拟现实技术，利用原先所有的从航拍、卫星得到的数据和实测数据建成地形地貌模型库，再复合以人文文化遗产信息，这样使得

---

❶ 兰丽茹,桑莉君.基于数字技术的开化寺壁画图像分析[J].艺海,2020(5):2.
❷ 刘咏春.基于VR技术的虚拟教学应用研究[J].课程教育研究,2017(1):1.
❸ 夏晨露.自动换刀装置虚拟教学子系统的研究与开发[D].西安:陕西科技大学,2015.
❹ 王晓露.数字媒体艺术在大理市喜洲镇旅游文化产业开发中的运用[J].祖国,2017(15):1.

原有雄壮美丽的自然、人文文化遗产能够以另一种方式保存和重现❶。同时，这种形式还可以对于遗产地区起到一种先期宣传和吸引游客的作用。

3.混合虚拟现实方式

由于复杂场景所包含的图形数据量往往十分庞大，严重地限制了虚拟现实应用实时绘制的要求。目前，解决方法之一是利用图像、视频参与场景的造型，重现场景。在重建过程中利用混合表示的算法，使规则和非规则几何的物体分别具有最佳的表达方式，从而大大地改善了虚拟环境的实时生成的效率。虚拟环境的生成加速是虚拟现实技术应用的重要环节，开展虚拟环境生成支撑技术的研究并将研究成果以算法形式融合到文化遗产虚拟仿真环境中，对进一步实现文化遗产虚拟环境的"真实性""实时性"具有重要的意义。例如，现在还遗留的文化遗产实物可以通过高清数字拍摄进行真实记录，对于该实物发生在过去、现在的故事，或未来可能出现的事件，可以通过混合现实的手段进行虚拟展示和演绎，既能满足向对象展示真实的文化遗产，又能充分表现其独有的文化内涵。

（五）数字内容管理与发布

数字媒体内容管理与发布技术是一种以提高数字媒体内容资产利用率为目标，以网络为依托，以音视频内容管理技术为核心，集成和运用音视频元数据标准、媒体智能分析、中心到边缘分发、ORM数字媒体版权管理、批量自动编码等的关键技术，可支持MPEG1、MPEG2、MPEG4等多种格式，具有对内容资产进行创建、存储、检索、分发和发布等功能，具备低成本、规范化、可伸缩等特性的全新综合性管理系统。以上这些特性表明数字媒体内容管理与发布系统非常适合文化遗产这样以图像和音视频内容为主的媒体资产的管理与综合利用。

面对海量信息，如何找到有价值的信息并转化为知识是媒体智能分析技术需要解决的问题。而大量的文化遗产数字化信息（包括

---

❶ 蔡翊. 基于Unity3d的金丝峡地质公园虚拟旅游系统的研究与实现[D]. 西安：西安科技大学,2012.

文字、图片、音视频数据等），其本身仅仅代表处理过程的记录。通过智能化管理，可实现信息从原始存储状态到不同服务类型的自动组织、归类。同时，内容的智能化管理，也为实现知识管理提供一定的内容。另外，由于非结构化信息比结构化信息更难标准化，所以对文化遗产进行存储、检索、发布以及利用也就需要更加智能化的IT技术，如海量存储、智能检索、知识挖掘、内容保护、信息的增值开发利用等❶。多媒体数字资料的元数据手工编写工作量较大，尤其是采用复杂的元数据标准编写，其工作量难以想象。基于文本材料的元数据自动提取技术已日趋成熟，但基于动态视频的相关技术却面临较大的技术障碍。自动提取首先需要实现数据分离（分离音轨），采用元数据提取算法对帧序列进行镜头、场景、标识、字幕、物体等进行探测，在提炼关键帧的基础上，与语音识别技术相配合，采用视频OCR技术，提取地理、时间、主题、摘要等信息，并产生文本描述。最后，依据元数据标准结构，自动生成元数据库记录（索引项）或XML/SMIL（可扩展标记语言/同步多媒体集成语言）。目前，除部分技术达到实用化的水平外，其余部分尚处在研究进程中。值得一提的是，全球著名的VideoLogger音视频索引软件通过引入基于视频Clip裁片的精确管理技术，将传统的视频分离成实时视频Clip裁片，为视频Clip裁片建立索引，并将视频Clip裁片存入多媒体数据库中，为实现特定类型元数据的自动提取或手动提取创造了条件。这种短格式视频Clip裁片可以有效地在网站上发布，或者按照用户需要进行搜索。采用这种方式，视频内容的拥有者和互联网用户能以熟悉和有效率的方式，迅速找到、查阅和共享他们需要的视频，提高音视频内容管理的精度❷。

（六）数字遥感与数字航拍

1.数字遥感

与普通地面考察相比，遥感能够充分利用卫星的高空优势，在许多方面能弥补地面观测无法得到的大量信息。目前应用遥感与文

---

❶ 鞠伟平.面向学习型组织的内容管理系统的研究与实现[D].哈尔滨:哈尔滨工程大学,2007.
❷ 王耀希.民族文化遗产数字化[M].北京:人民出版社,2009.

化遗产数字化主要在六个方面：覆盖范围广，可获取研究区的全局信息，从大范围的文物普查到具体一个遗址都可获得不同空间分辨率的遥感数据；光谱范围大，遥感能从紫外线、可见光、红外线、热红外、微波等全波段来探测地面物体；时空分辨率高，遥感考古可在太空识别地表数十平方厘米的目标；光谱分辨率高，多光谱遥感图像能提供同一研究区域不同谱段的遥感信息，成像光谱仪技术增强了对考古对象的识别能力；穿透能力强，长波段合成孔径成像雷达的穿透特性可用于干旱地区古遗址的探测，而探地雷达技术则能获取地表以下一定深度的文化遗产信息；对文化遗产对象的无损探测❶。国内于2006年开始对长城文化遗产进行卫星遥感考察，采集跨越多个省份地域范围内的文化遗产信息。通过航空遥感、GIS地理信息系统、GPS全球定位系统可以很清楚地定位出长城的地理坐标和海拔高度，收集到长城的详细数据，并经过分析处理，应用到卫星图片上，进行三维转换，从而创作出三维立体的数字长城，完成大型文化遗产的数字化。这是卫星遥感数字化采集技术和GPS技术的组合应用的典型实例❷。

2.数字航拍

喷气式飞机、直升机载人、遥控无人驾驶直升机、飞艇或固定翼无人驾驶飞机等数字航拍手段可用于文化遗产的大中型建筑、场景和古迹的数字图像和视频采集（空中飞行采集拍照高精度数码照片和摄录数字视频）。根据所拍摄的图片和视频资料反映的文化遗产所在地整体概貌和周边环境，对三维数字模型进行建模和修改提供参照数据。综合应用无线电遥控技术、航空技术、微波收发传输技术、光机电一体化技术、计算机图形图像技术、信息网络技术、数字照相和数字视频技术、电子精密机械技术等多领域的高新技术，以"飞鸟视觉"和"鹰眼效果"，通过鸟瞰、巡航、悬停、特技、遥控等航拍手段，实现文化遗产特别是自然文化遗产场景的数字化采集、可视化拍摄和操控，对获取文化遗产目标资料具有其他

---

❶ 赵生才. 人类文化遗产信息的空间认识 [J]. 地球科学进展, 2004, 19(4): 687–691.

❷ 中国新闻网. 中国将制作三维万里长城 全世界可网游长城全貌 [EB/OL].(2006-01-09)[2022-06-07].

手段无法替代的优点。中国社会科学院和中国长城学会为复原万里长城原貌，制作三维立体图像，在飞机上装载遥感器，沿着长城的走向，把4000多公里的长城，全部拍摄成数字照片。对于部分被毁掉的长城，由于照片上无法表现，也将通过分析长城遗址的土壤，鉴定该地点地质年代，判断是否有人工操作的痕迹，来确定长城的位置❶，最终得到长城从嘉峪关到山海关的原貌数据。数字航拍是提高大中型文化遗产数字采集的准确性的必要手段之一。

（七）摄影测量及电工扫描

1. 数字摄影测量技术

数字摄影测量技术可以测量文化遗产场景和对象的数据，是三维信息获取的手段之一。数字摄影测量通过获取一系列物体对象的照片，解析演算出物体空间外形的技术方法❷。随着计算机技术的快速进步，传统的大地摄影测量演绎为从数字摄影到数字空间解析的全数字化成熟技术。摄影测量方法借助人眼的双眼视差，通过拍摄物体对象不同位置的照片，还原解析出物体的外部空间形状。此外，也可以通过拍摄一系列不同位置的照片，借助物体的显著特征点在不同图像上的差异，解算出物体摄影时相机镜头、位置等参数，并可以解求出图像像素的几何位置信息。光测量方法，是对物体进行不同光源位置和强度的数张照片上反映的同一点在阴影和反光强度上的变化，通过递归推算出各点的几何空间位置。摄影测量方法具有在分析纹理图像的同时获取文物几何空间关系的优点，但对色彩均质表面存在解析误差大等缺点。

2. 结构光获取技术

结构光获取技术同样具有获取文物三维空间几何数据的并同步得到文物表面纹理的优点。所谓结构光（Structured Light）是指将一组规则形状的光投射到物体，这种形状可以是黑白相间的小方块、栅格或其他更为复杂的。结构光经常采用的是黑白相间的条形图案，改变不同的粗细分别投影到物体上，如此，在物体表面产生

---

❶ 赵生才.人类文化遗产信息的空间认识[J].地球科学进展,2004,19(4):687-691.

❷ Bernard Guineau,张雪莲.利用现代仪器对颜料和染料进行非破坏性分析[J].文物保护与考古科学,1997(1):6.

出间隔的明亮条纹，从一个角度观看，则物体的起伏变形所引起的线条变化便可以转换为物体的表面高度变化。结构光的投射可以采用投影仪和激光等，且结构光获取技术的精度一般可以达到亚毫米级。然而结构光获取技术不足之处是存在投影和图像摄影景深制约的问题。

3. 三维激光扫描技术

三维激光扫描（3D Laser Scanner）技术是20世纪90年代蓬勃发展起来的高精度、快速获取物体三维几何数据的新型技术。其技术又分为适合近距离、高精度获取的三角激光扫描和中远距离飞行时间激光扫描等。三角激光扫描精度一般可达到几十微米，而飞行时间激光扫描则一般精度在几毫米，它的特点是速度快。目前，商业扫描仪以中远距离激光扫描仪为主。三维激光扫描仪能够快速获得物体的三维几何信息，但由于目前绝大多数市面上的激光扫描仪都是单色激光，所以其所完成的物体模型缺少色彩纹理，通常需要结合单独数字摄影拍摄文物图像，并贴图完成纹理绑定或结合摄影测量组合纹理信息❶。

（八）其他数字化技术

1. DRM数字媒体版权管理技术

数字版权管理（DRM）是内容提供商保护内容和依靠内容盈利的关键技术保障。DRM是以某种安全方式进行媒体内容加密的解决方案，它允许内容提供商在其发布的内容中定义观看时间、观看次数、自动删除等功能，以及设置了防止复制的保护措施。DRM需要灵活地支持多种商业模型，支持灵活的媒体访问权限。数字化以后的文化遗产更加需要加强版权保护，否则会导致真正的拥有者丧失对文化遗产的拥有权，让数字化文物的篡改变得有机可趁。

2. 水印技术

在技术发达的今天，数字水印技术已经成为数字化对象强有力的保护者。数字水印是一种嵌在数字信息中难以被发现而且非常强大的一种信息。它的强大性在于它可以防止多种多样的攻击，如剪

---

❶ 刘刚, 张俊, 刁常宇. 敦煌莫高窟石窟三维数字化技术研究[J]. 敦煌研究, 2005(4): 6.

切、放大等，从而在数字信息中起到一种保护的作用。现在的大部分数字水印技术都是将水印信息嵌入变换后的图像信号系数中。随着水印技术的发展，各种各样的算法得以出现，可以用来抵抗各种恶意攻击。利用数字水印来保护数字化后的自然文化遗产，必然可以为这些遗产带来安全的使用，拥有者也可以放心地将数字化产品推广开来。

3.批量自动编码技术

在节目数字化过程中，经常会发生节目存储介质无法读取的问题，在节目压缩转换过程中经常会出现断点。如果全靠人工手动转换压缩，那将是非常浩繁的工作量。鉴于上述原因，技术人员可以使用批量自动编码软件的形式，在系统中实现自动查找视频坏点、自动设置节目码流、自动赋名和全自动转换等功能，全面提升系统的批量自动编码效率。

4.数字复原技术

很多文化遗产因时间的流逝，被外界的自然环境所侵蚀，同时也遭受着人为破坏，变得破旧不堪。图像复原技术以及刚提出的利用Level Set进行三维模型的复原技术，为文化遗产的数字化保护带来了新的生机。在二维图像复原技术方面，目前已经提出了消除数字图像中裂痕的算法[1]。该算法首先利用数字图像中裂痕比周边灰度值大的特点，寻找到裂痕的位置，再在其中进行差值，取得了令人满意的效果。不仅如此，还可以通过让划痕周围的正常颜色沿着梯度方向自然过渡覆盖划痕区域。另一种复原算法是将图片中缺失部分的两端以平缓的方式利用层次线连接起来，之后按照给定的填充线，自动填满空洞。另外，基于知识、语义的图像修复技术也为被损坏的平面文化遗产带来了新的曙光。在三维模型的复原方面，可以用Level Set的方法进行复原。算法中，有对于三维模型的拷贝、粘贴、平滑、锐化等多种操作。三维模型的复原技术对于将来

---

[1] 周明全.文化遗产数字化保护应用技术综述[C]// 文化遗产的数字化保护研究——第三届中华文化遗产数字化及保护国际研讨会论文集,2005:206-211.

恢复一些破损或不完整的雕塑文物有着举足轻重的作用❶。

5.色彩技术

目前的技术发展已经提出了一个崭新的颜色空间——Lab空间。这个空间的提出，不仅解决了过去RGB颜色难以单一控制操作的问题，而且为颜色领域的迁移问题带来了新的出路。此外，还有将一幅彩色图片的颜色迁移到一幅灰度图像中的方法。上述两种色彩技术是新兴的技术，如果将其运用到文化遗产的颜色恢复中，必将取得卓越的效果，如文物的三维数字化真彩色信息的采集等❷。

6.人体数字化精确采集技术

现代医学利用数控加工技术采集人体数据，其结果可以为人体建模的数据来源、数据的比例关系提供真实和准确的依据，这种技术可以为对古墓的研究及其中的重要历史人物数字复原提供参考。美国和中国是目前数字化可视人体数据集采集技术方面的最先进的国家，近年来，中国完成的数字化可视人体数据集，共有10多个虚拟人。数字化可视人体数据采集的方法和过程是：经CT和MRI检查后，选择无器质性病变的人体标本，经外形测量红色明胶动脉灌注后，用蓝色明胶包埋。置入冰库中冰冻后，在低温实验室中用数控铣床，铣切精度为0.001mm，从头到脚逐层铣切。逐层用高清晰度数码相机摄影，完成人体模型数据获取，得到人体结构数据集。此后利用连续断层图像数据，在图像工作站上采用三维重建软件包进行人体结构的三维重建和立体显示，得到的数据结果极为精确，色彩极为真实。数据集计算机存储量将近540GB，断面分辨率为4040×5880dpi，达2200万像素，数据量为世界最大，分辨率为世界最高❸。此项技术对古代人物的重建和研究提供精确的人体参考数据。

---

❶ 胡伟㸿,潘志庚,刘喜作,等.虚拟世界自然文化遗产保护关键技术概述[J].系统仿真学报,2003,15(3):5.

❷ 周明全.文化遗产数字化保护应用技术综述[C]//文化遗产的数字化保护研究——第三届中华文化遗产数字化及保护国际研讨会论文集,2005:206-211.

❸ 张绍祥,刘正津,谭立文,等.首例中国数字化可视人体完成[J].第三军医大学学报,2002,24(10):1231-1232.

四、文化遗产数字化传承与创新应用

文化遗产数字化展示与传播是通过文化遗产数字库的建立并结合网络、融媒体、人工智能等媒介，赋能于文博业、旅游业、企业管理等产业中的应用。目前文化遗产数字化展示与传播的运行形态主要集中于数字影像内容展示、VR全景沉浸式体验、AR交互场景搭建、动漫游戏应用开发、网络媒体内容展示等方面。

（一）数字影像内容展示

传统形式的节日祭祀与民俗演绎已无法满足当代年轻人审美需求，而短视频、叙事片等数字影音内容为文化遗产文化项目提供新的展现形式和传播途径。其目前研究内容主要集中于采用影像讲述文化遗产文化故事、短视频激发用户参与创作等方面。2010年惠恭健通过影像传播在文化遗产传承过程中的可能性和实现途径研究，提出传媒影像传播、影视影像传播和新媒体影像传播等相关建议❶。2014年王晓光等通过敦煌壁画中的数字图像语义特征研究，提出数字图像语义的描述框架、层次模型和图像语义关联等特征，并讨论图像描述的粒度与成本❷。2018年何思颖通过分析当下文化遗产传承现状，结合文献型、叙事型、文化娱乐型等文化遗产纪录片表现形式，对文化遗产的媒介化传播进行详细阐述，提出兼顾艺术性与本真性相统一，符合大众视听语言的文化遗产题材纪录片叙事策略❸。2019年梅娜等通过短视频平台对文化遗产传播影响的研究，提出短视频平台具有碎片化和异质性相统一、互动式参与和沉浸式体验相结合等特征，作为一种新形式更能为文化遗产传播注入活力和激发用户兴趣❹。

（二）VR全景沉浸式体验

VR技术与AR技术不仅拓宽了文化遗产的展现渠道，更是激发

---

❶ 惠恭健.世博影像传播的种类与实现途径初探：传播视野中的非物质文化遗产保护与传承[J].河南社会科学,2010,18(5):62-66.

❷ 王晓光,徐雷,李纲.敦煌壁画数字图像语义描述方法研究[J].中国图书馆学报,2014,40(1):50-59.

❸ 何思颖.当代国产非物质文化遗产纪录片创作研究[D].重庆:重庆大学,2017:6-19.

❹ 梅娜,陈小娟."抖音"短视频进行非遗传播的模式研究[J].新闻前哨,2019(5):28-29.

了新消费群体的好奇心和互动性，便于更好地沉浸式体验文化遗产的文化魅力。其目前研究内容主要集中于虚拟旅游产品开发、沉浸式场景构建、交互式系统开发等方面。2012年毕研娜通过对我国文化遗产旅游产品价值分析，探讨虚拟旅游产品的开发价值和可行性，并以"老北京"线上庙会为项目进行应用研究❶。2015年高力群等针对河北省文化遗产保护中所面临的问题进行分析，论述VR技术具有沉浸性、构想性、多感性、交互性等方面特征，提出VR技术在文化遗产保护中的应用具有真实再现、活态保护和可持续发展的应用价值❷。2019年程秀峰等通过VR技术在文化遗产信息资源展示中的应用研究，将其框架划分为数据资源层、情景模拟层、资源展示层，提出应推进网络建设、加强技术标准、完善系统结构和实现资源融合等方面建设❸。2020年陈枫等采用基于Unity交互引擎的虚拟技术，将故宫博物院的建筑、文化和馆藏文物作为内容，提出搭建具有娱乐和学习功能的沉浸式展示平台❹。2021年，张扬从技术与人本角度对元上都天文展厅设计进行详细介绍，其"启明之时"项目通过展厅和数字装置互动将元朝天文技术呈现给观众❺（图1-3）。

图1-3 启明之时VR体验

（三）AR交互场景搭建

AR技术又称增强现实技术，其特征是通过多传感器、三维建模、实时跟踪、场景融合等信息技术，模拟仿真现实世界视觉、听觉、嗅觉、触觉等感官信息，

---

❶ 毕研娜. 非物质文化遗产虚拟旅游产品开发研究 [D]. 青岛：青岛大学, 2012：29-57.

❷ 高力群, 杨波. 虚拟现实技术在河北省非物质文化遗产保护中的应用研究 [J]. 大舞台, 2015(3)：231-232.

❸ 程秀峰, 张小龙, 翟姗姗. 虚拟现实技术在非遗信息资源展示中的应用调查研究 [J]. 数字图书馆论坛, 2019(1)：37-42.

❹ 陈枫, 王峰. VR/AR技术在虚拟博物馆游览系统中的应用研究：以故宫博物院为例 [J]. 大众文艺, 2020(4)：61-62.

❺ 韩海燕, 张扬. "启明之时"元代天文技术VR展示 [EB/OL]. (2021-11-15)[2022-03-20].

以实时交互提升用户体验。其目前研究内容主要集中在文化遗产展览项目解读、文化遗产科普教育、互动产品开发等方面。2011年白建松结合AR技术的虚实结合、实时交互和三维配准等特征对博物馆展览形式进行分析，提出构建以文化为内容的视觉化设计、以场景型AR拓宽展项深度、以展柜AR提升展项解读等概念模型❶。2013年余日季等从阐述AR相关概念入手，结合AR技术具有增强文化旅游商品的消费性、知识性、互动性、交互性、体验感及传播力度和商品附加价值等特征，提出多学科交叉的研究方法与技术路线，并结合"魔法故事书"和"酩悦香槟葡萄酒"成功案例，论证AR技术在文化旅游产品开发中应用的巨大潜力❷。在此基础上，2016年魏三强等通过AR技术在文化遗产文化保护及旅游业的应用实例分析，提出AR技术在文化遗产开发路线中主要体现在网络互动平台的打造、科普教育领域的应用、衍生产品开发与传承方面的应用价值❸。2020年李壮通过分析传统服饰的保护现状，提出AR技术与传统服饰相结合，从自然交互和认知方式两个层面展开，开发新型教育模式和拓宽传统服饰发展路径❹（图1-4、图1-5）。

图1-4 内蒙古传统服饰智能化展示系统（一）

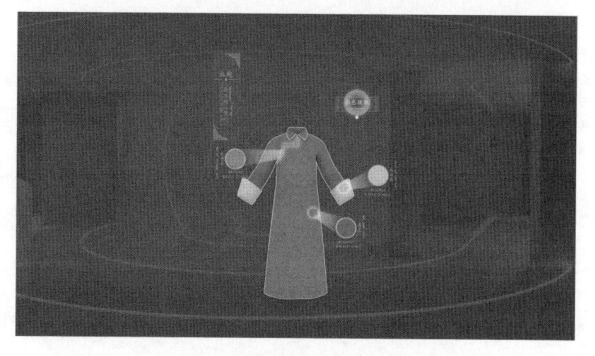

图1-5 内蒙古传统服饰智能化展示系统（二）

---

❶ 白建松.非物质文化遗产内容的博物馆数字化展示模式与产业化研究[J].浙江艺术职业学院学报,2011,9(2):112-117.

❷ 余日季,唐存琛,胡书山.基于AR技术的文化旅游商品创新设计与开发研究[J].艺术百家,2013,29(4):181-185.

❸ 魏三强,王兵.AR技术在非物质文化遗产及文化旅游业中的应用[J].江汉大学学报（自然科学版）,2016,44(4):364-368.

❹ 李壮.基于认知方式的自然用户界面设计研究[D].呼和浩特:内蒙古师范大学,2022.

（四）动漫游戏应用开发

动漫游戏产业作为拥有新生代消费群体的新兴产业，结合文化遗产项目开发出具有寓教于乐的项目，从而吸引用户积极参与和促进文化遗产文化传播。其目前研究内容主要集中于严肃游戏项目的开发、游戏内的模型构建、文化遗产嵌入游戏场景等方面。2015年于潇翔通过对严肃游戏在文化遗产保护中的应用研究，提出严肃游戏相对于书籍、网站等形式的交互，具有"娱乐性""严肃性"的特征，并结合"竹林深处"和"傣寨接宝"两款游戏从角色（UI）、特效等方面论述游戏开发中的关键技术❶。2018年毛梦思等从市场需求和游戏设计方面分析"免费下载＋通关奖励＋游戏消费"盈利模式，探讨游戏在陶瓷文化中的传播应用❷。2022年韩海燕、申鹏通过分析内蒙古传统文化遗产项目"那达慕"开发出的"神凝赛马"游戏，提出利用脑电波来控制文化遗产图像和应用软件，游戏能够进一步吸引用户群体和推动文化遗产文化的传播❸（图1-6）。

图1-6 基于那达慕的"蒙古赛马"游戏

（五）网络媒体内容展示

网络媒体作为继报刊、广播、电视后的一种传媒环境，拥有跨时空地域并高速传播等优势，更加适应当代人碎片化时间获取信息的主要需求，可为文化遗产传播注入新的活力。目前其研究内容主要集中于网络媒体内容创作、网络传播场域构建等方面。2014年达妮莎等通过文化遗产网络传播的场域研究，提出文化遗产在网络空间传播分为静态和动态两种形式存在，并论述了文化遗产在

---

❶ 于潇翔. 严肃游戏在非物质文化遗产保护中的应用与研究[D]. 北京:北京林业大学, 2015:19–21.

❷ 毛梦思,邹努. 浅谈严肃游戏在江西陶瓷文化传播中的应用[J]. 景德镇陶瓷,2018(4): 3–4.

❸ 韩海燕,申鹏. 2021中国好创意暨全国数字艺术设计大赛:《神凝赛马[EB/OL]. (2021–11–15)[2022–10–19].

网络空间和场域中的传播方式❶。2018年张岩等通过分析文化遗产项目推广中所存在的问题,结合文化遗产纪录片在网络传播中的优势,列举《我在故宫修文物》《寻找手艺》等纪录片以及故宫博物院与中央美术学院联合开发的"故宫"系列APP等实际案例,提出以互联网为基准建立文化品牌和促进产学研接轨❷。2020年韩海燕,王凤善利用Unity虚拟现实技术,以互联网用户为中心,设计开发了一款APP。APP详细展示了火不思的工艺、结构、造型、演奏艺术等,让用户可以充分了解传统非遗火不思相关内容,达到传统非遗的数字化传承的目标❸(图1-7)。

图1-7 火不思非遗传承科普APP

数字技术在文化遗产展示与传播的应用中可划分为两个层级,即基础数字技术和高新技术应用。在基础数字技术层面,主要体现在文化遗产保护与保存的阶段,采用录音、录像、图片和数据采集相结合的静态数据储存,其注重于抢救性保护为主并为文化遗产数字库建设提供材料的支持。在高新技术层面,主要体现在以网络技术为核心的人工智能、虚拟现实、增强现实、3D扫描等高新技术应用于展示与传播、传承与开发等阶段。新技术介入文化遗产文化项目,打破了地域、时间、空间等因素的限制,对不同文化之间的交流与互鉴提供了创新空间。

---

❶ 达妮莎,李晓斌. 非物质文化遗产的网络传播空间和场域 [J]. 大连理工大学学报(社会科学版),2014,35(2):120-125.

❷ 张岩,王策. "互联网+"环境下非遗文化的整合推广研究 [J]. 中国电化教育,2018(5):125-128,135.

❸ 韩海燕,王凤善. 火不思非遗传承科普 APP[EB/OL].(2020-06-15)[2022-03-20].

第二章
文化遗产保护与应用的智能化趋势

文化遗产的传承随着工业革命变革经历了从工业时代到信息时代再到智能时代的转换，工业时代由于工业文明和物质生活方式的冲突，使传统文化发展进入困境，其保护和发展呈现完全分离状态，导致孤立存在的现状。20世纪70年代随着信息时代的到来，也转变了人们对传统文化的看法，以致呈现出传承文化遗产复兴的趋势，掀起了保护文化遗产的热潮。该阶段虽然政府和部分学者都积极参与其中，但由于缺乏系统管理模式使得保护传承工作不能全面有效展开。随着人类社会逐步进入智能时代，大数据、人工智能、5G等技术的成熟，让文化遗产的保护和发展也进入了智能时代❶。人工智能技术具有"深度学习、跨界融合、人机协同、群智开放、自主智能"的特点❷，这些特点可以让文化遗产保护和开发流程发生质的变化。

第一节　文化遗产创新保护与应用现状

一、文化遗产创新保护与发展研究现状

（一）文化遗产创新和社会发展紧密融合

国内对文化遗产的保护与发展经历了渐进性过程，历经了从历史遗存的抢救保护、历史文化现象的挖掘整理，到历史文化传统的活态化传承，再到与文化、产业协同融合的发展阶段。在文化认同方面，李少宏等从设计创新的视角提出非物质文化遗产应适应当

---

❶ 韩海燕. 人工智能在非物质文化遗产保护与创新设计中的应用研究——以内蒙古地区为例 [J]. 艺术与设计(理论),2020,2(8):73-75.
❷ 吴琼. 人工智能时代的创新设计思维 [J]. 装饰,2019(11):18-21.

代社会新的生产方式、生活方式和审美观念❶；吴晓静多层次阐发、挖掘和转化其精神内涵，赋予其新的时代含义和文化价值，进而发挥文化遗产在继承和发扬中华优秀文化传统、培育和弘扬社会主义核心价值❷。在产业融合方面，火彦昌等研究了文化遗产传承突破传承的地域和文化局限，为原生地传承模式的实践提供了社会和文化保障❸。文化遗产不能停留在传统的传承和保护上，要实现文化认同与产业融合，在发展的同时去保护与传承。

（二）数字化从传统保护走向设计创新新思维的产业发展

1998年起敦煌研究院与浙江大学合作开展国家自然科学基金"敦煌壁画多媒体复原"项目，王耀希提出了运用数字化技术保护民族文化遗产，这是国内较早提出数字化文化遗产这一概念的研究❹；在数字化保护技术层面，周明全介绍了多种文化遗产数字化保护与传承的技术和方法，奠定文化遗产数字化保护技术基础❺；信息化设计方面，覃京燕通过信息可视化的设计方法研究使文化遗产的保护变成一种系统的保护，这是文化遗产在设计学视角下最早的研究❻；数字化保护和传播上更注重技术实现，把文化遗产作为数字产品更能和社会产业相融合。

（三）人工智能技术在文化遗产上的应用研究已逐渐成熟

吴飞，阳春华等在自然语言理解、语音识别、图像分类、视频检测和知识图谱构建等方面取得巨大成效，这将给人工智能赋能文化遗产实操性上带来理论的支持，随后国内相关应用研究井喷式出现❼。在智能发展策略上，贾菁通过对人工智能技术在文化遗产数字保护过程中的角色进行定义，解决包括数字信息管理低效、传

---

❶ 李少宏,邓碧波,范圣玺.设计创新视角下的非物质文化遗产保护研究[J].东南学术,2014(3):6.

❷ 吴晓静.遗产思辨研究视阈下的非物质文化遗产传承[J].东南学术,2020(2):6.

❸ 火彦昌,赵巧艳.非物质文化遗产的活化传承——基于山西上党高地潞绸织造技艺的调查[J].北方民族大学学报(哲学社会科学版),2021(1):46-52.

❹ 王耀希.民族文化遗产数字化[M].北京:人民出版社,2009.

❺ 周明全.文化遗产的数字化保护研究[M].北京:北京师范大学出版社,2006.

❻ 覃京燕.文化遗产保护中的信息可视化设计方法研究[D].北京:清华大学,2006.

❼ 吴飞,阳春华,兰旭光,等.人工智能的回顾与展望[J].中国科学基金,2018,32(3):243-250.

承方式创新乏力、资源利用形式单一等问题❶。在智能创新设计上，吴琼面向文化遗产的保护、展示和传播，提出基于智能化技术对非物质文化遗产进行数字化体验创新设计❷。目前来看人工智能技术应用在文化遗产上全面、系统性研究还较少，对民族文化遗产的研究还没有出现。

（四）国外技术与创新融合方面具有借鉴之处

早在20世纪70年代，国外的文化工作者就开始使用摄影、录像、临摹等技术记录文化遗产相关信息。1992年，联合国教科文组织开始实施"世界记忆"项目，其目标是利用现代信息技术和数字化手段，推动世界范围的文化遗产资源的保存与传播。近年来，数字文化遗产在深度和广度上也有长足的发展，出现了更多的应用系统。设计创新方面，凯特·轩尼诗（Kate Hennessy）主张以用户研究为基础对传统文化记录、传播和生产❸；博阿玛（Boamah）等强调没有商业模式的保护和传承没有持续性❹；加莱纳（Pisoni Galena）提出了未来文化遗产内容可访问性实证研究的具体机遇，并进一步探讨了未来研究方向❺。人工智能保护传统文化方面，德国图宾根大学莱昂·盖茨（Leon A. Gatys）等人按照他们的神经算法得出了一件"艺术"作品❻（图2-1）；麻省理工学院（MIT）人工智能实验室介绍了一种基于"遗产图像"生成声音的算法❼。国外相关研究能从设计创新、人工智能等诸多学科进行研究，成果较丰富，可以借鉴到民族文化遗产智能化设计创新上。

---

❶ 贾菁. 人工智能背景下非物质文化遗产数字化传播的进阶路向[J]. 当代传播，2020(1)：4.

❷ 吴琼. 面向文化遗产的数字化体验设计[J]. 装饰，2019(1)：4.

❸ Hennessy K.Repatriation, Digital Cultural Heritage, and the (Re) Production of Meaning in a Canadian Aboriginal Community[J]. media in transition, 2009.

❹ Boamah NA, Gyimah C, Nelson J. Challenges to the enfirecment of development controls in the wamunicipality[J]. Habitat International, 2012,36(1):136.

❺ Pisoni G, N Díaz-Rodríguez, Gijlers H, et al.Human-Centred Artificial Intelligence for Designing Accessible Cultural Heritage[J].Applied Sciences, 2021,11(2).

❻ Gatys L A, Ecker A S, Bethge M. A Neural Algorithm of Artistic Style[J]. Journal of Vision, 2015.

❼ Owens A H, Isola P, Mcdermott J, et al. Visually Indicated Sounds[C]//2016 IEEE Conference on Computer Vision and Pattern Recognition (CVPR). IEEE, 2015.

图2-1　莱昂·盖茨（Leon A. Gatys）等人智能生成的艺术作品

二、国内外文化遗产智能化应用趋势

几年来，文化遗产研究与展示方面的智能技术应用成果的不断发展并逐渐成熟，诸多文化遗产基于前期充分的数字化资源，利用现代计算机智能技术、通信技术以及文化遗产各专业性研究技术，为其发展与应用提供智能化创新。

（一）行业应用现状

百度作为国内最早支持人工智能并协助成立国家工程实验室的公司之一，在2017年12月百度百科"AI文化遗产，爱文化遗产"文化遗产百科两周年发布会上，其品牌经理容薇表示在2018年将与文化和旅游部非物质文化遗产司、各省市文化遗产中心和文化遗产项目的传承人们共同打造全网最大的文化遗产知识库，推动建立文化遗产传播"互联网+""知识+"生态❶。2018年1月，百度启动"AI文化遗产复原计划"，与国内十余家博物馆合作升级智慧博物馆。通过AI技术，游客将手机APP对准文物拍照，就能让文物"开口说话"与游客互动介绍❷。

同时，微软于2016年成立了人工智能事业部，其研发的智能聊天机器人"敦煌小冰"在微软亚洲研究院与敦煌研究院合作开发

---

❶ 人民网. 用人工智能保护非物质文化遗产 [EB/OL].(2017-12-08)[2022-06-07].
❷ 光明网. 百度启动"AI 文化遗产复原计划" [EB/OL].(2018-02-28)[2022-06-07].

下，入驻敦煌研究院微信公众号（图2-2），莫高窟"专家"小冰与访客在风趣的谈笑间，对访谈者进行智能用户画像，把敦煌莫高窟的文化、历史、旅游、学术、服务等信息"定制式"地推送给用户，充分借助互联网平台传播敦煌文化并带来更多全新体验，受到广大用户的喜爱❶❷。

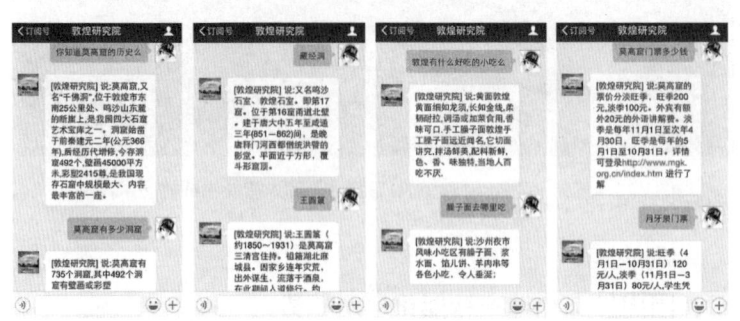

图2-2　智能聊天机器人"敦煌小冰"❸

故宫博物院在2020年的历史文化科技探索中先后与IBM、腾讯、百度等多家科技公司建立合作关系，以虚拟现实、AI复原、眼动游戏等方式，开启了"智慧故宫"的智能技术在文化遗产保护、研究与传播的新模式。早在2017年11月召开的"文化+科技"国际论坛上，故宫就曾与腾讯公司合作，开放《千里江山图》数字化阅览，利用TSR技术（Tencent Super Resolution，腾讯超分辨率技术），通过AI识别和还原，让用户无须下载原图就能欣赏到高清图片（图2-3）。智慧博物馆的建立淡化了各实体博物馆之间以及实体博物馆与数字博物馆之间的界限，不仅表现在扩大了博物馆展示的容载量，也使参观者与博物馆形成了人与人、人与物、物与物之间系统化的协同参与形式。先进科技与古老文明的结合，使文化艺术穿越千百年的"时空隧道"依然栩栩如生，极大地提升了参观者与文物的参与度，从文物表象到文化背景提升用户体

---

❶ 央广网.机器人"敦煌小冰"助莫高窟疏解旅游接待压力[EB/OL].(2016-10-06)[2022-06-07].

❷ 新华网.人工智能革命:莫高窟"敦煌小冰"陪你聊天[EB/OL].(2017-05-11)[2022-06-07].

❸ 微信公众号:微软丹棱街5号.敦煌小冰:敦煌莫高窟多了一位人工智能讲解员[EB/OL].(2016-09-20)[2022-06-07].

图2-3　千里江山图❶

验感，极具创造性地达到文化遗产保护、传承与延续的目的。

（二）智能应用场景

1.文物保护与修复方面

以万里长城为例，据历史记载，长城连续不断修筑了2000多年，是华夏历史与演变最具代表的"记录者"。长城传统的修缮方法是人工勘测加之后期处理，整个过程耗时耗力，甚至很多部分因地理形势的严峻，使人工施工与测量都存在不同程度的难度。除此之外，传统的手工测量也无法直观地反映每段长城的全貌与细节，导致保护单位做出的维修方案不能足够精确。现阶段在大型遗址类文物修复上主要应用无人机技术、高性能计算平台和人工智能算法三项高科技技术进行测绘。近年来，英特尔与中国文化遗产保护基金会（CFCHC）建立合作伙伴关系，并和武汉大学的LIESMARS专家协作，用FalconTM8+无人机对长城最陡峭，最危险的通道之一的箭扣路段进行空中检查和勘测，捕获了上万张单靠测量人员自身能力难以获得的高分辨率图像，然后将这些图像处理成3D模型，为修复人员提供墙体当前状态的数字副本❷。利用这项技术，测量人员只用了三天时间就完成了传统测绘一个月的工作量。高性能计算平台通过无人机采集的图像，采用可扩展处理器的工作站能

---

❶ 北晚在线.人工智能技术向艺术转化用手机看高清《千里江山图》[EB/OL].(2017-12-05)[2022-06-07].

❷ X-DRONERS. 英特尔利用 Falcon 8+ 无人机和 AI 技术助力长城箭扣段保护和修复[EB/OL].(2018-07-26)[2022-06-07].

够快速分析处理，监测判断出需要被修缮的墙面裂痕和砖瓦缺失（图2-4）。最后利用人工智能算法与技术对采集到的多形态数据进行智能化分析、处理以及虚拟重建。区分修复类型，计算修复时间、人力和材料成本为修缮、维护提供指导，从而为以后的工作提供高效的预测数据与工作计划。

图2-4　长城箭扣段修复❶

2. 文物的预防性保护方面

河南博物院藏《四神云气图》壁画的保护与展示就利用先进智能设备监测并调控展柜内的温度、湿度、气压、污染气体、光辐射、生物危害、有机挥发等影响因素（图2-5），对文物进行预防性保护。此外，还建立了环境检测信号传输系统，运用无线传感技术，远程、实时监控文物保存微环境，实现监测数据的自动化分析及自动预警功能❷。存有大量珍贵壁画的敦煌莫高窟与博物馆藏内的展品所采取的保护又不相同。河西走廊位于中国西北地区，因其天气恶劣多变，面对历经百年日晒雨淋的文化遗产需要采取正确的方式来防止破坏，研究发现，单单依靠环境监测并不能很好地保护文物的自然损坏，还需要考虑文物与环境的相互作用。以孙济洲、张加万、冯伟三位教授领衔的天津大学文化遗产保护与传承信息技术研究中心曾与敦煌研究院展开文物保护合作。他们选取了11

---

❶ 优酷网. Intel 使用 Falcon 8+ Drone Intel 无人机保护长城 [EB/OL].(2018-07-26)[2022-06-07].

❷ 陈晓琳. 博物馆壁画预防性保护及智能化展示技术应用研究——以河南博物院藏《四神云气图》壁画为例 [J]. 中国文物科学研究,2018(1):7.

个洞窟，47个监测点，对壁画和彩塑文物持续不断地监测，并通过对材料的微变监测和图像数据分析等人工智能技术，获得了科学的参考数据，成功地发现了一年周期内的壁画本体0.1毫米级细微变化。这一结果被文物保护领域权威专家认为是该领域的实质性突破。

图2-5 《四神云气图》壁画原有展示柜结构图❶

3.物质文化遗产活态化保护方面

因文化遗产所涵盖的文化类型繁多，状态各异的特点，在保护方面存在一定难度。国内研究者在这类文化遗产保护方面利用以AlphaGo为代表的第三代人工智能技术进行活态化保护。以2014年列入世界文化遗产名录的中国大运河文化遗产为例，大运河北起首都北京，南至浙江杭州，运河沿线既有文物古迹、码头桥梁等物质文化遗产，也有民俗字号、民间艺术等非物质文化遗产，它体现的不仅仅是单纯的文化，更重要的是长久以来形成的社会现象。研究学者利用第三代人工智能技术，基于大运河文化大数据动态数据库，通过归纳—演绎智能算法实现文化遗产传承精准化。一方面，智能算法通过大数据为用户画像，向可能对大运河感兴趣的用户提供精准推送；另一方面，智能算法利用大数据进行深度学习，对大运河文化遗产背后的历史故事、风俗、文化精神等进行深刻剖析，形成具有普遍联系的智能化图谱，有助于未来更深入地挖掘文化遗产资源。

4.非物质文化遗产保护方面

人工智能可以更加精准地诠释非物质文化遗产的信息内容，表达信息理念，更加形象化、细节化、视觉化地实现非物质文化遗产

---

❶ 陈晓琳.博物馆壁画预防性保护及智能化展示技术应用研究——以河南博物院藏《四神云气图》壁画为例[J].中国文物科学研究,2018(1):7.

传承的目的。覃京燕，贾冉两位学者以景泰蓝为例，针对非物质文化遗产在人工智能方面的创新设计研究，利用AI技术实现文化遗产数字化传承，作出相应的成果❶。他们基于AI的文化遗产知识图谱，从海量的网络数据中，以更直观的方式向用户提供文化遗产知识网络，从探索的知识图谱中发现、融合和分析文化遗产知识（图2-6、图2-7）。在数字技术快速发展的今天，在景泰蓝纹样记录分析的过程中，可以借助数字技术对不同历史时期和不同大师的

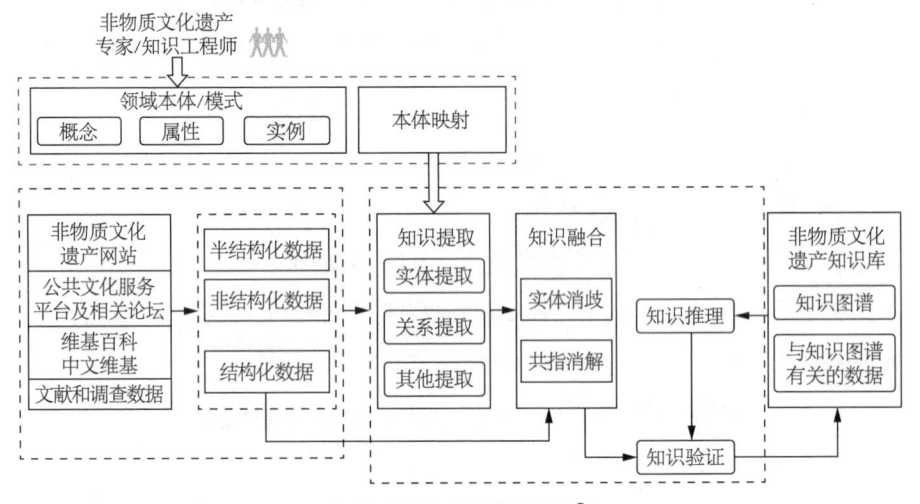

图2-6 非遗知识图谱的技术架构❶

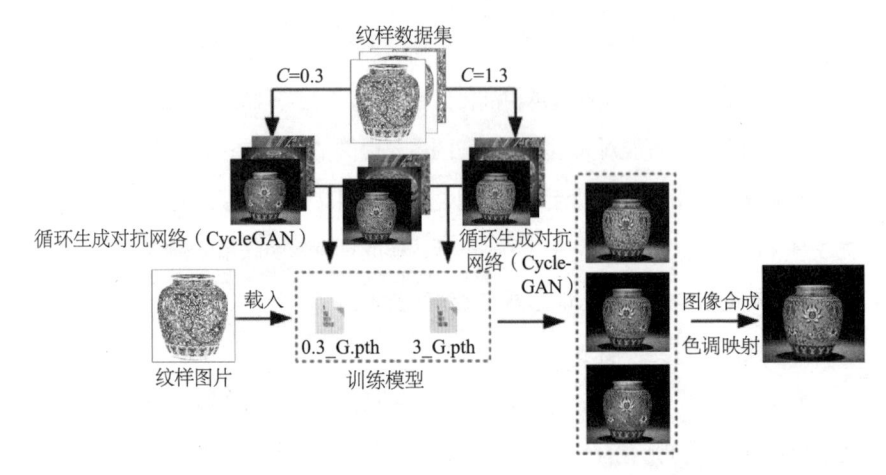

图2-7 景泰蓝图像风格迁移的流程❶

---

❶ 覃京燕,贾冉.人工智能在非物质文化遗产中的创新设计研究:以景泰蓝为例[J].包装工程,2020,41(6):8.

景泰蓝作品进行立体扫描，将历史纹样进行信息数据采集、记录，建立景泰蓝纹样数据库。这也是将AI技术与景泰蓝中的"人"的创造进行融合的体现，这里的"人"既包含了文化遗产传承人，又包含了学习景泰蓝对其产生感兴趣的人。

5.自然语言文字理解与交流保护方面

以国内各民族为例，全国有众多民族文化遗产文化，在文化遗产保护过程中各民族的文字和语言经常出现，给文化遗产记录和大众化传播带来诸多不便。人工智能"语言技术"建立在语言数据建模基础上，只要有基础的语言数据库，就可以实现实时翻译和交流，基于这种先进的计算模式，一方面可以在和文化遗产传承人交流和记录过程中带来方便，另一方面在创新设计和推广上可以智能展示各民族语言。如在博物馆场景下，人工智能生成的程序或机器人可以实现语言自动选择，可以和不同民族的观众交流，要比观众被动地听讲解器体验感好很多。微软亚洲研究院与敦煌研究院合作开发的智能聊天机器人"敦煌小冰"，利用了敦煌研究院提供的数据资料，结合微软亚洲研究院推出的自主知识学习技术，在现代互联网开发技术的支持下，能够瞬间作出反应并对用户进行敦煌莫高窟景点的讲解及其相关服务信息解答。

智能技术在全球范围内对文化遗产保护方面的应用涉及各个角度并且具有无限开发的可能。不论是国外针对文化修复作出的智能化处理，还是国内采用的先进智能化保护技术，未来智能化将是全球各行各业发展的主要趋势，并且在文化遗产保护中更会大展宏图。从数据化到智能化，世界联合国教科文组织始终积极统一着各国针对文化遗产保护收集到的数据信息，尝试规范全球化数据信息库。不久的将来，在大数据智能化的背景下，相信民族的文化遗产库到国家文化遗产库最终发展为全球一体化的世界文化遗产共享智能信息库，研究学者将会从智能数据谱系中找到人类文化发展的踪迹，在保护与可持续发展文化遗产的同时，为人类命运共同体的形成和发展联结坚实的合作基础。

第二节　全球化背景下文化遗产智能复兴

一、全球化与多元文化

全球化发展出现以来，文化的多元化发展正在面临一种新的挑战。如果从文化学的角度看，这种挑战是文化发展史上"一体化"的继续和扩展，是"一体化"理念从"族群"到"民族国家"再到"全球范围"的量变，因此可以将其视为"特殊时代的一体化"；如果从"全球化"的理论来看，多元文化正在面临的则是来自经济全球化带来的技术、信息、文化等的传播方式的挑战，是一种全球政治与经济为基础的文化"统一性"强劲势力的挑战。

在解决多元文化全球化的过程中，"多元一体"理论肯定各民族在差异性基础上形成的同一性和整体性，不仅准确反映了全球化的形成过程和整体结构，也是全面认识多元文化形成和发展过程的重要视角。在国内，多元一体的中华民族共同体是数千年发展的必然结晶，具有构建性，是各民族交往、交流、交融而成的有机整体，是以国家认同为基础而结成的不可分割的民族实体，也是承载和实现中华民族伟大复兴中国梦的国民共同体，是解决多元文化与全球化辩证与统一的良方。从民族来源上说，全球各民族的来源都不是单一的，具有多元性。民族不是从来就有的，而是人类社会发展到一定阶段的历史产物，民族也不是古代某一英雄人物或氏族、部落简单的血缘延续，而是以某一族体为核心吸收不同来源而形成的某一民族。从文化上说，各民族文化并非相互隔离或界限分明，而是在相互交往、交流、交融中彼此借鉴、相互吸纳，进而形成本民族的特色文化，具有多元一体特征。

广义来讲，文化遗产有其多元的文化特征，无论是物质文化遗产还是非物质文化遗产，其多元文化精髓在于文化形态、艺术审美、制作技艺等传承特征所蕴含的本体民族与各民族交融互鉴而形成的文化基因。利用智能技术提取多元文化中"多元特征"聚类为"一体谱系"并将其有效传播，在全球化与多元一体格局背景下极具历史、保护与研究价值。

二、文化遗产智能化复兴

早在20世纪30～40年代,萨林斯先生在其书中就指出,全球化和多元化是同时发展的,后现代社会的最主要特征就是传统与现代之间的对立的消失。在研究中他还发现,以往大家认为的全球化就是全球西方化,但那是一种误解,事实并非如此。方李莉老师在纪念萨林斯先生的文章中曾提到:"他通过自己在爱斯基摩人地区所做的考察,告诉大家,许多传统的文化区域的人们当他们接受了现代化的科学技术以后,并不会利用这些科学去过现代化的生活,反而是利用这些现代技术去恢复并创造新的传统生活。"❶所以萨林斯先生认为,未来的现代性是多元的,其多元的基础就是有多元化的传统在支撑,随着科学技术的进步,文化遗产并不会没落,反之会以新的传承保护方式而存在。

信息时代从信息本身的研究来看,具有可识别、存储、传输、处理的特点,表明现阶段在全球化视野下,现代技术应用与文化遗产要以"保护为主,适当开发"为原则。智能时代的出现,赋予文化遗产新的传播范式,探究文化遗产的智能化生存,将成为我国优秀传统文化当代传承的重要课题。在人工智能、物联网、大数据、虚拟现实技术等创新科技的推动下,传播媒介已经出现智能化发展趋势,万物皆媒、人机共生、自我进化的智媒化时代即将到来❷。如今,智能技术不断颠覆和重构着传统媒体时代的传播格局,智能媒体的出现赋予了非物质文化遗产新的传播语境。纵观当前社会各界参与文化遗产智能化的实践图景,可以提炼出如下四种代表性发展趋向:

(一)基于人机交互的智能化活态体验

自新媒体时代以来,公众对信息接受的可感知性需求逐步增加,社会传播逐渐适应一种由计算机系统生成的强交互性的数字化

---

❶ 中国艺术人类学学会(微信公众号). 方李莉:我记忆中的萨林斯先生 [EB/OL].(2021-04-10)[2022-06-13].

❷ 彭兰. 智媒化:未来媒体浪潮——新媒体发展趋势报告(2016)[J]. 国际新闻界,2016,38(11):19.

虚拟场景，在传达方式上将更加凸显出用户认知的人机交互与多感官体验特性。随着VR/AR/MR技术、可穿戴设备的发展和普及，传统媒体多年来的垄断传播格局被打破，受众体验到全方位的视、听、触、味、嗅"五感"智能活态。

通过对体验场景的虚拟化处理，VR/AR/MR技术提供了更多的互动性和在场感，可为大量缺乏实际应用场景的文化遗产带来虚拟化展示与活态体验的价值空间。基于现代虚拟化技术，一大批原本"看不见、摸不着、体验不了"的文化遗产实体影像可以本原性地"活现"在受众面前，人们得以通过更为真实的个人视角进入文化遗产赖以生存与发展的初始环境，身临其境地感受文化遗产项目的生命历程与文化精髓。与传统传播方式不同的是，用户在这种临场的文化体验过程中可以自主选择自己的体验视角和侧重方向，从而及时捕捉体验场景中的各种细节变化，避免他人视角呈现可能带来的认识和理解上的人为偏差。除此之外，通过技术手段推演文化遗产项目未来的发展方向，构建其演进过程中可能发生的各类场景，可有效扭转文化遗产项目面临失传灭绝的生存困境。其核心都在于提供了一种全新的智能化活态体验模式，以及强调个人视角和自主意识的文化交互与感知方式，由此提升公众的文化参与自觉，加强文化遗产传播的主体性培育。在追求文化遗产活态传承的当下，这些虚拟化技术必将拥有更加广阔的应用空间。

（二）基于算法模型的智能化场景适配

面向场景的传播，其本质就是借助于智能算法模型来实现信息的个性化、精准化和交互化传播，从而保持传授关系的长久黏性，为文化遗产的获取、交流和传播提供持续且富有吸引力的空间。而从技术角度来看，构建基于智能算法的场景传播框架通常需要涵盖数据资源平台、内容分发平台和用户沉淀平台三个基本组成单元。其中，数据资源平台是用户信息元数据的合集，通过对用户性别、年龄、职业等个人基本信息以及文化遗产、文化触及日常行为数据的收集、量化和沉淀，以大数据技术和算法建模为依托，系统跟踪和分析用户的行为习惯与内容偏好，完成用户文化遗产获取和接受的智能画像，为个性化的文化遗产内容适配提供条件。在智能推荐算法、LBS、智能终端等技术支持下，内容分发平台将通过传感器和定位系统感知用户所处的环境，理解特定场景中的用户情境，最后依靠个人认知图谱快速完成用户所需内容或服务的智能匹配与推送。对用户相关信息服务的发现、聚合及分发能力将体现内容分发平台场景适配的智能化水平。而用户沉淀平台则是增加用户黏性、提升用户与文化遗产传播机构间关系稳定性的联系纽带。文化机构通过线上线下活动的开展、优势内容的推送，以及智能化、个性化信息服务的提供，可以有效增加用户文化参与的积极性和满意度。

（三）基于深度学习的智能化文化遗产再生

作为兼有延续性与变异性的生命有机体，非物质文化遗产离不开纵向的历史积淀和横向的交融创新。千百年来，保护、传承和再创造是文化遗产源远流长的三大法宝。在新媒体时代，坚持文化遗产文化的创造性转化和创新性发展，必然离不开传统文化资源与现代智能科技的有效融合，从原生到再生，不断丰富、拓展、完善和创新其内容与形式，可实现文化遗产实用性、艺术性和文创性的有机统一，使其更好地走进百姓生活、贴近公众，从而促进优秀传统文化基因在现代社会的协调发展。

近年来，海量的结构化、半结构化以及非结构化的数字化资源让面向非物质文化遗产的深度学习成为可能，依托海量数据处理、高效挖掘分析、深度迭代学习等技术优势，不断涌现出大量参与主体多样、人机合一的文化遗产智能化再生系统。

（四）基于生物感知的智能化用户反馈

在传播学理论框架中，传播效果通常是指传播活动对受众的知识、情感、态度和行为等方面所产生的有效变化和影响，而获得可感知、可测量的传播效果评价标准历来都是传播者不懈追求的目标。从平面媒体时代的发行量、阅读率，到电子媒体时代的开机率、收听率，再到网络时代的点击率、停留率、日活量和入口流量等，媒体工作者从大量传播实践中提炼出多个衡量媒介到达率的指标参数，为用户反馈分析和传播效果评估提供了较为准确、全面的量化手段。而当传播媒介进入智能时代，可穿戴设备等生物传感技术将用户反馈深入了人体的生理和心理层面，对传播效果评价体系实现了重新定义。可穿戴设备装载了大量不间断收集人体运动数据和生理指标的传感器，可为用户反馈的测量提供最及时、最直接、最真实的标尺和依据。杜比实验室就曾使用生物传感器来获取人类对媒体节目的真实反应：多通道的脑电波帽用来测量神经元产生的脑电活动，手腕跟踪仪可以监测心率及流电皮肤反应，血氧传感器能够测定血液中的氧分压数据，热成像相机则用于实时获取用户表情和行为图像。由此可知，通过生物感知技术来获取受众身体的各种生理信号，可为解读用户文化体验过程提供真实反馈，进而为评价文化遗产传播活动的实际效果提供智能化的评测手段。

在全球化背景下，智能时代的发展影响着文化遗产的识别、存储、传输、处理等众多阶段，人们应以"保护为主，开发为辅"的原则进行传承。文化遗产不能单独保护其个性，单种文化的单种保护，应放于周围环境及传承特性中去保护与传承。多种文化间的相互吸收，相互影响渗透，因此民族文化遗产要立足于民族共同体意识中进行构建。

三、文化遗产智能化场景

文化遗产智能化的传承创新是指未来数字赋能文化遗产项目所产生的新价值。在科学技术驱动下，当代社会呈现出信息高速传播、智能终端设备普及等特点，因此文化遗产项目应借助科技变革成果，满足生产力与消费需求的同时进行创新性发展，创造出大量适应时代发展所需要的文化内容、人文精神和经济价值。从过去单一形式的数字储存技术应用过渡到数字产业扶贫、智慧文旅系统开发、线上文化遗产数字教育、产品辅助设计系统等多方面的智慧产业体系。

（一）数字产业扶贫模式

数字科技具有广泛连接性、应用精准性、智能高效性、普惠包容性的特点，已成为当今脱贫攻坚的重要利器。因此借助网络媒体、电商平台等为文化遗产产品拓宽销售渠道和提供就业岗位，对提高传统手工艺人经济增收和吸引更多人投身文化遗产事业发展具有重要作用。其目前研究主要集中于电商平台销售模式、消费需求与前景、产业化扶贫路径等内容。2016年李浩通过分析旅游产品开发现状及旅游产品在电子商务模式中的战略目标、收入来源、竞争能力等方面因素，提出明确文化遗产产品销售平台定位、重视文化遗产产品线上销售和宣传等观点❶。2019年唯品会发布《2019年文化遗产新经济消费报告》指出90后为代表的消费者对文化遗产产品的消费意识不断提升，从而激活了文化遗产项目消费市场并助力精准扶贫❷。同年，宋艳玲在基于情感动员视角下对唯品会公益营销的传播策略进行研究，指出电商平台使文化遗产走进现代生活并融入现代经济发展脉络之中，是一种文化遗产活化传承和精准扶贫的新模式。两者相结合的创新模式既满足消费升级需求，也帮助手工艺人创造经济价值增收，实现了从单一的捐助到多元赋能的思路转变❸。2020年栾轶玫等对贵州省打造的"侗族七仙女"IP进行分析（图2-8），论述短视频在文化遗产项目扶贫中的应用价值，提出短视频、网络综艺、视频直播等数字媒体可多方位、立体化地助力脱贫攻坚❹。

（二）智慧文旅系统开发

全域化智慧旅游具有方便景区科学管理、拓宽周边经济圈、提升工作效率等优势，从而满足消费升级的需求和增进游客文化体验，对促进当地产业一体化发展具有重要意义。目前研究主要体现在采用大数

图2-8 "侗族七仙女"IP❺

---

❶ 李浩.非物质文化遗产旅游产品开发的电子商务模式研究[D].青岛：青岛大学，2016：24-36.
❷ 新华网.唯品会发布全国首份非遗新经济消费报告[EB/OL].(2019-06-18)[2022-03-20].
❸ 宋艳玲.基于情感动员视角的公益营销传播策略研究[D].广州：广东外语外贸大学，2020：20-48.
❹ 栾轶玫，张杏."多元传播"赋能的非遗扶贫新模式：以脱贫网红贵州"侗族七仙女"为例[J].云南社会科学，2020(5)：140-148，189.
❺ 和讯新闻.侗家"七仙女"大山里的网红扶贫队[EB/OL].(2021-02-08)[2022-06-13].

据分析游客流量及偏好、搭建便捷服务平台、数据分析科学管理等内容。2015年李君轶等基于大数据与互联网的快速发展背景下,结合情感感知来分析现实地理位置、社会感知计算和游客行为,将游客时空共现、旅游流空间转移等行为特征进行研究❶。同年,汪侠等基于游客视角下进行智慧景区评价指标研究,提出智慧文旅系统开发应从景区的智慧管理和信息服务、综合系统和智慧交通、智能导游和智能预报、电子支付和安全救助等方面进行景区评价体系建设❷(图2-9)。2018年李恒等通过分析当代旅游消费模式从团队到自由行、从景点到全域性旅游升级等转变,提出构建包含用户和活数据、虚拟整合和社区化、数据赋能和网络分工等运作机制来满足游客多元化消费需求❸。2019年徐望通过分析文化消费对少数民族产业发展的影响,提出民族地区文化消费路径转换主要体现在创意为王、平台为基、需求为准、服务为辅助四个方面。并结合O2O文旅模式、"一部手机游云南"全域旅游项目进行论述,总结出全域旅游具有融合线上线下资源、实现"吃住游行购娱"各个环节贯通等特征❹。

(三)文化遗产线上数字教育

智能化实现万物互联的同时为文化遗产、文化的教育发展提供了便利,借助智能化手段接触文化遗产将成为新的潮流,为文化遗产走

图2-9 南京夫子庙智慧景区❺

---

❶ 李君轶,唐佳,冯娜. 基于社会感知计算的游客时空行为研究 [J]. 地理科学,2015,35(7):814–821.

❷ 汪侠,甄峰,吴小根. 基于游客视角的智慧景区评价体系及实证分析:以南京夫子庙秦淮风光带为例 [J]. 地理科学进展,2015,34(4):448–456.

❸ 李恒,全华. 基于大数据平台的旅游虚拟产业集群研究 [J]. 经济管理,2018,40(12):21–38.

❹ 徐望. 以文化消费促进少数民族文化传承发展的路径探索 [J]. 民族艺术研究,2019,32(4):148–156.

❺ 美篇. 南京—夫子庙秦淮风光带掠影 [EB/OL].(2020-11-04)[2022-06-13].

进校园与社会提供了新的路径。目前相关研究主要体现在文化遗产的线上教育价值探讨、教育模式开发、教育资源整合等方面。2016年姚静通过对文化遗产教育的重要性进行详细阐述，提出文化遗产教育应充分利用新媒体的便捷性，开展丰富的课程和教学内容，注重教学的形式创新和学生参与的积极性，并阐述新媒体时代下文化遗产的教学策略❶。2019年郝国强等通过分析侗族刺绣在互联网背景下所面临的活态传承、组织和教育、生产和销售等问题，结合个例论述组织绣娘在线上开展教育的机遇和优势，提出绣娘需要消除信息壁垒，提升认知水平与创新能力有助于乡村文化遗产活态传承，借助网络场景拓宽传承人群来适应市场经济等建议❷。2020年杜贝贝通过对"互联网+文化遗产传承"教育资源现状进行分析，针对现阶段文化遗产教育中所存在的基础建设能力薄弱、民众接触不足等问题，提出应加强网络管理来营造空间环境，推动网络教育来培养有效人才，提高推广水平来突破宣传瓶颈，结合电商平台来增进文化体验的解决措施❸。同年，郝辉辉通过对新媒体时代下文化遗产线上教育的创新发展研究，结合案例提出文化遗产线上教育应突破时间地域限制，更加便捷地提供开放、共享和便捷的教学资源❹。

（四）技术辅助设计系统

文化遗产项目开发中介入数字技术，使原本手工不可操作完成的创意得以实现，技术辅助系统为文化遗产项目资源整理和开发利用提供更多的便捷性。目前相关研究主要体现在采用技术手段辅助文化遗产文化开发利用。彭冬梅等通过分析浙江大学和山东工艺美术学院合作项目，论述其通过收集5000余幅剪纸图样进行智能分类后创建纹样符号的数据文库，并在此基础上基于Corel DRAW软件的VBA开发完成计算机辅助设计系统，同时采用触控系统对剪

---

❶ 姚静.新媒体时代的非物质文化遗产教育教学研究[J].亚太教育,2016(3):2.
❷ 郝国强,刘景予.线上绣娘:乡村非遗文化活态传承研究[J].广西民族大学学报:哲学社会科学版,2019,41(4):8.
❸ 杜贝贝."互联网+非遗传承"教育资源开发研究[J].老字号品牌营销,2020(8):2.
❹ 郝辉辉.新媒体时代下非物质文化遗产的数字化发展创新研究[J].福建茶叶,2020,42(3):2.

纸进行展示❶。曲丽娜等通过感性分析法和形状文法对二十四节气内涵、色彩和形态进行提取，结合计算机辅助设计出实际案例《节气宝宝》（图2-10），为其他文化遗产项目开发提供参考❷。杨蕾等通过对羌绣发展和消费需求所面临问题分析，搭建出基于数字保护和产业化应用的羌绣服务设计系统，其中系统内基于SIFT针法纹样提取进行AI针法识别、形状文法与图像拼接DIY纹样设计，提高用户参与程度和满足消费者的个性需求❸。综上所述，文化遗产智能化在传承与创新中已形成多维度的研究成果，如电商行业的快速发展为文化遗产活态传承提供了新模式，借助"互联网+"新兴业态拓宽了文化遗产项目的扶贫渠道，提升了贫困群众多种就业方式和经济增收。同时，文化遗产线上教育突破地域与空间的限制，为文化遗产的教育和知识传播提供条件。而以人工智能、云计算、云储存等技术创新应用到文化遗产项目之中，赋能非物质智能化产业数据化、智能化和网格化发展，丰富产品设计方法与管理，激发参与者的主动性和热情。

图 2-10 节气宝宝

第三节　文化遗产智能化复兴之道

一、深挖"交融互鉴"的遗产基因

（一）文化遗产的交流和传递

当前对于文化基因的研究多集中在生物遗传学、地学信息科

---

❶ 彭冬梅,潘鲁生,孙守迁. 数字化保护——非物质文化遗产保护的新手段 [J]. 美术研究,2006(1)：5.
❷ 曲丽娜,彭莉. 节气文化基因的数字化设计 [J]. 计算机与现代化,2019(11)：7.
❸ 杨蕾,张欣,胡慧,等. 基于数字化保护与产业化应用的羌绣服务设计 [J]. 包装工程,2022,43(2)：358-366.

学以及文化遗产等多学科领域。其中，文化遗产等相关领域的基因研究出现相对较晚，但是近年来的研究成果日益增多。林继富在非物质文化遗产的表述文法研究中，重点探讨了土家族始祖信仰文化，并认为清江流域土家族的始祖信仰开启了其文化基因的生成运动，并且在历史发展、族人迁徙、自然因素等多种力量共同影响下，逐渐形成土家族始祖信仰文化基因图谱，并深入探讨了基因图谱在土家族族群心中的重要文化价值❶。赵鹤龄认为文化基因是对历史传统的文化记忆、民间传统艺术遗产、宗教精神文化信仰等诸多方面特征，按照其自身的内在属性特征以及相应的逻辑关系等规律，按照序列有序整理与排列组合，从而最终形成条理清晰并且完整的具有特定历史时期与地域特征的历史文化信息数据图谱❷。

  基因是遗传信息的载体，可以通过复制把遗传信息传递给下一代，从而使后代表现出与亲代相同的形状。基因作用的表现也离不开内在环境和外在环境的影响：一方面，每个基因都有自己特定的"座位"，它能忠实地复制自己，以保持生物的基本特征；另一方面，基因虽然十分稳定，能在细胞分裂时精确地复制自己，但这种稳定性是相对的。在一定的条件下，基因也可以从原来的存在形式突然改变成另一种新的存在形式，突然出现了一个新基因，代替了原有基因，即所说的"基因突变"，从而使生物可以在自然选择中被选择出最适合自然的个体。实际上，在文化的传承与传播过程中，往往也会发生类似的情况，一方面，某种文化凭借其自身的秉性和位势，不断地进行传承或传播，保持其特有的个性；另一方面，文化在传承或传播的过程中，为了适应环境的变化，又往往会产生一定的变异，从而获得更好的传承或传播形式。因此，遗产基因可以分为主体基因、附着基因、混合基因等类型。这也是一种文化交流和传递的核心要素。

---

❶ 林继富.非物质文化遗产基因保护探讨——以清江流域土家族始祖信仰为例[J].中央民族大学学报:哲学社会科学版,2010(3):5.
❷ 赵鹤龄,王军,袁中金,等.文化基因的谱系图构建与传承路径研究——以古滇国文化基因为例[J].现代城市研究,2014(5):8.

（二）深挖"交融互鉴"遗产基因意义

我国共有56个民族，每个民族的文化遗产各不相同，文化遗产文化几乎凝聚了各个民族的所有特征。文化遗产是人类智慧的结晶，是人类发展史上最早被物化的东西之一。文化遗产是历史、文化、思想、宗教信仰等诸多因素融合的产物，它承载了每个时代和地域群体的特殊印记。其中，文化遗产在一定程度上反映出一定区域内该民族的文化特色、礼仪制度、经济水平和工艺水平，具有相当高的保护和传承价值。

民族文化遗产在我国各时期传统文化中占有举足轻重的位置，通过各种途径深度挖掘其内在的文化基因，识别并对其分类和提取，再结合现代技术进行有效植入和创新应用，可进一步丰富各民族文化遗产的研究深度和广度，最终促进中华民族传统文化的传承和传播推广。就各民族文化遗产基因的识别及其提取来看，长久以来，多民族交融在历史发展和演替中积累了独特的历史文化和特征，汉人与其他民族凭借其优良的传统技艺，将各自的精神信仰以及历史文化积淀在文化遗产上进行了多角度的融合与渗透。通过历史资料搜集和现代信息技术分析等手段对各民族文化遗产基因进行识别并有效提取，有助于相关领域学者在后续研究中能够深入掌握各民族文化遗产的典型特征，从而为开展中华民族传统文化传承等方面提供强有力的基础支撑。就各民族文化遗产基因的设计应用实践来看，自党的十八大以来，我国对中华民族的文化自信以及对传统文化、传统思想价值体系的认同与尊崇，使近年来开始加大投入各种政策与经济层面的支持。开展各民族文化遗产基因的设计实践应用，可以有效拓宽各民族文化遗产乃至中华民族传统文化的传承路径，有助于向国人乃至全球展现各民族文化遗产的独特之美，进而提升中华文化的内在艺术气息。

随着时代的发展，文化遗产文化日渐式微，造成这种现状的主要原因有：第一，全球化的影响，近几年由于经济的发展，各族人民交流日趋频繁，文化遗产"全球化"现象严重，加之潮流文化遗产唾手易得，使具有文化特点的文化遗产逐渐没落；第二，年轻一辈的人向外流失，文化遗产等传统文化面临无人传承的困境；第三,文化遗产文化的传承依然是靠老一辈人的记忆口传身教的族内传承。虽然政府也尽力扶持保护当地文化遗产文化,以建立博物馆、出版书籍为主,但是由于保护形式过于单一,不便于传播,导致很多文化遗产文化濒临失传,因此加强优秀传统文化的数字化保护刻不容缓。

二、构建"计算导向"的遗产图谱

(一)数据导向到计算导向的嬗变

现代社会是一个信息化、数字化的社会,数据无时无刻不充斥在我们的生活中,关于数据的概念,人们目前还没有形成统一的认识。从形式的角度来看,数据包括数字、文本、事实、声音、图像、未经解释的数字编码等,在文化遗产领域中,在对其研究与保护的过程中产生了文档、图片、音视频、3D模型等形式多样的海量数据❶。看似杂乱无章的数据,其实隐含着巨大的信息量,这些信息为文化遗产的保护提供了多元化的途径和思路。类同于生物基因的多样性,文化基因随着其所表达的文化单元差异也存在多元类型。对民族文化遗产本源逻辑、历史脉络等内容的深层次认识有赖于对其文化基因的精准识别。根据识别维度的不同会产生不同的文化基因分类,从而形成差异化的文化基因认知系统。

当前,文化遗产的数字化主要以民族文化资源网站和百科网站的形式出现。文化资源网站的建设以各少数民族地区图书馆和大学研究所为主力军,主要是对文化遗产进行收集、保存、展示等;百科网站主要以百科词条的形式进行展示。但上述两种形式都存在资源分散、数字化资源内容浅易、知识覆盖面小,不便于学者深入研究等问题。同时,上述传统网站都是依靠关键字匹配的方式检索,这种检索方式存在检索的信息良莠不齐、鱼龙混杂的弊端,需要辨别后方可使用。而知识图谱是一种存储实体及其关系的语义网络

---

❶ 曾熙,谭旭,王晓光.文化遗产大数据二维分类框架研究[J].图书情报知识,2020(1):84-93.

图，构建知识图谱的过程就是将不同结构的数据提炼成结构化的知识库。同时，基于知识图谱的检索区别于传统检索方法，它通过语义扩展、知识推理等技术手段能让用户找到最想要的信息，同时提升搜索的深度与广度。目前知识图谱在军事、教育、医疗等诸多方面得到了广泛应用，并取得了良好的效果。

（二）构建"计算导向"遗产图谱意义

目前，很少有相关研究将知识图谱应用在文化遗产的数字化保护中。文化遗产文化资源分散，要想构建具有实用价值的知识库，深挖遗产文化实体及其关系，知识图谱是一个不错的选择。选取遗产文化作为研究主题，构建遗产文化知识图谱并基于知识图谱构建语义检索模型，最终建成可实现多元一体的文化遗产文化检索功能。

1. 有利于文化遗产的数字化保护

在经济全球化发展与外来文化的冲击下，遗产文化发展受到了极大的挑战。文化遗产文化是民族同胞在漫长的发展历史过程中凝结下来的宝贵财富，不应该在时代的洪流中被抛弃。目前，文化资源平台中涉及文化遗产的内容非常有限，遗产文化资源的依托物大多为纸质出版物、博物馆等。另外，由于纸质书籍和网络平台的资源分布较分散、内容质量良莠不齐，所以将海量的、多源异构的遗产文化信息资源进行数字化加工并统一存储显得尤为重要。因此，本文从各种渠道获取文化遗产信息资源，依照一定的数据规范，利用自然语言处理技术构建遗产文化知识图谱，大大提高文化遗产文化资源共享与服务的水平，为遗产文化的数字化进程出一份力。

2. 为传承遗产文化探索新的途径

文化遗产渊源于中华文明，根植于民族民间土壤，既是历史发展的见证，又是具有重要价值的珍贵文化资源。在一定程度上反映了劳动人民的勤劳智慧，也反映出历史的变迁与民族文化习俗的演变发展，具有重要的研究价值。我国对于文化遗产的保护逐渐形成了全面保护、重点突破、成效明显的良好态势和保护体系，逐步建立了非物质文化遗产保护、传承、管理的组织体系。在网络信息化飞速发展的时代，人们已经习惯从各种网络信息资源平台中获取信息，如何从海量、良莠不齐的网络媒体资源中获取有效信息成为人们检索信息时的难题之一。本文在知识图谱的基础上构建语义检索模型，为检索过程添加语义以实现精确查找，从而让用户不必再浪费大量时间剔除毫无意义的信息，能够快速地获得文化遗产相关的有效信息，让用户可以便捷快速地加深对少数民族的了解，以达到保护和传承遗产文化的目的。

尽管文化遗产数字化保护与应用领域取得显著进展，但是在数字知识版权、信息安全系数、系统用户参与、研发成果转化等方面仍存在许多挑战与开放性问题。数字化技术已经广泛应用到文化遗产传承的各个环节并产生重要影响。将数字技术和文化遗产项目相结合的创新模式，更便于快速获取文化资源信息、促进文化研究与开发、增进公众文化消费体验、完善文化教育与传承等多元化工作。但随着互联网技术的快速发现，在社会生活中产生的信息、资源和文化出现了信息化的趋势。越来越多的信息资源管理者希冀通过数字化的方式将信息资源持续传承，同时在互联网技术的影响下用户也习惯于以数字化的方式表达生活中接触的信息资源，在此社会背景下生成了大量的数字资源。作为数字资源的一个分支，文化遗产数字资源在传统文化传承的社会背景下生成了大量的数据，然而这些过载的数字资源还处于未开发利用阶段，未能有效地运用到文化遗产的传承与利用中。因此，对文化遗产智能化复兴的研究，以文化遗产数字化海量数据为出发点，以基因为知识图谱来进行深层次审视和挖掘文化的交融与交流，这是所有对文化遗产数字资源的具体内容进行挖掘，提取文化遗产数字资源的主题以指导文化遗产的保护与传统工作的基础工作之一。

第二部分 遗产基因图谱
——交融互鉴的文化遗传实证

遗产基因"价值数据"聚类,文化遗产"交融互鉴"认同

文化基因是文化内涵组成中的一种基本元素,存在于民族或族群的集体记忆之中,是一个民族或族群储存遗传信息的功能单位,其既有不可改变的特点,还有同类凝聚的功能,即认同的力量。

第三章
文化遗产文化基因挖掘

文化遗产保护与利用的基础是文化的传递，文化基因（文化DNA）是传统文化核心价值的载体，也是构建国家文化内涵的基本信息单元，具有与生物遗传进化相似的本质属性。所有的文化遗产都是特定时代、经济和政治环境下的产物，因此无论是创新理念、工艺方法，还是物象题材，无不反映着历史环境下的人文思想、意识形态、生活习俗等，挖掘、改良甚至重组文化基因是文化遗产保护与利用最核心的内容。

第一节　文化基因与文化传承

民族文化遗产作为民族地区文化实体遗存的聚合体，是文化复制与传播的重要媒介，因其内在的文化基因而表现出类同于生物基因的社会遗传属性。本章借用文化基因遗传视角，试图以文化基因作为基本单元构建民族遗产基因体系，因此在此研究背景下提出用文化基因进行民族文化遗产的研究。

基于文化基因的深层次认知能够突破传统文化遗产保护的表皮研究，发掘其本源逻辑及其历史脉络，从而建立对本真面目和代际传承过程的系统认识，为文化遗产保护增效。基于此，本书尝试以"文化基因遗传"的新视角，对民族文化遗产保护机理进行系统重构，以期消解新时代民族文化遗产的流变风险，为民族文化遗产的整体性保护与稳定传承提供新的路径。

一、文化基因概念

（一）文化基因概念

"基因"概念来自生物遗传学，是生物体遗传进化的基本单位（图3-1）[1]。文化基因是与生物基因相类比而产生的一个全新概念，西方国家也将其称为"模因"（Meme），它们自身储藏了文化的信息，蕴含着文化的传播规律。文化基因与生物基因存在一定的关系，文化基因的研究对文化的保护和传承有影响作用。

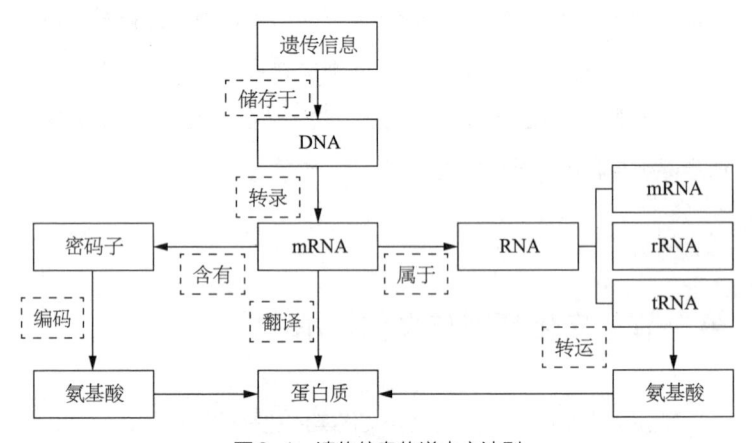

图3-1 遗传信息传递中心法则

文化遗产中有其文化基因属性，有文化的基本单位"模因"，本研究建立在认同文化基因与生物学基因都是"复制因子"的基础上，即认同文化基因在文化传播过程中具有和生物学基因一样的传承和变异的特点，展开研究。物体在繁衍的进程中会有杂交变异的情况，杂交（在文化遗产领域可以认为是外来文化与本土文化的交融）是保持物种延续的有效手段，而变异则有优势变异也有劣势变异，优势变异使物种生命力更加旺盛，劣势变异则会导致物种文明的进步和发展，劣势交融则会使文明的脚步放慢或是后退，直至走向消亡。正如不同基因的存在决定了生物多样性一样，不同文化基因的存在也决定了文化的多样性。

---

[1] 李林."文化线路"对我国文化遗产保护的启示[J].江西社会科学,2008(4).

（二）文化基因DNA——模因

"模因"一词最早出现是在1976年，由牛津大学著名的动物学家及生态学家理查德·道金斯（Richard Dawkins）在他的著作《自私的基因》（*The Selfish Gene*）一书中提出的，并且和英文单词Gene（基因）相类比创造出了Meme（模因）一词，将其内涵定义为两种，一为"文化传播单位"，二为"模仿单位"❶。用来说明并描述人类文化的传播规律，倡导对社会文化作进化研究❷。

随后多名学者基于此展开研究，社会生物学奠基人爱德华·威尔逊（Edward. O. Wilson）和物理学家查尔斯·卢姆斯登（Charles Lumsdon）共同提出的"基因——文化共同进化"（Gene-culture coevolution）理论，创造了"Culturgen"一词，将其定义为"文化进化过程中遗传的基本单位"（Gene, Mind and Culture, 1981）。为了研究和使用方便，西方国家将文化传播遗传的基本单位统一由Meme代替，1988年《牛津英语词典》中将Meme一词收录，并对其解释为：文化的基本单位，通过文化遗产传承的方式，特别是模仿而得到传播。

模因第一发展阶段的标志是1976年道金斯《自私的基因》（*The Selfish Gene*）的面世，它使人们第一次意识到生物中的基因理论可以移植到社会学领域；心理学家丹尼尔·丹尼特（*Daniel Dennett*）在其著作《意识的解释》和《达尔文的危险观念》指出文化的发展体系是一个与生物进化过程相类似的有规律可循的系统，同样具有遗传、变异和选择的能力。第二发展阶段的标志是1999年由理查德·道金斯的女弟子苏珊·布莱克摩尔（Susan Blackmore）博士出版的《谜米机器——文化之社会传递过程中的"基因学"》（*The Meme Machine*, 1999）一书。她将重点转向理论的实际操作上，她在假设的基础上，以一种新的方式集中思考了一些关于模因的社会现象，如宗教信仰、利他主义者、大脑和语言的起源等。苏珊的理论是模因发展过程的一座里程碑，她唤起

---

❶ 谢朝群，林大津. meme 的翻译 [J]. 外语学刊，2008(1)：5.
❷ 吴燕琼. 国内近五年来模因论研究述评 [J]. 福州大学学报(哲学社会科学版)，2009，23(3)：81-84.

了模因领域的新的研究高潮，模因论作为一个新的分支学科得以兴起❶。第三发展阶段的标志是模因论体系的建立，Gatherer试图运用模因论分析和解决社会问题（如同性恋）；Kendal和Laland，Marsden，Baldassarre等做了模因论的实证研究。Sperber（2000，2006），Levinson（2003，2006）和Millikan（2004，2005）对模因论进行了不同程度的研究。至此，模因一词在学术界已经得到广泛传播，进入心理学、社会学、文化学、哲学、语言教学等各个领域。同时开始有学者利用Meme解释社会文化领域的一些现象，如精神病病因、同性恋的社会禁忌、建筑中的现代主义风格、科学生态学等❷。第四发展阶段的标志是2008年3月8日TED Conference（TED——Technology, Entertainment, Design）会议的举行。提出模因作为人类大脑生态系统中的新实体，具有竞争、并存、复制、繁殖的功能，模因就是一个带有主见的信息包（图3-2）❸。

模因的发展阶段进一步论证了其具备存储、遗传信息的特性，作为文化的基本单位，模因的研究对文化的保护和传承有影响作用。与生物基因一样，文化基因作为人类文化系统的遗传密码，也

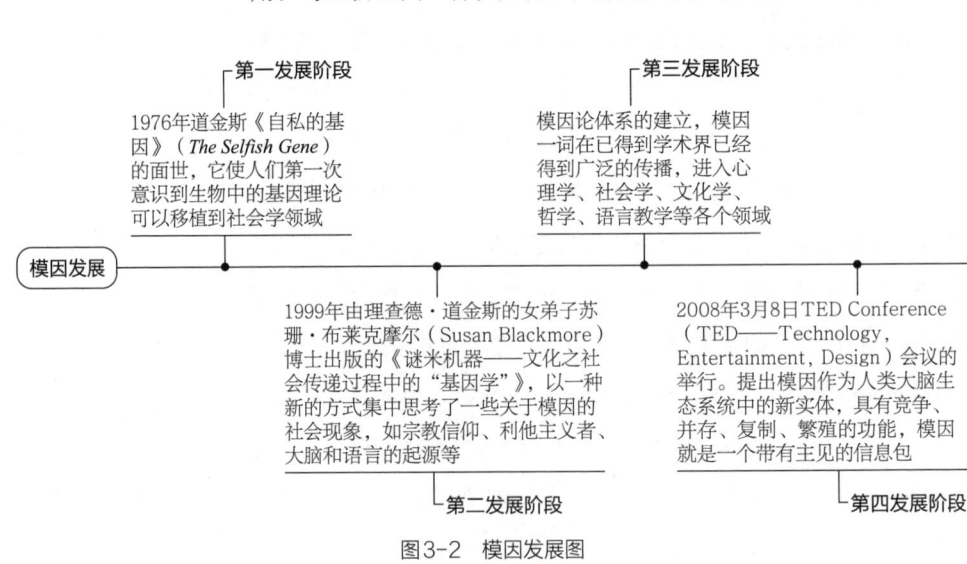

第一发展阶段
1976年道金斯《自私的基因》（*The Selfish Gene*）的面世，它使人们第一次意识到生物中的基因理论可以移植到社会学领域

第二发展阶段
1999年由理查德·道金斯的女弟子苏珊·布莱克摩尔（Susan Blackmore）博士出版的《谜米机器——文化之社会传递过程中的"基因学"》，以一种新的方式集中思考了一些关于模因的社会现象，如宗教信仰、利他主义者、大脑和语言的起源等

第三发展阶段
模因论体系的建立，模因一词在已得到学术界已经得到广泛的传播，进入心理学、社会学、文化学、哲学、语言教学等各个领域

第四发展阶段
2008年3月8日TED Conference（TED——Technology, Entertainment, Design）会议的举行。提出模因作为人类大脑生态系统中的新实体，具有竞争、并存、复制、繁殖的功能，模因就是一个带有主见的信息包

模因发展

图3-2 模因发展图

---

❶ Blackmore S. The Meme Machine[M]. Oxford: Oxford Paperbacks, 2000.
❷ 潘小波. 模因论的新发展——国外模因地图研究 [J]. 广西社会科学, 2010(8) : 4.
❸ 钟玲俐. 国内外模因研究综述 [J]. 长春师范大学学报：人文社会科学版, 2011.

是通过基因的选择性表达，形成可观可感的文化表型[1]。而基因的选择性表达、遗传、重组等过程都必须通过物质载体得以表现，如生物之于生物基因。对于文化基因，以民族文化遗产为代表的文化聚合成为其实体表达的重要性状。文化基因规定着整个民族历史发展脉络与形态特征的动因和决定因素[2]，并通过文化要素实现外部表达与代际传承。因此，对文化基因的研究有助于解读民族文化遗产，是进行遗产保护和传承的重要密码。

二、文化基因类型识别

类同于生物基因的多样性，文化基因随着其所表达的文化单元差异也存在多元类型。对民族文化遗产原本逻辑、历史脉络等内容的深层次认识有赖于对其文化基因的精准识别[3]。根据识别维度的不同会产生不同的文化基因分类，从而形成差异化的文化基因识别系统。现有研究主要分为两类识别体系，一类是基于文化基因表达形态、存在形态及其遗传载体等客观静态特征为线索的识别体系，可划分为显性与隐性、物质与非物质、群体与独立等不同类型；另一类则是基于文化基因遗传表达过程中动态行为及其重要程度为线索的基因识别体系，如文化基因四分论[4]，偏向于多类型交织的复杂文化基因识别（表3-1）。

表3-1 基于两类识别体系的文化基因认知系统[5]

文化基因识别体系	文化基因识别维度	文化基因识别结果	结果解释
基于客观静态特征的基因识别	表达形态	显性基因	存在于文化遗产中被外部社会所能直接感受的文化元素
		隐性基因	不能直接感受，蕴藏在文化遗产之中的文化逻辑

---

[1] 赵鹤龄,王军,袁中金,等.文化基因的谱系图构建与传承路径研究——以古滇国文化基因为例[J].现代城市研究,2014(5):8.
[2] 刘长林.中国民族文化基因及其阴性偏向[J].哲学动态,1989(01):28-32.
[3] 李彦群,任绍斌,耿虹."文化基因遗传"视角下民族文化遗产整体性保护[J].城市发展研究,28(2):9.
[4] 霍艳虹.基于"文化基因"视角的文化遗产保护研究[D].天津:天津大学,2017.
[5] 同[3].

续表

文化基因识别体系	文化基因识别维度	文化基因识别结果	结果解释
基于客观静态特征的基因识别	存在形态	物质基因	实体形式，通过物质材料呈现、传播与传承
		非物质基因	非实体形式，通过口头讲述和亲身行为等方式来表现和传承
	遗传载体	群体基因	依赖民族或族群存在的文化共同体，具有普遍性
		独立基因	记录个体文化特征，能独立于群体存在，具有唯一性
基于动态表达行为的基因识别	重要程度	主体基因	主导文化聚合体文化价值内涵的基因序列
		附着基因	依附于主体存在，能高度反应文化的外部特征
		混合基因	能反映特定群体的文化特征的基因群
		变异基因	主体基因融合外来元素突变后的结果
	表达行为	结构基因	文化系统中的主体结构，文化本体
		调节基因	文化发展过程中形成的规律性认识
		操作基因	文化转变为实践的行为机理

（一）基于客观静态特征的基因识别

基因具有物质性（存在方式）和信息性（根本属性）的双重属性。同样，文化基因在表达形态上也分为显性和隐性两种。显性文化基因可以理解为我们能直接感受到的实物或特征。隐性文化基因是内在的，也是彰显出一个地方独特地域文化、精神内涵和生活经验的要素，文化基因在其存在形态上又分为物质和非物质两种，物质基因属于实体形式的，即通过物质材料呈现进行传承和传播的。非物质基因以非实体形式呈现的，即通过口头讲述和亲身行为等方式来表现和传承。在遗传载体方面，又分为群体基因和独立基因。就群体基因而言，指的是依赖民族或族群存在的文化共同体，具有普遍性；独立基因指的是记录个体文化特征，能独立于群体存在，具有唯一性（图3-3）。

（二）基于动态表达行为的基因识别

对文化基因的分类及清晰定位有助于进行基因图谱的绘制，文化基因谱系图像是一条载有文化系统遗传信息的DNA链，链上的

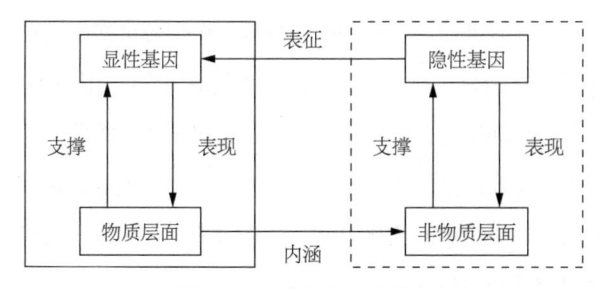

图3-3 文化基因双重属性

遗传信息通过交换、重组甚至突变完成文化基因的传播与传承[1]。基因的类型划分是联系文化基因谱系图与传承路径的纽带，并且对于基因所属类型的判断是其选择适宜传承路径的前提。

1. 主体基因

主体基因是指在地域文化中占有显著地位、主导文化属性并对该地域文化外在表现影响较大的基因。从生物遗传学角度解释指的是控制生物体质量性状、决定生物体属性、对外在表现特征起主导性的基因。主体基因作为文化基因谱系图形成与衍生的母体，在形成蛋白质的形态生成方面起决定性作用，一旦作为母体的主体基因缺失或消亡，其他基因离开或抛弃了母体，文化也就无法传承[2]。

主体基因具有主导文化属性，识别地域文化和维持文化多样性等功能，主导着该地域文化基因属性。在文化遗产保护和传承过程中，主体基因发挥着"核心要素"和"主体要素"的作用，主要是基于主导性原则识别的基因，决定着文化遗产代际传承的发展走向。主体基因不仅体现着文化基因的主体性，而且体现了文化基因的动力机能。只有在传承中充分挖掘和发挥其文化遗产的内核之力，才能盘带出地域发展的新活力，这就要求我们在对待主体文化基因时，对其基因谱系链进行传承，以达到全面保护、谱系保护的效果。

2. 附着基因

附着基因是主体基因的外延延伸和外在体现，指依附于一定的载体而存在，能高度反映地域文化特征的基因符号。从地域文化识

---

[1] 毕明岩. 乡村文化基因传承路径研究 [D]. 苏州：苏州科技学院，2011.
[2] 赵鹤龄,王军,袁中金,等. 文化基因的谱系图构建与传承路径研究——以古滇国文化基因为例 [J]. 现代城市研究,2014(5):8.

别的角度，附着基因与主体基因同样具有识别城市文化的功能，并对主体基因具有加强的作用。附着基因包括物质文化中建筑的肌理、色彩、纹样等元素，同样包括精神文化中曲艺的曲调韵律等元素。在文化遗产传承过程中，从附着基因中可以提取文化符号植入文化产品、文化设施、文化空间以便于增加文化的符号价值，使文化更具地域性与归属感。

3.混合基因

混合基因指的是两种或两种以上，同地区或不同地区的文化基因融合后形成的新的基因类型，不为某个地域文化所独有，但却记录了该地域在特定历史时期重要历史信息的文化基因，是该地域文化基因库的重要组成部分，将其抛弃会造成文化系统生态平衡的破坏，属于一般性基因类型。

混合基因的存在可以有效地保持地域文化系统的生态平衡和文化多样性，应采取"共生"的态度对待混合基因，共生不是指简单地存在，更多的是指在传承的基础上，使混合基因高度融合，与现代文化完美镶嵌。混合基因是时代发展的产物，也是人们创新的产物，在传承路径的选择上，既要保留并完善其物质载体，又要加强混合基因内在精神的活态传承。

4.变异基因

生物遗传学中的变异基因指的是相对稳定的基因结构里有改变组成方式或排列顺序的碱基对，这对生物体的外观形态和结构有着或好或坏的影响。变异基因分为良性与恶性两种[1]，由于内外环境的多变和不确定性，生物基因在表达过程中会发生变异的情况，良性变异可以产生新的物种，恶性变异可以发生病变，变异也属于一种遗传形式。文化基因在代际遗传过程中也存在这一现象，即在尽最大可能保持文化传承的过程中保持文化的原真性，允许环境变化下适应性变异的发生。变异基因是在主体基因的基础上，吸收、融合了外来元素，经过创新、提炼形成的地域文化特色，变异基因维

---

[1] 汪平西. 基于基因植入理念的传统古镇的保护与开发——以淮南上窑古镇保护规划为例[J]. 城市问题，2017(3)：43–48.

持着文化的多样性。

引入现代分子生物学中关于生物进化研究的理论和方法,站在文化遗产保护的角度提出每一个民族、每一个地域都有自己独特的文化性,它应该同时具有时间维度和空间维度,这一文化从表象上看虽然呈现着千姿百态的现象和表达方式,但它们应该有着一个共同的祖先,都具有文化基因的同源性。

三、文化基因与传统文化传承

文化基因是人类文化系统的遗传密码,是民族或族群储存特定遗传信息的功能单位。国内学者刘长林在研究中表明文化系统是社会系统中的一个有机组成部分,自然有其自身的特殊基因,可称为文化基因。文化基因是对民族的文化和历史产生过深远影响的心理底层结构和思维方式,把思维方式作为文化基因来研究,有助于更加深刻地把握民族文化的特质变迁内在联系,对于陈述世界历史的发展有重要理论价值❶。大量的事实表明,在前人对后人的影响、文化门类之间的相互影响的背后,还有着更为深刻的动因和决定因素规定着民族文化以至整个民族历史的发展趋势和形态特征,这种动因和决定因素就可称为民族的文化基因。从文化历史以及传播传承的角度来讲,刘植惠认为文化中有"知识基因",表明知识基因是知识遗传与变异的最小功能单元,是知识继承与发展的最小功能单元。此外,指出知识基因也和生物基因一样有遗传与变异性的基本特征,其"知识基因"是一种在文化基因标签之下新的分类,但对于文化基因研究也有相应的促进作用❷。徐杰舜提出人类文化结构中存在的本性因素,并且可以影响文化的基本存在❸。梁鹤年在其文中明确指出在西方,文化基因在历史进程中结合了地域民族性格、历史背景与契机,决定着西方文明的演化。乌再荣主要研究了

---

❶ 刘长林.宇宙基因·社会基因·文化基因[J].哲学动态,1988(11):29-32.
❷ 刘植惠.知识基因探索(一)[J].情报理论与实践,1998:63-65.
❸ 徐杰舜.文化基因:五论中华民族从多元走向一体[J].湖北民族学院学报:哲学社会科学版,2008,26(3):6.

文化基因的变异在苏州古代城市社会的变迁与城市空间的演化中所起的控制作用，表明了文化基因的变异是推动城市社会变迁和城市空间演化的内部动力❶。

文化基因的复制与传播性也引起了遗产保护领域的关注，相继出现了一些以文化基因为切入点的研究成果，尤其是对特定地域文化的研究。王海宁表明文化基因在城镇物质空间的形成和发展过程中起影响作用❷。对文化基因的保留和呈现，是维护传统地域特色的关键。赵鹤龄在其研究中将文化基因与生物基因衔接更为紧密，并将地域文化分为物质文化基因和非物质文化基因进行解构，对文化基因类别进行细分，构建基因图谱❸。在"基因识别"和"基因图谱"的构建方面，刘沛林引入生物学基因的概念，借鉴聚落类型学的相关方法对传统聚落遗产提出保护性传承❹。通过建立文化遗产基因的挖掘方法、体系以及流程，深入分析文化基因所隐含的内在特质、外在表达及其传承的特点，提出文化遗产保护路径和传承规划。

国内学者对于传统文化的保护与传承的研究有：刘淑霞在借用文化基因逻辑分析和鉴别中华传统文化基础上的扬弃与创新，阐明中华传统文化是中国现代化建设不竭的精神动力和智力源泉❺。佘双好等充分理解中华传统文化作为当代中国特色社会主义文化的"精神基因"的观点，主动、自觉、开放、创造性地发挥中华传统文化"精神基因"功能❻。刘仲林表示中西文化会通是在中西文化的交汇点上建设兼有两种文化基因的新文化，其中心是传统"仁

---

❶ 乌再荣.基于"文化基因"视角的苏州古代城市空间研究[D].南京:南京大学,2009.

❷ 王海宁.聚落形态的文化基因解析——以贵州省青岩镇为例[J].规划师,2008(5):62-66.

❸ 赵鹤龄,王军,袁中金,等.文化基因的谱系图构建与传承路径研究——以古滇国文化基因为例[J].现代城市研究,2014(5):8.

❹ 刘沛林.中国传统聚落遗产基因图谱的构建与应用研究[D].北京:北京大学,2011.

❺ 刘淑霞.中华传统文化:当代中国的精神文化基因[J].陕西教育学院学报,2011,27(1):18-21.

❻ 佘双好,李秀.论中华传统文化的精神基因[J].新疆师范大学学报(哲学社会科学版),2015,36(4):51-56,2.

学"与现代"创学"的会通❶。

21世纪以来，文化全球化的趋势使得差异性较大的中西方文化不断地碰撞、融合、变革、改善、拓展，文化基因理论影响下的基因研究、基因图谱研究逐步深化。申秀英等引进生物学的"基因图谱"概念，建立反映各个聚落遗产区系演化过程和相互关联性的"文化遗产基因图谱"，以此推进文化地理学关于区域文化遗产基因图谱的探索性研究❷。刘沛林研究表示聚落文化文化遗产基因图谱的研究，是国家"863计划"关于地学信息图谱研究的重要内容，有助于文化地理文化遗产信息的挖掘和整理❸。胡最等以"文化遗产基因学说"分析了古村落文化遗产基因信息图谱平台构建的内容与意义，以及其关键技术与解决方案❹。王彬等借用文化基因的概念，运用GIS技术对闽台石器时代文化遗址空间特征、文化特质和历史渊源进行分析❺。文静以人文地理学中"基因信息链"理念揭示地域传统文化（风水）基因及其遗址文化遗产基因、图谱与单位构成排列组合结构，对传统文化遗产的演变加以总结归纳和分析❻。田晨曦以文化遗产基因图谱理论为基础，深度解析"胞—链—形"方法在传统聚落遗产分析上的运用，在现有文化遗产基因胞分类的基础上增加商品交易类、娱乐类两种类型，并总结其文化遗产基因信息特征，完善和延伸现有分类方法❼。

---

❶ 刘仲林.中西会通创造学:建设兼有两大文化基因的新文化[J].天津师范大学学报(社会科学版),2017(1):1-5.
❷ 申秀英,刘沛林,邓运员,等.文化遗产基因图谱:聚落文化文化遗产区系研究的一种新视角[J].辽宁大学学报(哲学社会科学版),2006(3):143-148.
❸ 刘沛林.聚落文化景观基因图谱的新探索[A].中国地理学会(The Geographical Society of China).中国地理学会百年庆典学术论文摘要集[C].中国地理学会(The Geographical Society of China):中国地理学会,2009:188.
❹ 胡最,刘沛林,申秀英,等.古村落景观基因图谱的平台系统设计[J].地球信息科学学报,2010:83-88.
❺ 王彬,刘莎."基因图谱"视角下闽台石器时代文化空间结构分析[J].地理科学,2012,32(5):584-590.
❻ 文静.基于"文化遗产基因链"视角下遗址文化文化遗产基因图谱构建及旅游展示的原理[D].西安:西北大学,2017.
❼ 田晨曦.基于文化遗产基因图谱的古村落风貌修复与活化利用研究[D].杭州:浙江农林大学,2019.

第二节　文化遗产的文化基因属性

一、生物学进化论体系

达尔文关于生物进化论的学说及其唯物主义的物种起源理论证明，对生物学进化论来讲，第一，种群是生物进化的基本单位。生物进化的基本单位是种群，而不是个体。种群指的是生活在同一区域内的同种生物个体的总和。一个物种通常包括许多分布在不同地方的种群。每个种群中的个体具有基本相同的遗传基础，但也存在着一定的个体差异，所以种群一般具有杂种性，杂种性的存在便意味着等位基因的存在。在一个种群中能进行生殖的生物个体所含有的全部基因，成为种群的基因库。其中在一个种群基因库中，某个基因占全部等位基因数的比率，称为基因频率。种群的基因频率若保持相对稳定，则该种群的基因型也保持稳定。第二，生物世界是不连续性的。当记录研究跨越一个较长的历史时期时，主要存在的物种就会有很大的变化。造成这种变化的多为环境因素，比如大地变迁、特定区域内的温度、降雨量变化以及气候条件改变等，这些外部条件都会以"自然选择压力"的形式，在生物体的世代遗传中体现出来。正是在这种"自然选择压力"之下，新物种才不断诞生，旧的、与环境不再相容的物种也不断消亡。第三，地理隔离是物种形成的必要条件。地理隔离是由于某些地理障碍而发生的，大河、大山、沙漠、海峡和远距离都能将种群阻隔开来，使他们之间不能彼此往来接触，停止了不同物种之间的基因交流，一个种群中所发生的突变不会扩散到另一个种群中去，使不同的种群朝不同的方向演化。长期的地理隔离使两个种群分别接触不同的环境，各自积累了变异。

二、文化进化论体系

文化进化论假说同样遵循着达尔文进化论中所提倡的"进化"观点，认为每个国家、每个民族、每个地域都有自己独特的文化性，这个文化在表象上看虽然呈现着千姿百态的现象和表达方式，但它们应该具有同源性，同时也应该具有时间维度和空间维度，具体体现可以分为以下三个方面：

第一，文化基因是文化进化的基本单位。一个地域内常常会有一个主导的文化系统，有时候由于存在着某一特定因素，这个特定因素可以是共同的民族构成、相似的自然条件、相似的政治政策、甚至是一条串联的水系或交通通道，也会导致几个地域之间产生一套庞大的文化系统。如果文化系统过于庞杂冗赘，还可以依据文化的内涵特征和表现形式划分成文化亚系统，每个文化亚系统由若干个文化种群构成，每个文化种群具有相同或相近的遗传基础，种群的结构是否稳定受制于文化基因在进化、传承、发展过程中是否有外界干扰而发生突变，事实上，经过时间维度和空间维度的变化，绝大多数文化基因都会有不同程度的突变，因此各文化种群之间也会存在着一定的差异性。

第二，大的文化系统相对来说是比较稳定的结构，而文化种群具有不连续性。当我们对某一文化的追踪研究跨越一个较长的时间维度或一个较大的空间维度时，种群就会发生很大的变化。造成这种变化的因素很多，比如，每个历史时期的主导思想和意识形态、审美情趣、科技发展水平、社会政治经济等，还有不同地域空间的民族构成、自然地理环境、气候条件、经济发展水平、风俗习惯等，这些客观存在的因素都会导致文化基因在传播过程中出现"打开"或"关闭"的情况。

第三，自然地理条件造成了不同地域的分隔，这也造就了不同文化系统的形成。尤其在交通不发达的古代，天然的河流、山脉、沙漠、海峡都是阻隔文化基因传播的主要因素，各个地域之间不能彼此往来接触，因此文化种群也不会扩散到彼此的地域中去。长时期的阻隔会使不同的文化种群在适合自己的地域环境下朝着不同的方向进化下去，加上不同变异因素的日积月累，使本身同源的文化种群也会分离得越来越远。

三、文化遗产的文化基因

文化基因谱系就像是一条载有文化系统遗传信息的 DNA 链，链上的遗传信息通过交换、重组甚至突变完成文化基因的传播与传承❶。文化基因谱系上的每一个文化基因都有其自身所特有的构成元素，这种元素功能和作用类似于生物基因中的"碱基"。以建筑文化基因组中的民居宅院为例，它的基因结构有几种元素共同作用构成，这些元素可能包括体量、色彩、材质、工艺、结构等，元素间通过类似"碱基配对"的形式形成不同风格类型的民居宅院建筑，从而突显不同地域的特色和文化遗产风貌，形成各个地域之间各不相同的地域特色。产品设计领域也采用相类似的方法对产品基因进行提取，将其应用在产品设计的工作中（图3-4）。因此，遗产保护领域设计者可以通过专业技术手法来控制文化基因的传承与变异，这也是研究文化基因的意义所在。

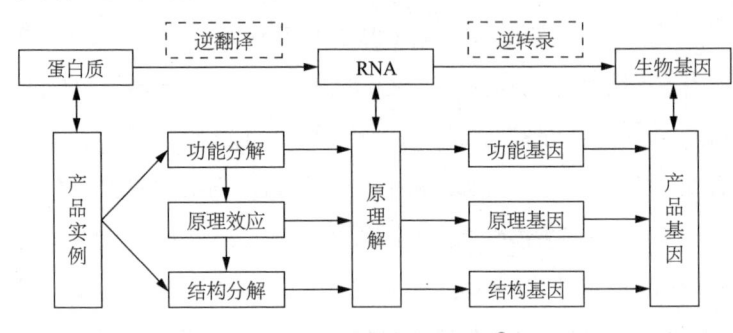

图3-4 产品基因提取过程❷

"文化基因"与"生物基因"在传承、发展及变革的方式上存在一定的相似性。文化基因作为表达文化遗产元素特征的基本单位，能够与其他类型的知识因子进行明显区别（即文化基因的遗传性状不同）。文化基因对某种文化特征的传承表达具有一定的决定性，同样，文化基因也可作为是识别文化特征的因子。分析其特征现总结文化基因提取原则：文化基因具有其独特的内在成因，与其

---

❶ 毕明岩.乡村文化基因传承路径研究[D].苏州:苏州科技学院,2011.
❷ 霍艳虹,曹磊,杨冬冬.京杭大运河"文化基因"的提取与传承路径理论探析[J].建筑与文化,2017(2):59–62.

他属性有明显区别，即内在唯一性原则；文化基因具有独特的外在表现方式，与其他属性有明显区别，即外在唯一性原则；文化基因所携带的文化遗产元素信息能够概括出文化元素的属性特征，即遗传信息浓缩原则；文化基因所携带的文化遗产元素属性特征的基本结构内容是稳定的，能够适用于不同文化背景下的传承需求，即结构稳定原则；文化基因的性状表达是通过控制文化遗产元素的属性特性来实现的，即指导文化特征表现原则（图3-5）。

对基因元素再展开研究，提出面向文化遗产的文化基因模型构建，并进一步研究基于文化基因模型的作用机制，并提出相对应的提取流程。首先，分析文化基因的映射方法。信息匹配是一个复杂过程，优秀的文化基因除在满足受众的外在视觉感知诉求外，往往还需要满足使用操作诉求、感知体验诉求和心理诉求。这些具体体现在文化基因的提取中均有文化元素的表层、中层、内层和核层的属性特征融入。其次，提取面向文化元素解构的文化基因。文化基因是蕴含于丰富文化元素属性中的可以被识别的符号化语言，对文化元素的解构属性进行文化基因提取，形成结构化的文化基因表达模型，对于面向文化元素再造的文化遗产传承而言是一种高效的途径。最后，构建基于文化基因的文化元素映射模型。只有把文化基因（元素）通过理性、清晰的方式映射到文化遗产之中，才能强化文化元素的融合程度。

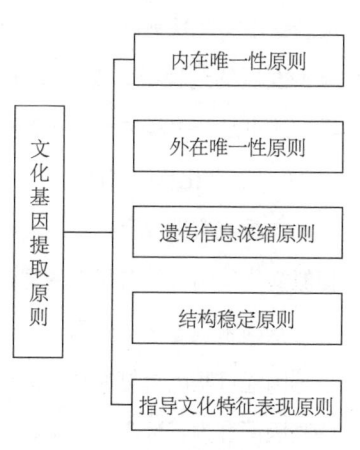

图3-5 文化基因提取原则

四、文化遗产的文化基因特征

（一）文化基因的模因

文化基因作为文化系统最基本单位，保障文化遗产的原真性和完整性。基因是控制生物性状的基本遗传单位。基因，也称遗传因子，是具有遗传效应的DNA片段，它支持着生命的基本构造和性能，储存着生物生命过程中的全部信息。基因具有双重属性：物质性（存在方式）和信息性（功能属性）。基因具有两个特点：一是能够忠实地复制自己，以保持生物的基本特征；二是在进化、传承、发展的过程中，受环境或遗传因素影响，能够发生突变和变异，这也是产生新物种的必然方式。

（二）文化基因家族

在系统演进过程中，经过时间维度和空间维度衍生出的一系列相似文化基因，具有很近的同源性，确保文化的多样性和丰富性。

基因家族是来源于同一个祖先，在基因组的进化过程中，由一个基因通过基因重复或基因突变而产生两个或更多的拷贝基因，这些基因便称为基因家族。基因家族在结构和功能上具有明显的相似性，具有编码相似的蛋白质产物。同一系列的基因家族可以紧密地排列在一起，形成一个基因链，也可以分布在同一染色体不同部位或不同的染色体上，各自具有不同的表达和调控方式。

（三）文化基因种族

可以自成体系，具有明显的地域文化个性和文化类别整体性。文化种族由众多文化家族构建而成，由点群汇集成面。

种族由各民族在其历史发展进程中积淀内化而来，并且自觉地与不自觉地纳入人体小宇宙、社会小宇宙和自然界大宇宙中，互动的最小信息单元和最小信息链，其主要表现为各民族文化、各民族精神以及个人信念、个人思维习惯、个人价值观、个人生活方式和个人行为方式等等。

（四）文化基因系统

文化系统是相对独立完善的系统，与其他文化系统具有紧密联系和沟通，并且互相和谐。文化系统不是由单一的文化所创造出来，而是世世代代的文化所累积下来的，在生活和学习中得到的文化累积。文化由进化过程而得到成长，继承前人的成果，也创造新的文化系统。

文化基因是文化遗产的遗传密码，其生长与流变与它本身的"交融与互鉴"属性有关，本章提出以文化基因作为基本单元构建民族遗产基因体系。首先，对民族文化遗产的遗传密码——文化基因进行论证，与生物基因一样，文化基因作为人类文化系统的遗传密码，也是通过基因的选择性表达，形成可观可感的文化表型，对于文化基因，以民族文化遗产为代表的文化聚合体成为其实体表达的重要性状。其次，分析了民族遗产基因的特征、特点，同生物基因相似，文化基因在复制与传播过程中也具有代际遗传的基本属性。在无休止的自我复制与传播过程中，可以实现文化行为、内涵的代际传递，对于民族文化遗产而言，这种遗传性是遗产本体的全息遗传及其文化传播过程中的扩散现象。立足民族文化遗产的遗产基因属性，分析说明遗产基因是如何构建出体系的，以文化基因作为基本单元对地域文化进行挖掘梳理并探索。

文化基因遗传是一个动态过程，随着文化族群演变而持续不断的文化发生，不是单一时间截面的静态现象。基于文化基因遗传的民族文化遗产保护必须建立在对整个动态遗传过程的整体性保护基础上。为此，在遵循文化基因遗传中心法则的基础上，综合考虑各类遗传要素，建立面向"文化基因"的文化遗产整体性保护图谱，包括民族文化遗产的整体识别、文化基因本体的谱系绘制以及基因遗传行为的整体保护是十分重要的任务。

第三节　文化遗产基因

一、文化遗产基因概念

与生物基因一样，在不同区域的文化遗产中也蕴涵了各不相同且极具特色的文化基因。美国著名生物学家爱德华·奥斯本·威尔逊早在十年以前，就率先提出"基因—文化协同进化理论"，认为基因会受外部社会文化的影响而产生改变，从而相互促进发展。如今文化基因这个概念已经十分普及，并被收录到《牛津英语词典》中："文化的基本单位，通过文化遗产传承的方式，特别是模仿而得到传递。"中国学者王东提出，文化基因是决定文化系统传承与变化的基本因子、基本要素。诚然，虽中西方学者对文化基因的研究范畴不尽相同，但有一点可以肯定的是，文化基因是一种文化传承、遗传的基本因子。它是一种文化内最核心的原密码，主导着文化的形成，更是该文化的独特标识。生物基因有两个特点：一是能忠实地复制自己；二是基因能够突变和变异。文化基因也有类似的特点，在文化遗产的孕育、诞生，以及后来的发展过程中，可以总结出：文化遗产文化基因是由开始的复制进行传播，然后受到周围人文环境或自身遗传的影响后产生变异，以便适应新的受众群体，最后淘汰落后的部分，形成新的部分从而扩充文化遗产文化基因库。文化基因工程有四项基本任务：在追根溯源的历史求索中寻找文化基因；从全球史观高度评价文化基因；在全球化浪潮中力保文化民族性、传承文化基因；在面向世界、多元文化、综合创新中优化文化基因。"文化基因图谱"是将文化基因遗传信息进行识别提取、属性归类、有序排列、系统梳理，从而厘清文化基因的内部结构和发展规律并以图像资料和逻辑结构的形式可视化表达。

二、文化遗产基因特征

（一）基因变异

生物遗传学中的变异基因指的是相对稳定的基因结构里有改变组成方式或排列顺序的碱基对，这对生物体的外观形态和结构有着或好或坏的影响，良性变异可以产生新的物种，恶性变异可以发生病变，变异也属于一种遗传形式。与生物学类似的是伴随人类文明的进步，文化基因也会发生不同程度的变异以适应不同历史时期的不同社会形态。文化本身即为一个完整的生态系统，文化基因如生物物种一样会面临优胜劣汰的自然选择：异质文化入侵、文化物种竞争、知识因子演替与文化基因变异等，而基因的变异是文化得以传承与进化的根本动力[1]。文化基因变异也分为两种：如在现代的

---

❶ 霍艳虹,曹磊,杨冬冬.京杭大运河"文化基因"的提取与传承路径理论探析[J].建筑与文化,2017(2):4.

城市建设中能保留地域特有的建筑风格与肌理，在保证功能的基础上加入一些融合时代感的元素，这便是良性的文化基因变异；相反的是在快速的城镇化进程中，那些以谋取个人利益为出发点的所谓的文化产业开发，完全不顾历史文脉和地域特色，根据开发者的喜好强行在传统文化中加入外来元素，或是干脆抛弃传统文化，这是一种外在强力致使文化基因变异甚至是突变的恶性变异现象，最终后果将会导致地域文化减弱甚至消亡。针对变异基因的两面性，传承路径应该采取"优胜劣汰"的模式，继续维持良性变异的基因，去除恶性变异基因（图3-6）。

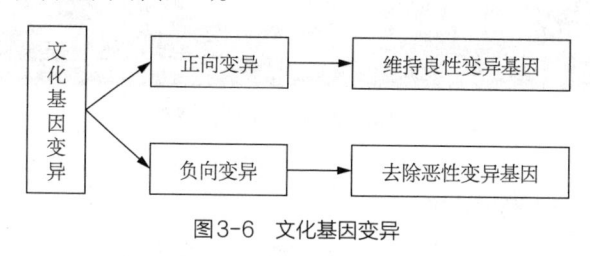

图3-6 文化基因变异

（二）基因保育

文化基因的保育是指对一切原生态的能记录历史信息的文化基因进行保护维育，其中文化生态保育模式为其实施路径。文化生态保育模式是人类在与大自然的博弈中不断发展进化、由人统治自然向人与自然和谐共生不断演变的传承模式[1]，它以文化资源的保护为主，旨在维护文化的生态平衡与文化基因的多样性。博物馆传承、建立文化生态保护区都是文化生态保育模式的具体方法，博物馆作为传统的保存与传播文化的方式，其最初的保护对象是单体的、有形的初始状态的文化遗产。伴随我国越来越多的文化遗产被列入世界非物质文化遗产，博物馆也开始关注对非物质文化遗产的保护[2]，数字化与多媒体的运用丰富了博物馆的呈现方式，且为非物质文化遗产活态传承提供了可能性。文化生态保护区是我国针对非物质文化遗产保护提出的创新性探索，是为达到保护目的而划定

---

[1] 张松.文化生态的区域性保护策略探讨——以徽州文化生态保护实验区为例[J].同济大学学报:社会科学版,2009(3):10.
[2] 韩洋.非物质文化遗产与博物馆相关问题的探讨[J].博物馆研究,2006(3):68-75.

自然和文化生态保护区域，对有形的物质文化遗产如古建筑、历史街道与传统民居及历史遗迹等和无形的非物质文化遗产如口头传统、表演艺术、民俗活动、礼仪、节庆、传统手工艺进行整体性保护。文化生态保护区强调文化保护的原真性与自然和谐共生思想，地域文化离开了它所生存的自然土壤就失去了价值（图3-7）。

图3-7 文化基因保育❶❷

（三）基因嫁接

城市文化战略是将文化基因嫁接到文化设施、文化产品、新兴文化技术、文化事件等领域而实现城市文化复兴的战略部署，是将文化资源转变为文化资本最有效的途径❸。纵观当今社会，城市空间的解构、重组正在悄然进行，一些大型的文化设施（如图书馆、影剧院、博物馆）日渐向行政中心靠拢，成为承载市民多样化需求的公共核心区，如常州的政府办公楼前体育馆、文化中心、会展建筑、博物馆在此集聚，服务市民的同时也起到了名片效应；大型文化事件（如世博会、奥运会等）地举办增强了城市与地区的影响力，为上海、北京、南京等城市的发展迎来第二春；文化及创意产业将启动新一轮的全球竞争，文化产业聚集区也将成为城市经济辐射的动力源。将文化基因嫁接于文化战略可以实现综合效益最大化。将文化与经济嫁接。伴随城市空间的重组与消费的商品化、符号化，将主体基因作为核心元素嫁接于文化产业，形成高技术聚集程度较高的文化创意空间，成为带动城市经济发展与文化创新的前

---

❶ 中国文化研究院. 让历史融入生活——博物馆的现代诠释 [EB/OL].(2018-10-04)[2022-06-07].

❷ 米格数字. 晋中博物馆 [EB/OL].(2020-04-26)[2022-06-07].

❸ 张敏,刘学. 南京城市文化战略及其空间效应 [J]. 城市发展研究,2007(5):13-18.

沿阵地。将文化与生态嫁接。将附着基因植入生态基底良好的开敞空间如主题公园、休闲广场等，形成城市最具文化特色的生态文化核心区。一方面，可以提高城市生活品质；另一方面，缓解由于快速城镇化带来的生态环境压力。基于此，将文化战略嫁接到新一轮的城市发展蓝图中是将文化资源转变为文化资本的最有效途径。

（四）基因植入

文化符号植入模式是对原始的文化资源植入载有历史印记的文化符号，通过其符号价值来实现文化增值❶。此种模式可以通过多种方式实现。将载有地域文化符号的元素植入承载现代功能的建筑设计中，使建筑设计充满文化内涵同时又满足时代性需求。如世博会中国馆传统"中国红""木构斗冠""叠篆文字"等文化元素是最能代表中国文化的符号基因，其中中国红是中国的母色、木构斗冠借鉴了夏商周时期鼎器文化元素且运用中国传统木构架；叠篆文字象征了中国文化的悠久与博大。另外，文化符号可以与文化遗产、小品完美结合，成为具有认同感与归属感的城市特色空间。南京十里秦淮风光带以夫子庙历史街区为基础，串联了明城墙、东水关、中华门、石头城等一系列文化空间，成为最能体现六朝古都历史风韵的历史文化空间。而镌刻了历史痕迹的古城墙、古城门、小桥流水就成为秦淮历史文化空间的文化符号，这些符号通过增加文化空间的精神价值来实现文化资本的增值（图3-8）。

图3-8 文化基因植入❷❸

---

❶ 陈亚民. 符号经济时代文化产业品牌构建战略[J]. 经济社会体制比较, 2009(4): 4.
❷ 百度百科. 城市，让生活更美好[EB/OL].(2011-10-04)[2022-06-13].
❸ 美篇. 南京—夫子庙秦淮风光带掠影[EB/OL].(2020-11-04)[2022-06-13].

(五)基因共生

基因共生是多种基因以某种共生的形式存在于同一细胞之中。能够自我复制(或在核基因组的作用下进行复制),对寄主表现产生影响。而文化基因共生的内涵是在不破坏整体风貌、不丧失原有功能同时,在不同历史时期、不同内涵、不同类型的文化基因可以通过"共生"的形式存在于一定的环境空间内。文化基因共生更多地体现在传统文化与现代文化的共生,同时也表现在区域范围内,各类文化基因的共生。通过共生关系,使文化基因不断地推陈出新,发生新陈代谢。而这种共生关系就是文化基因链不断重组和修复的过程。共生不能简单地理解为共同存在,而是在传承传统的同时,使现代文化和传统文化高度融合和镶嵌。文化基因的共生应尊重其所处的自然与历史环境,地域性基因符号的更新等方面来实现共生。

(六)基因移植

移植是指将一个个体的细胞、组织或器官(移植物)用手术或其他方法,导入自体或另一个个体的某一部位,以替代原已丧失功能部位的技术。将这一类构件从原载体上通过一定的技术手段,转移到另外新载体上。文化基因移植其目的是延续和传承文化基因,保护固有形态和整体风貌。文化基因移植要求修复和补缺的部分要跟原有部分形成整体,保持外观上的和谐一致,有助于恢复而不降低其艺术价值和信息价值,要求任何移植的部分都必须跟原有的部分有所区别,使人们能够识别哪些是移植的、当代的东西,哪些是过去的原迹,以保持文化基因载体的历史可读性和历史艺术见证的真实性,即整体性和可识别性原则。文化基因移植一般在同一类型的文化基因中进行,也可能是相同类型的材质在不同的文化基因中进行移植,但首要原则必须对基因的载体进行全方位的研究和综合性的论证,其次是要构建文化基因库,对已经严重破损的构件加以保存,对传统技艺等信息进行存档(图3-9)。

图3-9 文化基因移植❶❷

（七）基因复制

基因遗传学中基因复制的概念是以一条DNA链为模板，经碱基互补配对，在复杂的酶系统的作用下，采用半保留复制的方式，形成一条新的DNA链。基因的复制目的是使重新生成的个体与母体之间有最大限度的相似性。文化基因复制就是使消逝但具有重要影响的文化基因通过一定的技术手段，使其获得重生和再现。文化基因的复制并不意味着整体上的复制，而是为了突出文化环境而进行的某种文化基因的复制。在现实发展过程中，有很多文化遗产和原有风貌被破坏，文化存在环境消逝。历史上一些十分重要的建筑物由于各种原因被毁，但它们对于地方特征却是至关重要，有象征性作用，因此在条件允许的情况下是有必要重新建筑的，比如黄鹤楼、滕王阁。但是对于这种复制的文化基因，要经过综合的论证，避免由于复制而破坏真实的文化基因，一定要原貌复制。按照原建筑的体量、风貌、特点恢复而建，恢复遗产的原汁原味。比如波兰首都华沙在第二次世界大战中，全城85%以上建筑被毁，但是通过精心的复建，第二次世界大战前市内900多座具有历史意义的建筑物，几乎都进行了修复和整饬，同时保持了古城的总体布局（图3-10）。

❶ 中国文明网.土族盘绣：农民指尖上的"非遗"[EB/OL].(2018-08-10)[2022-06-13].
❷ 荆楚网.面塑非遗传承人刘洁礼赞白衣战士[EB/OL].(2020-04-30)[2022-06-13].

图3-10　文化基因复制❶❷

三、文化遗产基因构建要素

文化基因体系是人类在社会历史发展过程中所创造的物质财富和精神财富的总和，它具有多样性和复杂性，目前对其体系划分也没有统一标准。本文依照递进性对文化体系进行解剖，在前期准备工作完善的基础上，找准文化遗产文化基因的价值与定位，可以按照"文化基因（点）—文化基因家族（点群）—文化种群（面）—文化系统（体）"四个步骤逐一落实。在文化遗产构建完整的文化基因体系时应注意以下几点：

（一）确保文化基因的数量齐全

一方面，基于文化遗产中文化基因的稀缺性和不可多得性，必须尽可能多地发掘出能表达文化遗产中历史文化价值和个性的文化基因，这些均是文化遗产中留给人们的重要财富，也是其自身历史文脉传承的有效信息载体；另一方面，基于开发和保护文化遗产中文化基因所投入的人力、物力、财力的有限性，建议将有限的资源加大比例地投入文化基因的发掘工作中去，为适应现代市场经济需求，必须注意投入和产出比例，尽可能最大化提高投入产出比，必须预防和抵制因避免开发难度和开发模式等因素而进行的单一资源无限制地滥开发，必须讲究文化基因在数量和种类上科学合理的搭配开发使用。

（二）确保种类的多样性

种类的多样性是就文化遗产中的文化基因家族而言的。对于文

---

❶ 光厂. 武汉黄鹤楼古建筑江南三大名楼之一 [EB/OL].(2020-06-27)[2022-06-13].
❷ 美篇. 春临滕王阁 [EB/OL].(2021-02-05)[2022-06-13].

化遗产来讲，其历史文化信息的载体必定是多种多样的，必定涵盖了物质文化遗产和非物质文化遗产，因此，在开发和保护过程中，要尽可能多地恢复各种文化基因，确保最大限度地寻找文化遗产的历史文化记忆，确保基因的多样性和丰富性。

（三）各种开发模式合理搭配

文化遗产资源无论数量还是分布都是丰富多彩的，应该根据遗产本身的特点或是开发保护的需求选择科学合理的方式。因此，为了适应开发和保护的阶段性和逐步深入性，需要对不同的文化遗产采取不同的开发与保护的方式。确保开发与保护工作相互协调、相互促进，使开发变成一种更好促进保护的创新性、可持续性工作，为文化遗产的生命力和活力留足后劲。

（四）信息的完整性和原真性

文化遗产的历史文化价值和信息是通过文化基因记录表达的，文化遗产是文化基因记录历史文化价值和信息的直观载体，是人们认知、传承历史文化信息的直接窗口。因此，对于文化基因而言，要发挥它真正表达和传递历史文化信息的功能，并且确保所传递信息的真实性与完整性。在对文化遗产的保护和开发工作中，坚决抵制扭曲历史文化的本来面貌，人为编造历史信息的行为。

（五）历史文化系统进化的连贯性

对于文化遗产而言，它的形成过程并不是一朝一夕之工，而是经历了漫长的两千五百多年历史积淀和演变的过程，人们在保护过程中要尽可能地发掘各个历史时期在文化基因上留下的痕迹，力求让文化遗产真正唤起各个历史时期的文化记忆，凸显出历史文化积淀的厚重感和原生性，这种"活着的"文化遗产所具有的独特魅力。

基于上述文化基因类型及各自传承关系的梳理、研究得出文化的传承，首先要保证地域文化的原真性和完整性，在此基础上可以采取如文化战略转嫁、文化符号提炼植入、地理隔离及生态保育等一系列的传承模式，使传统文化基因在历史的发展演变过程里焕发新的生命力。

四、文化遗产基因提取与解构

（一）基因提取

1. 提取原则

对于文化基因的挖掘可参考以下原则。解构性原则：由外到内、由表及里、由整体到局部细节，解构剖析文化遗产文化基因的具体属性，并对其编码序列组合、结构形式、发展规律进行逻辑整合。独特性原则：文化遗产基因中具有影响深刻的决定性因子，其表达形式、繁衍发展、进化异变的整体或部分具有唯一性和特殊性。典型性原则：相较于其他文化遗产的模仿、传播过程，具有保存良好、优势突出、功能完善的表征。综合性原则：对于文化的基因的筛选和挖掘以是否符合良性变异为重要考量因素。

2. 提取方法

文化基因被看作线性文化遗产的最小信息单元和最小信息链路，相当于生物基因里的DNA功能，具有信息携带、复制、变异等功能，也决定着线性文化遗产的外在特征、行为特征以及发展趋势。研究试图以生物基因提取方法转嫁到线性文化遗产的文化基因提取中来，从而解开线性文化遗产呈现多样性的密码。在生物基因工程中，DNA的特性是由碱基A-腺嘌呤、G-鸟嘌呤、T-胸腺嘧啶、C-胞嘧啶按照互补配对原则，通过特定的编码和排列规则决定的。遗传信息从DNA传递给RNA，再由RNA传递给蛋白质，从而呈现了生物体的遗传性和变异性，才会有生物的多样性存在。而"反求"思想即在已知蛋白质的情况下，可以通过"逆转录"获得生物基因的组成。逆转录是以RNA为模板，靠逆转录酶的催化合成DNA，得出生物基因。冯培恩教授在2002年首次提出利用逆转录这种"反求"的思想对产品基因进行提取并在产品设计领域得到了应用。目前线性文化遗产文化基因提取方法尚属研究空白，在遗产类文化基因的提取方法上可借鉴产品基因的提取方法，线性文化遗产的文化基因提取方法依然可以采用"反求"的思想进行尝试。

3. 提取类型

对于基因的提取，可以针对形态基因、图案基因、色彩基因、技艺基因和隐性基因等进行提取。

形态基因顾名思义，就是指针对文化遗产进行造型的提取，用苗族银饰这种文化遗产来进行列举，湘西苗族银饰作品造型精美、形态各异，通过对形态素材的收集整理，提取庆典装饰饰品造型例子，将庆典装饰中具有代表性的图片作为样本，按照一定规律排列，总结相同、差异性，提炼银饰代表特征。

文化遗产包括传统纹样，尤其是一些少数民族聚集地区，都用丰富的图腾和纹样寄托着吉祥的寓意。用内蒙古地区的纹样来说，盘肠纹象征着吉祥、如意，整个纹样具有非常立体的效果。如果从边缘任何一起点开始盘绕，是无论如何都走不了回头路的，而且整体的纹样样式饱满。在内蒙古，此纹样多会出现在蒙古族家中的家具、衣服、靴子上；卷草纹是一种用来装饰的纹样，其形似云的翻卷，更似草的生长，因为在草原上云总是千变万化的，草的生命力也是极其顽强的。因此牧人画云、画草样式实际上是对自然的一种崇尚。纹样不仅仅在艺术上表现其价值，它也体会了一个地区的文化以及精神层面的内涵，所以要对这些图案进行收集并进行基因的提取。

色彩基因是指文化遗产主要的色彩体系，比如说彝族人崇尚黑色、红色和黄色三种颜色，在其文化遗产文化中，黑色作为底色，会大面积进行使用，代表着高贵、庄重、尊严；红色在文化遗产中面积占比较大，尤其出现在女性文化遗产中，有着勇敢、热烈、温暖的含义；黄色作为装饰色寓意着美丽、光明与富贵。这三种颜色的搭配效果辨识度很高，民族标识感也很强，是彝族文化遗产独特的色彩设计特点。将其色彩基因进行提取，发掘其应用及内在含义。

有些文化遗产的制作工艺尤为精细，是不可代替的手工艺术，正是由于这样的工匠精神，使得文化遗产充满了文化底蕴。非物质文化遗产竹编的技艺就很精细和复杂，竹编工艺大体可分起底、编织、锁口三道工序。在编织过程中，以经纬编织法为主。在经纬编织的基础上，还可以穿插各种技法，例如，疏编、插、穿、削、锁、钉、扎、套等，使编出的图案花色变化多样。需要配以其他色彩的制品就用染色的竹片或竹丝互相插扭，形成各种色彩对比强烈、鲜艳明快的花纹。瓷胎竹编工艺使用的竹材是经过严格挑选来自成都地区的特长无节瓷竹，经过破竹、烤色、去节、分层、定色、刮平、划丝、抽匀等十几道工序，全手工操作，制作出精细的竹丝。瓷胎竹编所用竹丝断面全为矩形，在制作过程中全凭双手和一把刀进行手工编织。将这些技艺基因进行提取，制作成图谱，这样可以辅助传承人对文化遗产进行保护和发展。

隐性基因是指文化遗产背后所蕴含的文化礼仪，艺术理念以及带给人的感性感受，如上文提到的蒙古族纹样，它既是图案的显性基因，又有背后内涵的文化和感受，所以要将隐性基因背后的隐性语义通过显现化手段表现出来。

（二）基因解构

对谱系图解构首先要对文化基因进行分类，根据关注对象不同文化基因有多种分类方法：物质文化基因与非物质文化基因、有形文化基因与无形文化基因、历史文化基因与自然文化基因等，其中以物质文化基因与非物质文化基因这种分类最为常见。物质文化基因是以实体物质的形式存在，通过物质材料呈现、传播与传承，通常所说的饮食文化、居住文化、生产文化就属于物质文化基因。非物质文化基因又被称为"活态文化"，以精神状态的形式存在并通过口头讲述和亲身行为等方式来表现和传承，如信仰文化、语言文化、制度文化等[1]。2006年2月，国务院公报发布的2006年第5号《国务院关于加强文化遗产保护的通知》中将非物质文化遗产分为五大类：①口头传说和表述，包括作为非物质文化遗产媒介的语言；②表演艺术；③社会风俗、礼仪、节庆；④有关自然界和宇宙的知识和实践；⑤传统的手工艺技能。此外，在解构过程中不难发现文化基因包含如下特性，相对性：从哲学角度物质文化与非物质文化并非绝对对立的两种事物，且有些文化基因可兼备物质与非物质特性，如安徽黄山的迎客松作为一种自然文化遗产供人欣赏是一种物质文化，同时又兼备非物质文化的特质被赋予新时代"黄山松

---

[1] 赵鹤龄,王军,袁中金,等.文化基因的谱系图构建与传承路径研究——以古滇国文化基因为例[J].现代城市研究,2014(5):8.

精神"。可再分性：在物质文化与非物质文化大类下所分的居住文化与信仰文化等亚类基因又可再分次亚类，如居住文化分为建筑文化、街巷空间、城乡风貌等，信仰文化又可分为思想精神、宗教信仰、文学艺术等，各种文化基因相互影响制约形成一个地域的文化基因库。

第四节　遗传基因下的文化遗产改良

一、文化基因遗传特征

（一）文化基因遗传特征解释

同生物基因相似，文化基因在复制与传播过程中也具有代际遗传的基本属性。文化人类学将其称为文化基因的"遗传性"，即文化基因作为人类文化系统的遗传密码，在无休止的自我复制与传播过程中，可以实现文化行为、内涵的代际传递，包括伴随生物基因的先天遗传和通过"模仿"的后天习得。

对于民族文化遗产而言，这种遗传性则表现为遗产本体的全息遗传及其文化传播过程中的扩散现象两类。一方面，作为文化基因复制与传播的文化媒介，在历史更替进程中，民族文化遗产通过内在基因的稳定复制与表达，实现族群文化的形态延续，不随外部环境变化发生兴衰与裂变，可以真实映射族群生活生产行为的可识别形态。另一方面，文化基因的外部传播特征在民族文化遗产的代际传承过程中同样存在，表现为超越遗产本体的社会遗传行为。文化基因通过转接的文化进行二次传播，从而增强文化基因的适应能力。

（二）文化基因遗传中心法则

现代生物学研究中发现的最重要、最基本的规律之一是基因信息遗传中心法则（图3-11），它是现代生物学的理论基石，为生物学基础理论的统一指明了方向。1958年物理学家克里克（Crick）首次提出关于生物基因遗传中心法则的理论模型（图3-12）。

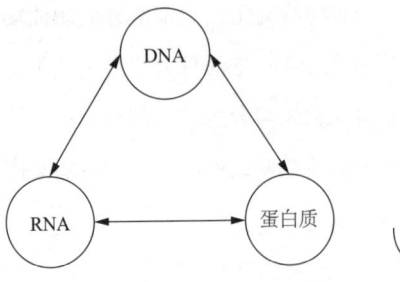

图3-11　基因信息遗传中心法则 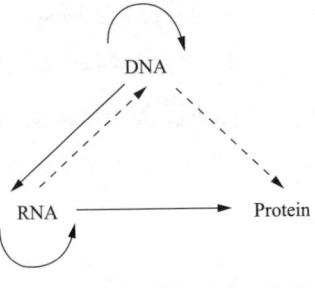　　　图3-12　生物基因遗传中心法则理论模型

　　人们对基因结构及其作用机理的研究逐渐深入，中心法则内涵逐步发展得以完善。中心法则反映了以密码形式储存在DNA中的遗传信息的流动方向，由DNA到DNA的复制、DNA到RNA的转录和RNA到蛋白质的翻译过程。生物遗传信息通过DNA实现遗传信息代际相传，而后遗传信息经历转录过程指导蛋白质执行各项生命活动。生物遗传中心法则说明了遗传信息的传递规律，揭示了生命核心信息遗传的本质。遗传信息经过排列形成不同功能模块蛋白质，经过与外界环境相互作用而呈现出最终的生命运动状态。与生物基因遗传一样，文化基因在遗传过程中也将经历中心法则遗传，因此，借鉴生物基因遗传中心法则去研究其错综复杂的相互关系，是掌握文化基因遗传的重要依据。

　　文化基因经过文化基因复制和代际繁衍形成文化基因，文化基因（National-Culture DNA，缩写为NC-DNA）在文化历史演化的过程中经历文化基因转录过程，完成文化代际教育与传承和文化自我学习与转化，最终形成稳定的民族文化印记（NC-RNA）。而后经历文化基因翻译阶段，对民族文化印记进行艺术表达、建设、析出最终形成民族文化遗产（文化蛋白质）。

　　生物遗传学中把生物体所表现的形态结构、生理特征和行为方式等统称为性状。生物体的各种性状是由基因控制的，基因决定了生物体的性状表现。非物质文化遗产是地域文化基因的性状表现，反映出不同地域环境中不同的自然资源、生产生活方式、价值观、审美观以及语言、心理、信仰等，其多来自群体创作，并在群体生活的地域范围内广泛流传和延续❶，表现出所在地区和民俗的特有性状。有些非物质文化同人类社会一样久远，有些非物质文化是对本民族历史和英雄人物事迹的记载、对人民理想和追求的表达❷，是每个民族古老的生命记忆和活态基因，是确定文化特性、维系文化认同的重要纽带❸，是民族传统文化的重要组成部分。

（三）文化基因遗传要素构成

文化基因遗传表达过程包含三个核心要素，分别为文化基因本体，转录行为主体与遗传地域介质。文化基因本体是指对民族的文化和历史发展产生过深远影响、储存有特定遗传信息的所有文化符号，广泛存在于民族崇拜信仰、社会结构、聚落环境与技艺文化之中。转录行为主体是指民族族群的社会成员。依据转录的规模及其对象包含群体与个体两个层次。群体层面的基因转录是社会族群的文化共识，具有传承的稳定性。个体层面的则会随着个体的行为选择出现基因突变，如基因的消失与创新。遗传地域介质则是基因在自我复制、转录、翻译等过程中所需要的各类媒介的统称，既包含文化所处的自然地理环境，也包括承载文化基因遗传的人文环境，是一个集政治、经济、社会、地理于一体的"多维叠合"的复杂系统。

二、文化基因的价值流变

自然界生物进化过程中，面对复杂的自然环境，既会保持优良遗传性状，也会出现一定程度的基因突变和变异，所谓"物竞天择，适者生存"，以保证后代具有更强的适应性和生存能力。生物学上的基因变异包括基因突变和基因重组，是自然选择的力量对生物基因的选择与重组。基因突变是指DNA分子中发生了碱基对

---

❶ 关芳芳.非物质文化遗产濒危评价及旅游开发活化研究[D].广州：暨南大学，2009.
❷ 潘其旭.壮族歌圩研究[M].南宁：广西人民出版社，1991.
❸ 李墨丝.非物质文化遗产保护法制研究[D].上海：华东政法大学，2009.

的增添、缺失和改变，从而引起了基因结构的改变[1]。通常表现为染色体上某一基因位点内部发生变化，从而导致整个生物个体性状发生变化。基因重组是由于DNA链的断裂而产生的DNA片段的交换和重新组合，组合不会产生新的基因，但会带来生物性状的改变。

生物体通过基因表达保持其与后代的相似性，但这种相似性并不等同于完整的刻录。由于内在和外在环境的多变性，生物体在基因表达过程中往往会出现基因突变，以保证后代具有更强的适应性和生存能力。

文化传播过程中也存在着这一现象，在尽最大可能保持文化原真性的同时，允许环境变化下适应性变异的发生，遗传信息按照文化基因遗传中心法则，经过转录与翻译表达，以维持和延续文化遗产的传承。

（一）价值提升：文化基因的创新重组

"基因重组"指基因对不同DNA剪切、交换、重组形成新的遗传序列的过程，是基因的"适应性"调整行为。文化基因的重组表现为文化对特定环境的"适应"，各种文化生态群落在不同生态环境中进行"自然选择"建立彼此之间及其与整体生态环境之间的互动协同关系，是对生态环境适应的结果。在这一过程中，原有文化基因的内在结构和秩序发生重组，推动文化遗产走向新的复合形态。良性的文化基因重组在保留既有文化基因的优秀序列、保证稳定遗传的基础上，吸纳了外部文化形态中的优势元素，通过文化资源的转换和运作实现文化价值的积累推动着既有的文化遗产走向创新型价值提升。对于民族文化遗产，则表现为对族群所处的自然条件、空间环境、历史文化背景、社会经济技术等要素的分析、选择和演替的综合结果。

（二）价值衰减：文化基因的恶性突变

生物体基因突变是机体DNA正常序列的改变，是化学或物理试剂的作用或DNA复制错误的结果。生物遗传学中的基因变异具

---

[1] 张会荣. 中小企业成长文化基因及其作用机理研究 [D]. 济南：山东大学，2014.

有两面性：良性的变异能使基因得到进化；而恶性的变异则会导致遗传病变。在民族文化遗产演变过程中，尤其是偏远贫困地区，城镇化的快速发展和乡村社会环境的大力改造往往容易造成各类文化遗产形成内在的结构空洞和表层肌理断裂变形。民族文化遗产的内在文化基因在演变过程中被新的社会文化要素所填充，导致原有的文化基因发生结构性突变，从而出现民族文化遗产的价值衰减。

这种恶性变异既存在于基因转录翻译过程，也存在于文化遗产保护过程之中。一方面，在基因代际传承过程（人的生产）中，伴随着传承人的断代、生存环境的异化，传统文化基因转录主体逐渐消逝，民族文化遗产走向基因消失的价值衰减。同时，技术文明的革新推动着传统民族技艺变革，但也生产出混杂着多种文化基因的"伪工艺"，使得文化基因出现失真。另一方面，在遗产保护过程中，由于缺乏对文化基因的深层次认知，常采用商业化开发行为，重经济轻文化、重开发轻保护的理念导致部分文化基因面临被敲除的风险。

民族遗产基因在其传播过程中存在着生长与流变过程，在保持一定原真性的前提下，根据环境变化发生适应性变异。对于民族文化遗产，长时段族群历史积淀形成的文化基因在大尺度时空传播过程中，随着传播沿线自然、社会、人文环境的快速变迁，会发生一定程度的适应性改变，进而呈现出价值增减、功能转换、形态变异等"流变现象"。研究民族遗产基因在遗传过程中的特征，有助于整合基因的多种类别，合理匹配开发传承模式，确保遗产基因信息的完整性和原真性，从而为构建民族遗产基因体系做铺垫，完善文化系统进化的连贯性。

第四章
文化遗产基因智慧图谱构建

人工智能（Artificial Intelligence）技术是以大数据为基础、算法为判断指令、机器设备为载体模拟人类的语言和思维来解决问题的技术，随着计算机信息化技术的发展，人工智能在各个行业和领域实现了广泛的应用。人工智能技术具有"深度学习、跨界融合、人机协同、群智开放和自主智能"的特点，这些特点可以让文化遗产保护和开发流程发生质的变化，在基于大数据模型的背景下结合深度学习的算法，可以让计算机在某些方面替代人类去"自动"生成，其中文化遗产智慧图谱就是文化遗产保护与发展的重要手段之一❶。

第一节 知识图谱及其构建

一、知识图谱

知识图谱（Knowledge Graph）旨在描述客观世界的概念、实体、事件及其间的关系❷。2012年，谷歌首次提出知识图谱这一概念，当初的宣传口号是"Things, not strings"，其内涵是：不要无意义的字符串，而是要获取字符串背后的隐含的对象❸。

比如说，当我们看到"Impression, Sunrise"时我们会有怎样的反应呢？首先一定会想到这串字符的中文意思《日出·印象》，

---

❶ 韩海燕. 人工智能在非物质文化遗产保护与创新设计中的应用研究——以内蒙古地区为例[J]. 艺术与设计(理论),2020,2(8):73-75.

❷ 谭晓,张志强. 知识图谱研究进展及其前沿主题分析[J]. 图书与情报,2020(2):50-63.

❸ 田莉霞. 知识图谱研究综述[J]. 软件,2020,41(4):67-71.

可能有些人还会想到画家奥斯卡－克劳德·莫奈（Oscar-Claude Monet），从克劳德·莫奈会延伸到印象派，从而脑海里会浮现出印象派绘画的整体风格。这是我们人类在接触到字符串的时候思维的一系列活动，而机器也是如此，机器没有思维，但是面对同样的字符串的时候它会有同样的反应。想要让机器理解文本的含义，我们需要对客观世界中的具体事物创建一个完整的模型，包含它的各种属性以及与其他事物的关系，也就是构建知识图谱，为机器存储先验知识。知识图谱让机器拥有了最基础的认知能力[1]。

早在20世纪中叶，普莱斯等人提出使用引文网络来研究当代科学发展的脉络的方法，首次提出了知识图谱的概念。1977年，知识工程（Knowledge Engineering，KE）的概念在第五届国际人工智能大会上被提出，知识工程以知识为处理对象，基于人工智能的原理、方法和技术，研究如何用计算机表示知识，进行问题的求解。这意味着以专家系统为代表的知识库系统开始被广泛研究和应用。直到20世纪90年代，机构知识库的概念被提出，自此关于知识表示、知识组织的研究工作开始深入开展起来[2]。机构知识库系统被广泛应用于各科研机构和单位内部的资料整合以及对外宣传工作。2012年11月Google公司率先提出知识图谱（Knowledge Graph，KG）的概念，表示将在其搜索结果中加入知识图谱的功能。其初衷是为了提高搜索引擎的能力，增强用户的搜索质量以及搜索体验[3]。据2015年1月统计的数据，Google构建的KG已经拥有5亿个实体，约35亿条实体关系信息，已经被广泛应用于提高搜索引擎的搜索质量。虽然知识图谱（Knowledge Graph）的概念较新，但它并非一个全新的研究领域。早在2006年，Berners Lee就提出了数据链接（Linked Data）的思想，呼吁推广和完善相关的技术标准如URI（Uniform Resource Identifier）、RDF（Resource Discription

---

[1] 田莉霞. 知识图谱研究综述[J]. 软件, 2020, 41(4): 67-71.
[2] 郭崇慧. 知识图谱与关系预测——大数据与智能决策讨论班[EB/OL]. (2019-11-18)[2022-06-13].
[3] 甄玉敏. 基于知识图谱的个性化新闻推荐系统的设计与实现[D]. 北京: 北京交通大学, 2020.

Framework）、和OWL（Web Ontology Language），为迎接语义网络的到来做好准备。随后掀起了一场语义网络研究的热潮，知识图谱技术正是建立在相关的研究成果之上的，是对现有语义网络技术的一次扬弃和升华。

二、知识图谱架构

（一）知识图谱模式层

模式层是知识图谱的核心。主要内容为知识的数据结构，包括实体（Entity）、关系（Relation）、属性（Attribute）等知识类的层次结构和层级关系定义，约束数据层的具体知识形式❶。在复杂的知识图谱中，一般通过额外添加规则或公理表示更复杂的知识约束关系。

1.类层次结构

有些知识图谱采用的是树状的类结构，每个子类继承其祖先节点的属性。我们的图谱采用的是简单的两层类层次结构，object_object类是根节点，其他所有类是其子节点。

2.类关系定义

类之间存在相互的关系，类之间既可以定义单向的关系，也可以定义双向的关系。如果需要定义主逆关系，需要约定其主关系及逆关系。例如歌手指向歌曲的关系是演唱歌曲，歌曲指向歌手的关系是被演唱。

3.类领域定义

为了管理方便，定义了多个领域便于将类进行分组管理。例如，音乐域之下会有歌曲、专辑、歌手等类，电影域之下会有影片、导演、演员等类。

4.类属性定义

公共类里抽取了一些非常基础的属性作为公共属性，例如名

---

❶ 田玲,张谨川,张晋豪,等.知识图谱综述——表示、构建、推理与知识超图理论[J].计算机应用,2021,41(8):2161-2186.

称、创建时间之类。另外每个类定义了自己的专有属性,例如音乐时长、电影评分等。

(二)知识图谱数据层

数据层是以事实(Fact)三元组等知识为单位,存储具体的数据信息[1]。知识图谱一般以三元组$G=\{E,R,F\}$的形式表示。其中,E表示实体集合$\{e1, e2, \cdots, eE\}$,实体e是知识图谱中最基本的组成元素,指代客观存在并且能够相互区分的事物,可以是具体的人、事、物,也可以是抽象的概念。R表示关系集合$\{r1, r2, \cdots, rR\}$,关系r是知识图谱中的边,表示不同实体间的某种联系。F表示事实集合$\{f1, f2, \cdots, fF\}$,每一个事实f又被定义为一个三元组$(h, r, t) \in f$。其中,h表示头实体,r表示关系,t表示尾实体。例如,事实的基本类型可以用三元组表示为(实体,关系,实体)和(实体,属性值)等。

在事实中,实体一般指特定的对象或事物,如具体的某个国家或某本书籍等;关系表示实体间的某种外在联系,属性和属性值表示一个实体或概念特有的参数名和参数值。

1. 类层次结构

类使用图节点存储,关系是用图的边来存储,object_object在物理上不需要单独建立节点,所有的子节点都继承object_object的基础属性。

2. 类关系定义

为每种类型建立了一个节点叫作object_type,将属于该类型的实体都增加一条指向该类型节点的边,这样如果需要修改类型定义,只需要修改一个节点即可。

3. 类领域定义

为每种领域也定义了一个专门的节点叫object_domain,将属于该领域的实体增加一条指向该领域节点的边。

---

[1] 田玲,张谨川,张晋豪,等.知识图谱综述——表示、构建、推理与知识超图理论[J].计算机应用,2021,41(8):2161-2186.

4.类属性定义

对于属性分为公共属性和私有属性，公共属性即上面模式层提到的object_object根节点的属性，私有属性是各个类型节点自身独有的属性。其中公共属性因为基本不会变化，我们存储在节点的属性字段里；而私有属性可能会经常需要增删改，而我们的图数据库不是模式自由（Schema-Free）的，为了方便修改，将私有属性全部作为边来存储。

三、知识图谱的应用

随着云计算、大数据、人工智能技术的快速发展，越来越多的新技术正在应用于传统工业领域，并在帮助企业实现产业转型、技术升级及效益提升方面起到了关键作用。目前在提升良品率方面，知识图谱通过深度计算所有的关联参数，可精准分析出与生产质量强相关的关键参数并基于分析结果搭建出参数的曲线模型，结合生产过程中实时监测和调控变量，最终将最优参数在大规模生产中精准落地❶。此外，知识图谱在提升质检效率、提升测试效率、优化能耗、降低设备维护成本、优化生产工艺等方面同样较多应用场景❷。

（一）智能问答系统

智能问答目前也是一个非常热门的方向，它是信息检索系统的一种高级形式，它降低了人机交互的门槛，非常适合成为互联网的新入口。早期的搜索引擎无法直接给出问题的答案，只是根据关键字将相关网页返给用户，用户再根据自己的需求，去寻找答案。智能问答系统通过知识图谱，具有类似于人的认知思维，可以真正明白用户的意图，直接给出用户想要的答案。

（二）语义搜索

语义搜索可以利用知识图谱准确地捕捉用户的搜索意图，进而

---

❶ 阿里云研究中心.工业大脑白皮书[EB/OL].(2020-05-05)[2022-06-13].

❷ 付雷杰,曹岩,白瑀,等.国内垂直领域知识图谱发展现状与展望[J/OL].计算机应用研究:1-15[2021-11-17].

用基于知识图谱中的知识解决传统搜索中遇到自然语言输入带来的表达多样性、歧义性问题，通过实体链接实现知识与文档的混合检索。Google、百度和搜狗等搜索引擎公司通过构建 Knowledge Graph、知心和知立方改进搜索质量。

（三）个性化推荐

智能推荐是目前知识图谱应用的热门领域之一，它以知识图谱为基础，为用户构建相关场景，并向用户提供最合适的推荐内容。电商领域的智能推荐最为常用，例如利用知识图谱构建电商平台的产品库。如果用户要查询某个产品的信息时，只需输入关键词，以知识图谱为基础的智能推荐就会向用户输出产品相关的信息。在用户购买完一个商品时，智能推荐还可以通过知识图谱判断用户的购物需求及购物场景，向用户提供其他配套产品的信息，这也是知识图谱在电商领域的主要用途之一。

2013年，Facebook作为全球最大的社交网络之一，推出基于知识图谱的全新产品Graph Search。它利用知识图谱将社交网络中的重要元素人、地点、时间、事件等联系起来，形成巨大的社交关系图谱，帮助用户快速准确地找出密切相关的人选，这个应用就是最典型的智能推荐。

四、知识图谱构建方法

（一）依靠人工构建

1. WordNet

WordNet是由普林斯顿大学（Princeton University）的心理学家、语言学家和计算机工程师联合设计的一种基于认知语言学的英语词典❶。

它是一个覆盖范围宽广的英语词汇语义网。名词、动词、形容词和副词各自被组织成一个同义词的网络，每个同义词集合都代表一个基本的语义概念，并且这些集合之间也由各种关系连接。

---

❶ 刘安华. 基于文本情感的网络舆情分析系统研究 [D]. 长沙：湖南大学，2013.

名词网络的主干是蕴含关系的层次（上位/下位关系），它占据了关系中的将近80%。层次中的最顶层是11个抽象概念，称为基本类别始点（Unique Beginners），例如实体（Entity，"有生命的或无生命的具体存在"），心理特征（Psychological Feature，生命有机体的精神上的特征）❶。

2. CYC项目

CYC项目始于1984年，由当时的微电子与计算机技术公司开发。该项目最开始的目标是将上百万条知识编码成机器可用的形式，用以表示人类常识❷。"CYC"名字的来源是"Encyclopedia"（百科全书）。

CYC知识库中表示的知识一般形如"每棵树都是植物""植物最终都会死亡"。当提出"树是否会死亡"的问题时，推理引擎可以得到正确的结论，并回答该问题。该知识库中包含了320万条人类定义的断言，涉及30万个概念，15000个谓词，这些资源都采取CYCL语言来进行描述。CYC项目大部分的工作仍然是以知识工程为基础的。大部分的事实是通过手动添加到知识库中，并在这些知识基础上进行高效推理的。最近Cycorp正致力于使CYC系统能够和最终用户用自然语言进行交流，并通过机器学习来辅助形成知识的工作❸。自从2008年，研究人员将CYC资源映射到维基百科文章上之后，使得CYC与类似于DBpedia、Freebase这样的数据集进行连接变得更为容易。

（二）基于群体智能

1. 维基百科知识库构建

DBpedia是一个很特殊的语义网应用范例，它从维基百科的词条里撷取出结构化的资料，以强化维基百科的搜寻功能，并将其他资料集联结至维基百科❹。透过这样的语义化技术的介入，让维基百

---

❶ 陆文豪.基于关系数据库的专业领域语义词典构建研究[D].上海:复旦大学,2009.
❷ 车万翔,刘挺.自然语言处理新范式:基于预训练模型的方法[J].中兴通讯技术, 2022,28(2):7.
❸ 郝瑞哲,雷达及关联装备情报知识图谱构建方法研究[D].长沙:国防科技大学,2017.
❹ 郝培豪.安保警务知识图谱构建研究[D].北京:中国人民公安大学,2019.

科的庞杂资讯有了许多创新而有趣的应用，例如，手机版本、地图整合、多面向搜寻、关系查询、文件分类与标注等。它通过摘取维基百科页面上的事实信息，让用户不用在多个维基百科条目之间浏览便能找到问题的答案。查询数据的方式是利用叫作SPARQL（像是SQL一类的查询语言）来对资源描述框架（RDF）进行查询。比如说用户在读过《小王子》这本书之后可能会对这个作者的其他作品感兴趣，DBpedia结合维基百科上《小王子》的书及其影视作品、安托万·德·圣-埃克苏佩里等这些条目，向读者推荐例如小说《夜航》，散文集《人的大地》《空军飞行员》等作者其他作品。

YAGO是由德国马普研究所研制的链接数据库。YAGO主要集成了维基百科、WordNet和GeoNames三个来源的数据。YAGO将WordNet的词汇定义与Wikipedia的分类体系进行了融合集成，使得YAGO具有更加丰富的实体分类体系❶。不仅如此，YAGO还考虑了时间和空间知识，为很多知识条目增加了时间和空间维度的属性描述。目前，YAGO已包含1.2亿条三元组知识。

Freebase的数据被存储在一个叫作图的数据结构中。一个图由边连接的结点组成。在Freebase中，结点使用/type/object定义，边使用/type/link定义。通过以图的形式存储数据，Freebase可以快速遍历主题（Topic）之间的任意连接，并轻松添加新的模式（Schema），而无须改变数据的结构。Freebase有超过3900万个关于真实世界的实体模型，例如人、地点和事物。由于Freebase的数据由图表示，这些主题对应图中的各个结点。

2.国内知识库构建

XLORE知识图谱是中英文知识规模平衡的大规模跨语言百科知识图谱。该图谱通过融合中文、英文的维基百科和百度百科，并对百科知识进行结构化和跨语言链接构建而成❷。它聚力了两大中文百科中英文平衡的图谱，不仅有着丰富的语义关系，而且拥有多种查询接口可供第三方使用。

---

❶ 申宇铭,杜剑峰.时态知识图谱补全的方法及其进展 [J]. 大数据,2021,7(3):30-41.
❷ 新华社. 清华大学发布人工智能知识计算开放平台 [EB/OL]. (2019-01-21)[2022-06-13].

3. 基于互联网链接数据构建

Linked Data 提出的目的是构建一张计算机能理解的语义数据网络,而不仅仅是人能读懂的文档网络,以便于在此之上构建更智能的应用[1]。Linked Open Data Project 的宗旨在于号召人们将现有数据发布成 Linked Data,并将不同数据源互联起来。在过去的几年中,越来越多的数据提供者和 Web 应用开发者将他们各自的数据发布到 Web 上,并且与其他数据源关联在一起,形成一个巨大的数据 Web。

举个例子,在用户输入搜索语句"苹果"时,因为机器无法判断这个"苹果"是指水果还是"苹果公司"(Apple),所以会将数据库中含有"苹果"两字的网页都返回给用户。如果输入的检索是一个句子,比如"苹果手机",现阶段的搜索引擎仍然无法判断"苹果手机"是特指"苹果公司"的手机,返回的结果里会有很大一部分是含有"苹果""手机"这样的关键词的网页。

当用户的检索变得复杂的时候,比如上面说的"苹果手机",Linked Data 的作用就显现了。通过元数据标注,RDF 关系模型,机器能够了解当"苹果"和"手机"一起出现的时候,很大程度上是指"苹果手机"。当连接的数据多了之后,就会形成一个巨大的知识图谱,例如 Google 的 Knowledge Graph。

第二节　文化遗产基因知识图谱构建

一、知识建构

知识建构实际是知识图谱表示,是指选择一种合适的语言对图谱进行建模[2],描述实体间的语义关系,以方便网络计算机识别计

---

[1] 洪娜,钱庆,方安,等.生物医学关联数据研究进展与比较分析[J].中国国情报工作,2012,56(6):123–129.

[2] Quillian M R .Semantic Memory - ScienceDirect[J]. Readings in Cognitive Science, 1988,313(8118):80-101.

算。从知识提取的角度来讲，知识建构包括对实体的识别、知识表示、关系的抽取。

（一）实体识别

1. 实体定义

在NLP中通常所说的实体指的是人名、地名、机构名，在新闻领域，大众希望了解突发事件的主体，比如人物、地点、机构。如果进一步拓展，就是大众所关心的词语，比如在商品标题中，大众会关心品牌词、物品词、物品属性词，通过这些词+情感极性词，可以更详细地了解顾客的购物意愿。

2. 实体识别

如何让机器识别实体呢？从识别步骤来看分为两步，第一步识别出实体词边界，也就是实体的开始位置和结束位置；第二步识别出实体的类型，也就是前边所说的人名、地名、机构名等等具体的实体类型。从识别方法来看有两类，第一类基于正则规则，也就是实体词的构词规律和高频上下文词。比如手机的属性词有："数字+GB"描述存储能力、"数字+寸"描述屏幕大小、"数字+万+像素"描述拍摄效果等。这一类词完全可以通过正则表达式来匹配。当然，缺陷也很明显，即相同规则匹配的属性词所描述的具体内容不同，比如"数字+GB"既可以描述内存，也可以描述存储空间。一个正则表达式可以匹配多个串，而有些串并不是我们想要的实体。规则多了，就会有冲突。第二类基于机器学习方法。首先，它要求实体的上下文以及构词具有统计规律；其次，要有充足的训练语料。

3. 实体识别在文化遗产中的应用

实体识别是文化遗产文本数据源获取知识的重要组成部分，命名实体是一个词或一个短语，可以在具有相同或相似的属性中标识一个事物❶。对命名实体识别（NER）的规则是相同或相似事物集合的过程，是自然语言处理研究中的一项重要任务，主要用于识别

---

❶ Humphreys K, Gaizauskas R, Azzam S, et al. University of Sheffield: Description of the LaSIE-II system as used for MUC-7[C]// Conference on Message Understanding. Association for Computational Linguistics, 1995.

人名、地名、组织机构名、时间和数字表达式，在生物、医学、军事、财经等领域中主要用来识别特定实体及其类别[1]。在计算机中命名实体识别的方法有深度学习和机器学习两种方法。

基于统计机器学习的方法则运用于大规模已标注语料中学习的模型，对句子各个位置进行序列化的自动标注，常用的模型有：隐马尔可夫模型（Hidden Markov Model, HMM）、最大熵模型（Maximum Entropy, ME）、条件随机场模型（Conditional Random Field, CRF）等，深度学习和机器学习结合的方法成为主流，双向长短时记忆网络（Bi-LongShort-TermMemory，BiLSTM）与CRF融合的模型在命名实体识别任务中取得了较好的指标精度，应用较为广泛[2]。

（二）知识表示

表示学习是指将文字（词汇、短语、句子、文章）、图片、语音等的语义信息表示为稠密低维的实值向量。知识表示是对现实世界的一种抽象表达[3]。一个知识表示载体应具有较强的表达能力，使计算机执行求解过程精确且高效，它将知识库中的实体和关系表示为稠密低维的实值向量。知识图谱中的知识通常用三元组（Head，Relation，Tail）表示，包含实体和关系，其中节点代表实体，边代表关系[4]。知识表示存在计算效率问题和数据稀疏问题。计算效率问题是指基于图结构的知识，表示虽然简洁直观，但是需要专门的图算法（复杂度高、可扩展性差）。数据稀疏问题主要是由长尾分布造成的，长尾上的实体和关系的语义难以捕获。通过知识表示，低维向量提高了计算效率，稠密向量缓解了数据稀疏，多源的异质信息表示形式统一，便于迁移和融合。

知识表示学习得到的分布式表示，我们可以快速计算实体间的

---

[1] Horn H, Schoof E M, Kim J, et al. Kinome Xplorer: an integrated platform for kinome biology studies[J]. Nature Methods, 2014,11(6):603–604.

[2] 程宁,李斌,葛四嘉,郝星月,冯敏萱.基于BiLSTM-CRF的古汉语自动断句与词法分析一体化研究[J].中文信息学报,2020,34(4):1–9.

[3] 孙晓玲,丁堃.深度学习中的表示学习研究及其对知识计量的影响[J].情报理论与实践,2018,41(9):118–122.

[4] 王琦.基于多源信息的知识表示学习方法研究[D].武汉:华中师范大学,2019.

语义相似度，这对于自然语言处理和信息检索的很多任务有重要意义。我们还可以知识图谱补全，构建大规模知识图谱，需要不断补充实体间的关系，利用知识表示学习模型，我们可以预测两个实体的关系❶。除此之外，还可以用于关系抽取、自动问答、实体链指等任务，展现出巨大的应用潜力。知识表示可以显著提升计算效率，知识库的三元组表示实际就是基于独热表示的，在这种表示方式下，需要设计专门的图算法计算实体间的语义和推理关系，计算复杂度高、可扩展性差。而表示学习得到的分布式表示，能够高效地实现语义相似度计算等操作，显著提升计算效率；有效缓解数据稀疏；实现异质信息融合❷。

在计算机中，知识表示通常由符号和数值组成，关联图表示实体间关系，标量、概率等数值有助于刻画知识更深层次的细节。在知识图谱中，语义网络、RDF 三元组、实体关系图均是知识表现的形式，图模型是知识图谱的逻辑表达方式，是人们最容易理解的一种知识表示，其基本思路是将知识图谱中的点与边表达成数值化向量。在知识图谱中，每一个事实都用一个三元组来表达，即头实体（Head Entity）、关系（Relation）、尾实体（Tail Entity）。将其定义一个三元组（h, r, t），其中 h 和 r 分别表示实体和关系的向量，根据 TransE 模型假设，当 $h+r \approx t$，事实（h, r, t）成立，反之则反。

（三）知识抽取

知识抽取与挖掘指的是从不同来源、不同结构的数据中，利用实体抽取、关系抽取、属性抽取、事件抽取等技术抽取知识。知识抽取技术是指把蕴含于信息源中的知识经过识别、理解、筛选、归纳等过程抽取出来，存储形成知识元库。目前研究较多的是自然语言文本，已经出现了一些工具或系统，知识抽取已经成为自然语言处理领域一个重要的研究分支，它是知识图谱构建的基础，也是大

---

❶ 马晓军. 基于表示学习的领域实体消歧与链接预测 [D]. 昆明：昆明理工大学, 2018.
❷ 刘知远, 孙茂松, 林衍凯, 等. 知识表示学习研究进展 [J]. 计算机研究与发展, 2016, 53(2): 247–261.

数据时代自然的产物❶。在互联网信息呈爆炸式增长的背景下，人们需要这样一种从原始数据中提取高价值信息的方法。

1. 知识抽取的方法

（1）词典标引法

该方法的基本思想是：先是构造一个机内词典（主题词典、关键词词典等），然后设计相应算法与词典匹配，若匹配成功，则将其抽出作为文献的标引词❷。词典标引法在目前汉语自动标引中占据着主要地位，早期的自动标引试验大部分采取该方法。标引算法基本相同，但具体细节有所不同：有的采取最大匹配法，有的采取最小匹配法，有的采取切分抽词和综合加权确定标引词。

（2）切分标记标引法

该方法的基本思想是：将能够断开句子或表示汉字之间联系的汉字集合组合成切分标记词典输入计算机。切分标记词典有词首字、词尾字和不构成词的单字，也有人用表外字、表内字、非用字、条件用字等组成切分词典。当原文本被切分词典分割成词组或短语后，再按照一定的分解模式将其分成单词或专用词❸。

（3）单汉字标引法

该方法的基本思想是：在标引时将概念词拆分成单个汉字，以单个汉字作为标引词，采取后组方式，将检索词串分解成单个汉字，以逻辑乘关系进行组配，利用汉字索引文件实现自动标引和逻辑检索❹。

（4）词频统计标引法

词频统计标引法的理论基础是著名的齐普夫定律Zipf′s Law定律，它建立在较成熟得语言学统计研究成果基础之上，具有一定的客观性和合理性，而且这种方法简单易行，因此在自动标引中占有较重要的地位。国内外很多公司曾使用这种方法进行标引试验，结

---

❶ 吕钊,谢雨飞.基于统计与模板匹配的领域概念自动抽取精化方法及系统,CN105930509A[P].2016.

❷ 王莉.文本数据自动标引系统的设计与实现[D].北京:北京工业大学,2009.

❸ 王莉.文本数据自动标引系统的设计与实现[D].北京:北京工业大学,2009.

❹ 付蕾.知识元标引系统的设计与实现[D].武汉:华中师范大学,2009.

果证明此法行之有效。词频统计方法要进一步发挥其功能，就必须融合其他因素，因此这种方法目前多被融合到其他标引方法中使用。在加权统计标引法中，从文献频率加权标引到词区分值，加权标引主要依赖于词的频率特征（标引词在某一特定文献中的出现频率或词的文献频率）和词的区分能力。上述两种方法的主要缺陷是与词的相关性无关❶。而词相关性加权标引法和价值测度加权标引法不仅考虑了词在某一特定文献或整个文献集合中的频率特征，而且考虑了标引词在相关文献集合和无关文献集合中的频率特征以及检索结果的效益值。理论和实践都证明这两种方法比前两种方法更有效。但这两种方法在实际应用中具有一定的局限性，权值函数中的 R 等值在标引之前是未知的，只能近似估计。

（5）句法分析标引法

基于深层结构的标引法将文献标题可能反映的主题内容归纳为有限的几种元素基本范畴，并使用简洁的句法规则，减少了句法分析的复杂性❷。数字化指示符合处理码标识的运用更方便了计算机的识别处理。但是这种方法在主题名称的范畴分析及主题标目的选择等方面需要较多的人工干预，影响了其自动标引的效率❸。另外，这种方法仅以文献标题为标引对象，虽然主题内容容易突出，但标题句法形式的规范性较差，增加了句法分析的难度，同时过窄的分析范围容易漏标一些相关主题。句法分析标引法获得的一些有效结果通常来自一些特殊的小量样本，而在大量样本上的试验往往令人失望，最突出的问题是标引词词义的模糊性，而这一问题又是句法分析标引法本身难以解决的。因此，所有的句法分析必须辅以语义分析，才能保证自动标引的准确性。

（6）基于潜在语义分析的标引法

基于潜在语义分析的标引法通过单值分解，将词、文献和提问根据语义相关程度组织在同一空间结构中。在这一空间中，分散在

---

❶ 苏武华. 汉语自动分词和自动标引方法研究 [J]. 农业图书情报学刊, 2004(7): 103-105.

❷ 王莉. 文本数据自动标引系统的设计与实现 [D]. 北京: 北京工业大学, 2009.

❸ 张敏. 生物学文献的自动标引系统的研究与开发 [D]. 上海: 东华大学, 2006.

不同文献和提问中的同义词相近放置，具有不同的词但主题语义接近的文献和提问相邻组织。因此，在文献和提问检索词不匹配的情况下，这种方法仍可以给出合理的检索结果，这一点显然是基于关键词的检索系统无法达到的。因为每个词在潜在语义空间中只有一个位置，所以这种标引法目前不适用于多义词。在简化的奇异值分解（Singular Value Decomposition, SVD）描述中，文献集合中一个含义模糊的词将被置于多个独特含义的矩心，这无疑会对检索产生负面影响。尽管这种方法还存在缺陷，但是许多人对其进行试验后认为，潜在语义分析标引法是一种很有前景的方法❶。

语义矢量空间模型在现有的矢量空间模型基础上，融入格式语义结构，通过标引词的语义矢量构造描述文献的语义矩阵，使文献的标引得以在语言的深层结构语义层上一一实现。相比句法分析标引法，语义分析标引法无论是使用范围还是实际的使用效果都明显优于前者。语义分析标引与人工智能标引的融合将是今后自动标引技术的研究方向。

（7）人工智能标引法

人工智能应用在标引中的具体技术是专家系统，专家系统的知识表示方法主要有产生式表示法、语义网络表示法和框架表示法。基于产生式表示法的JAKS系统，其规则具有统一的条件——行为表示形式，各自具有自己的功能，这使得知识容易被定义，也容易被理解。此外规则具有高度模块化的性质，系统对规则的定义、修改、扩充等操作可各自独立进行而互不干扰。但因为规则之间不存在明显的相互作用，所以难以对规则库进行整体把握，这给规则库的一致性维护带来了困难。另外，基于规则的推理缺乏必要的灵活性，难以应付复杂内容标引的变动推理方式的需求。

尽管采用人工智能法进行自动标引比在相同专业领域中运用其他方法复杂，但人工智能标引法是真正从标引员思维的角度模拟标引员的标引过程的，这显然比以被标引文献为出发点的其他自动标引方法更有可能获得理想的标引效果。

---

❶ 张乃静. 基于林业科学数据的语义检索研究 [D]. 北京：中国林业科学研究院，2013.

2.知识抽取在文化遗产知识图谱中的应用

文化遗产数据主要由结构化、半结构化、非结构化等类型构成。结构化数据本身就已存在数据库中，知识组织计算机能够识别，抽取简单，只需将关系数据中知识直接映射或转换映射为RDF数据。半结构化数据是从Web信息中自动或手动提取网页内容，这类数据不符合关系数据库的存储规则，但有标签及语义元素标记。文化遗产互联网数据越来越丰富，半结构化信息抽取也是文化遗产知识获取的重要来源之一。

非结构化抽取是从自由文本中提取知识，包括实体、关系及事件三个模块，在抽取过程中主要基于已有的标注规则和知识库。这是三种数据来源中难度最大的一种。一方面，在数据收集、文本处理、实体抽取、关系抽取等各个环节都可能存在噪声和误差，这些因素在各个环节的传播严重影响知识获取的精度；另一方面，数据来源多种多样，使得处理较为困难。在处理非结构化数据时采用API接口技术，允许用户根据规则抽取文本信息实体与关系，以确保文化遗产知识图谱构建的准确性。实体抽取目的是从文化遗产文本中抽取实体信息，如文化遗产项目名称、传承人、区域、时间，遗产类别等。

实体抽取一般先从文本中识别和定位实体，然后将实体分类到预定义的类别中。例如，"湖北省政府于2020年公布第六批荆楚非物质文化遗产目录"，"湖北省政府""2020年""荆楚非物质文化遗产"根据规则抽取为实体。

关系抽取是抽取两个实体间的语义关系，在非结构化数据中，关系抽取与实体抽取密切联系。在关系抽取中，先行找到三元组实体主体或客体，然后用句子信息填充的三元组其他部分，填充部分则是实体间关系❶。关系抽取是非结构化数据关键，目前基于关系抽取的方法有模板关系抽取、监督学习关系抽取。针对文化遗产数据，采用基于监督学习抽取方法。基于监督学习的关系抽取是从知

---

❶ 刘丽.基于联合学习方法的实体关系抽取[J].电子技术与软件工程,2021(8)：181–182.

识库中找出具有实体与属性的句子，以构成训练集，通过训练集形成分类器，在大量的分类标注数据样本中，对输入信息进行加工，以建立关系分类。基于监督学习的关系抽取重点是训练语料，包括语料获取和分类器语料优化。早期的知识抽取方法包括基于规则的关系抽取、词典驱动的关系抽取、本体的关系抽取❶，这些关系抽取描述语句并不强，正确率低。为提高其准确率，在关系抽取中设定关系关键词。例如，在文化遗产中，"遗产地区"关系可以为"位于""坐落"等。"遗产发源时间"关系表达的关键词可能是"起源""建立""设立"等。因此，在知识库中的关系名称是单一的，但在网络资源中对应的关系语言表达是多种方式。如果在关系抽取中直接匹配，会降低关系抽取的精度，而引入关系关键词可以很好解决这一问题。分类器语料优化与人工标注不同，人工标注往往会导致遗漏或错误，且只能用于简单的知识图谱关系抽取中，分类器语料优化是将文化遗产文本已标标语料设为正例，将未标注语料设置负例，按此算法反复迭代，最终完成文本分类。事件抽取是指从自然文本中抽取用户所关注的事件信息，并以结构化的形式呈现出来。事件抽取包括元事件抽取和主题事件抽取。元事件是指状态变化或动作发生，其行为包括时间、地点、参与者等❷。主题事件是核心事件或与事件相关的活动。例如，针对某个文化遗产项目，可以从文化遗产文本库中得到其文化遗产名称、传承人、区域、遗产类别等信息。事件抽取能够从非结构化文本数据中汇集这些信息，实现对实体的完整描述。

二、知识存储

知识存储和数据存储完全一样，从存储的角度看，知识就是数据，同样可以存储在文件、数据库或者网络中。知识只有在使用的

---

❶ 李冬梅,张扬,李东远,等.实体关系抽取方法研究综述[J].计算机研究与发展,2020, 57(7):1424–1448.

❷ 魏勇,李响,王丰.运用文本处理框架抽取中文事件[J].测绘科学,2016,41(4): 190–194.

时候才和数据不同，知识可以用来构建算法，并且在完美的计算框架中，算法应当仅仅从知识中生成出来，而不应该靠人写出来，人构建算法的知识应当首先形式化并存入知识库，然后从这些知识中生成算法。由于知识本身也是数据，因此知识也可以当作数据来计算，这种计算就是实现知识演化的方法。

文化遗产资源包含大量数据，这些数据具有关联性和灵活性，如何将这些数据有效表示和存储是知识图谱应用的关键。以传统文件或关系数据库存储的知识图谱越来越难应用在文化遗产中。基于新型知识图谱的图数据库框架、数据模型及管理模型的设计和选型都是大规模数据存储的关键。

（一）知识存储架构

在图数据库存储中，文化遗产数据庞大，必须构建一个对数据进行高效访问的图数据库框架，以提高知识图谱存储效率。而目前图数据库存储与传统的数据库存储存在很大区别。传统数据库进行存储时需考虑数据的动态访问、读和写操作等。而知识图谱的存储方式以三元组为单元，三元组信息以主、谓、宾形式存在，其数据组织具有碎片化和灵活性特征。因此知识图谱的数据存储必须具有高度灵活和碎片化的特征。一个知识图谱存储需涉及图的节点、关系和属性等数据。要想对存储的数据进行高效访问，需考虑建立一个存储代价小，访问数据快的存储框架。当数据规模庞大时，本文采用分布式存储以提高存储系统的可扩展性。在分布式存储中，各RDF数据节点存储分散，相对独立，因此文化遗产知识图谱有两种方式存储，分别是属性存储和图数据存储。在分布式环境中，基于知识图谱的数据结构，用属性存储方式管理数据之间的关系，减少自连接操作次数，执行效率高。在图数据存储中，将RDF数据存储到一个3列结构表中。数据层定义存储的物理结构，是图数据库的最底层，决定图数据库存储管理的方式，包括对数据存储及操作。数据的存储包含原生态的数据及关系数据。在数据操作中，数据预处理环节是剔除无效数据，以确保图数据的精确性，数据操作除数据预处理外还包括数据导入、导出、数据修改。此外，常用的数据层有两种模型分别为RDF模型和属性图模型。模型层主要功能是逻辑建模，提供图数据库的连接、编辑及接口扩展等服务，同时对外部的存储访问提供并行数据操作。

（二）知识库的数据存储模型

数据模型定义图数据库的上层逻辑结构，其结构操作决定图数据库存储、查询的方法和效率。知识图谱数据本质是图数据，传统图数据以二元组表示，其图结构$G=(V,E)$，V表示节点集，E为边集[1]。基于知识图谱的数据模型表示也源于图结构表示方法，顶点表示实体，边表示实体间关系[2]。在知识图谱中，以分块方式来存储不同实体类型，运用特征聚类方法处理未定义实体，使其归入相近的语义类型。图数据库存储过程遵循统一语义关系，集中存储原则，即底层上使用相同存储结构处理不同类型数据，在语义搜索上兼容不同的数据库查询语言。应用在知识图谱的图数据模型主要有RDF图模型和属性图模型。

RDF是W3C制定在语义万维网上供计算机可以理解的标准数据模型[3]。在三元组中，节点和边都带有标签，能更好展现知识图谱中的语义关联。RDF图模型定义为：设U、B、L分别为有限集合的统一资源标识符（URI）、空结点及字面量，一个RDF三元组$(S,P,O) \in (U \cap B) \times U \times (U \cup B \cup L)$，每个三元组是一个陈述句，其中$S$是主语，$P$是谓语，$O$是宾语，$(S,P,O)$表示资源$S$的属性$P$取值为$O$[4]。下图是文化遗产知识图谱三元组数据的图形式，其中包括长阳山歌、地花鼓、撒叶儿嗬等宜昌部分地区的文化遗产资源。在RDF图中，实线矩形表示文化遗产资源，虚线矩形表示属性值，有向边表示一个三元组的谓词，如三元组（长阳山歌，遗产类别，传统音乐）表示长阳山歌遗产类别是传统音乐（图4-1）。

---

[1] 夏翠娟,张磊.关联数据在家谱数字人文服务中的应用[J].图书馆杂志,2016(10)：26–34.

[2] 侯西龙,谈国新,庄文杰,等.基于关联数据的非物质文化遗产知识管理研究[J].中国图书馆学报,2019,45(2)：88–108.

[3] 王鑫,邹磊,王朝坤,等.知识图谱数据管理研究综述[J].软件学报,2019,30(07)：2139–2174.

[4] 范青,史中超,谈国新.非物质文化遗产的知识图谱构建[J].图书馆论坛,2021,41(10)：100–109.

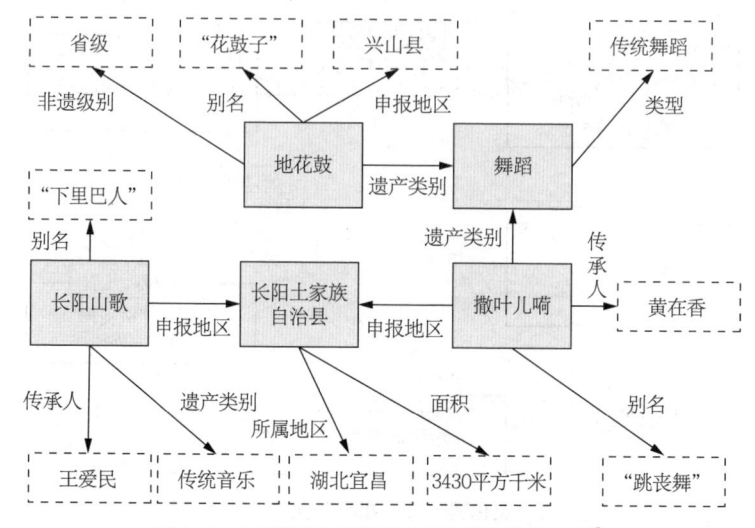

图4-1 文化遗产知识图谱三元组数据的图形式[1]

虽然属性图的实现中有一些核心的共性，但是没有真正标准的属性图数据模型，因此属性图的每个实现都有些不同。节点（Nodes）是图中的实体，用表示其类型的0到多个文本标签进行标记，相当于实体；边（Edges）是节点之间的定向链接，也称为关系，其中对应的"From Node"称为源节点，"To Node"称为目标节点，边是定向的且每条边都有一个类型，它们可以在任何方向上导航和查询，相当于实体之间的关系；属性（Properties），是一个键值对，顶点和边都具有属性。图4-2是部分文化遗产对应的属性图，在图中清晰看出每个顶点和边都有一个ID，且这些边和顶点都有对应类型标签。在属性图中，每个顶点和边均有属性，每一项属性有赋值，在没有改变图的整体结构下，属性图更加清晰表达文化遗产信息[2]。

（三）知识图谱存储管理

文化遗产知识图谱数据相对于传统关系数据更具关联性和鲜活性。在线查询、离线分析、智能推荐、智能问答及高响应低延时是当今大规模知识图谱存储管理应用的新要求。因此，高效的知识图

---

[1] 范青,史中超,谈国新.非物质文化遗产的知识图谱构建[J].图书馆论坛,2021,41(10):100–109.
[2] 同[1].

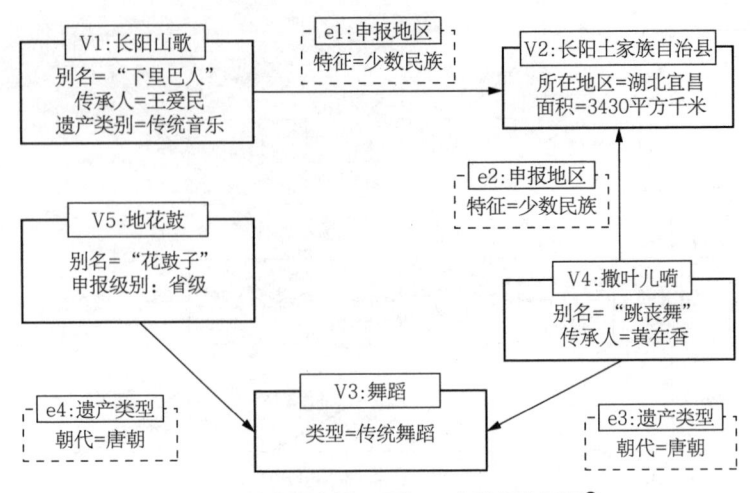

```
┌──────────────────┐   ┌─ ─ ─ ─ ─ ─ ┐   ┌──────────────────┐
│ V1:长阳山歌       │   │ e1:申报地区 │   │ V2:长阳土家族自治县│
│ 别名="下里巴人"   │──▶│ 特征=少数民族│──▶│ 所在地区=湖北宜昌 │
│ 传承人=王爱民     │   └─ ─ ─ ─ ─ ─ ┘   │ 面积=3430平方千米 │
│ 遗产类别=传统音乐 │                      └──────────────────┘
└──────────────────┘                              ▲
                                                  │
                      ┌─ ─ ─ ─ ─ ─ ┐              │
                      │ e2:申报地区 │              │
                      │ 特征=少数民族│              │
                      └─ ─ ─ ─ ─ ─ ┘              │
┌──────────────────┐                      ┌──────────────────┐
│ V5:地花鼓        │                       │ V4:撒叶儿嗬      │
│ 别名="花鼓子"    │                       │ 别名="跳丧舞"    │
│ 申报级别:省级    │                       │ 传承人=黄在香    │
└──────────────────┘                      └──────────────────┘
          │                                         │
┌─ ─ ─ ─ ─┴─ ─ ┐   ┌──────────────────┐   ┌─ ─ ─ ─ ┴─ ─ ─ ┐
│ e4:遗产类型  │   │ V3:舞蹈           │   │ e3:遗产类型   │
│ 朝代=唐朝    │──▶│ 类型=传统舞蹈     │◀──│ 朝代=唐朝     │
└─ ─ ─ ─ ─ ─ ─ ┘   └──────────────────┘   └─ ─ ─ ─ ─ ─ ─ ┘
```

图 4-2　文化遗产知识图谱三元组数据的属性❶

谱存储管理应该具有两点：其一是能高效处理随机访问数据，一个图存储管理性能好坏取决于随机访问数据的快慢，包括对在线任务和离线任务的查询和分析；其二应避免图结构索引，为获得图结构化信息，索引通常会消耗大量时间和空间，对于大规模图数据超线性的复杂度是不可行的，但对于高效存储管理零索引的图处理不仅可行而且是高效的❷。在文化遗产数据存储管理中，选择原生态管理系统Neo4j，其最大特性是无索引邻接，即图数据的每个顶点、边、标签和属性都被分别存储在不同文件中，图中每个顶点都指向邻接顶点，这种高效的图遍历能节省大量查找时间。Neo4j图数据管理系统分为三层，分别为数据层、图模型层和图应用层。数据层是使用物理存储模型，由底向上管理数据访问接口，负责图数据的物理访问和存储。图模型层提供图的节点、边及标签等操作接口，用于直观操作图数据。图应用层提供用户查询、关键词搜索等功能。

---

❶ 范青,史中超,谈国新.非物质文化遗产的知识图谱构建[J].图书馆论坛,2021,41(10):100–109.

❷ He L, Shao B, Li Y, et al. Stylus: a strongly-typed store for serving massive RDF data[J]. Proceedings of the VLDB Endowment, 2017,11(2):203-216.

三、语义搜索

语义搜索描述了搜索引擎尝试通过基于搜索者意图、查询上下文和单词之间的关系进行理解来生成最准确的 SERP 结果。因为人们会用不同的方式、语言和语气表达和查询，而且搜索查询本质上可能是模棱两可的，词汇之间的关系有必要被了解。所以了解搜索者意图和上下文以及单词之间的关系就显得尤为重要。通俗地说，语义搜索试图以人类的方式理解自然语言。

比如说，若是问身边的人："世界上最大的金字塔叫什么？"他会回答你："胡夫金字塔。"当接着问他："那么它有多大？"这时他会明白第二个问题所针对的主语是"胡夫金字塔"。然而，在2013年之前的搜索引擎并不会根据上下文理解问题，当提问者不明确指出的时候，它不会明白第二个问题是问"胡夫金字塔有多大"。现如今，搜索引擎的逻辑正逐渐趋于人类的思维方式。

（一）语义搜索的发展

知识图谱于2012年推出，是谷歌开发实体和上下文对关键字字符串重要性的第一步——或者，正如谷歌所说，"事物，而不是字符串。"知识图谱为即将到来的大规模算法变化奠定了基础。作为一个庞大的公共信息数据库，知识图谱收集了被认为是公共领域的信息和每个实体的属性。

Google 的蜂鸟（Hummingbird）于2013年推出，可以说是今天所知的语义搜索时代的滥觞。蜂鸟使用 NLP 来确保"匹配意思的页面做得更好，而不是匹配几个单词的页面"。这意味着，从本质上讲，能够匹配搜索者上下文和意图的页面要比重复且无上下文关联词的页面更好。

2015年，谷歌推出了 RankBrain，这是一个机器学习系统，既是排名因素又是智能查询分析 AI。RankBrain 与 Hummingbird 一样，试图了解查询背后的用户意图。它们之间的关键区别在于 RankBrain 的机器学习组件。RankBrain 一直在学习、分析表现最佳的搜索结果，并在用户认为有价值的页面之间寻找相似之处。因此，RankBrain 可能会认为页面是对查询的"良好响应"。

Google 于 2019 年推出了伯特（BERT，来自 Transformers 的双向编码器表示）❶。这侧重于进一步了解意图和对话搜索上下文。BERT 可以让用户更轻松地找到有价值和准确的信息。据谷歌称，这是过去五年中最重大的飞跃，也是搜索引擎史上最伟大的飞跃之一。它为营销人员提供了更多使用长尾查询和超过三个单词的短语的指导，并确保内容可以解决用户的问题。

拥有智能、理解语义是信息技术发展的目标，其价值远大于信息搜索，即是说如果计算机能像人一样理解语义，它不仅可以直接给出所需的信息还可以给出完美的服务。语义的处理和理解其用途与搜索有交叉但并不完全一致。

当前的搜索引擎只是语义理解发展不完善的过渡产物，有点像电话发明前的电报，电话发明前曾有很多人觉得"电报已经足够好了，没有人会用电话这样的东西"，但电话才更接近人们的真实需求。搜索引擎希望逐步拥有智能，Google 推出 Knowledge Search，百度推出框计算，都使搜索引擎智能化向前推进。当前的搜索引擎是自然语言处理的技术和资源最集中的地方，但是未来的语义搜索不一定属于当前的搜索引擎，就像电报没有发展成电话，拥有可视电话多年研究的 AT&T 却让 iPhone 之类的智能手机引领了潮流。

现在的路才刚开始，未来的语义搜索是什么形式目前还很难预见，就像汽车刚发明时连方向盘都没有。未来的语义搜索将在很大范围内取代今天这样的搜索引擎，但不会彻底取代，就像电话对于电报，汽车对于蒸汽机车。语义的理解和处理拥有比当前搜索引擎更广泛的应用范围，IBM 和 Apple 这些非搜索引擎公司现在反而走在了语义搜索的前列，规模较小的公司或创业者也有很多机会。未来的互联网应该是服务和智能的结合，而不像现在的信息加搜索的模式。无论是语义网还是倒排索引都是技术手段，实际上现在无论搜索引擎还是智能问答都同时采用了多类技术，关键实施和推广还在于市场环境和需求。

---

❶ 王晓涵,余正涛,相艳,等.基于特征扩展卷积神经网络的案件微博观点句识别[J].中文信息学报,2020,34(9):62-69.

（二）文化遗产的语义搜索

智能搜索已成为互联网时代重要的信息服务。语义搜索需处理颗粒度更精细的文本数据。原有的搜索对非结构化数据不再适用，现有的搜索算法也不能直接面向实体与关系的知识图谱。在文化遗产数字化领域，语义搜索同样具有重要的信息价值。如何从多源异构的数据中，考虑用户个性化信息需求，建立基于语义关系的文化遗产知识搜索，实现知识图谱的个性化查询是研究重点。在语义搜索与优化方面，也需重点研究查询系统的设计、结果优化及展示等。语义搜索的核心思想在于呈现用户信息多样化需求，搜索设计应支持复杂信息需求，以精确的方式匹配用户查询，并对搜索结果进行排序。

一般语义搜索方法有三种，分别是关键词的语义搜索、基于分面的语义搜索、基于表示学习的语义搜索。在文化遗产知识图谱构建中，采用关键词的语义搜索，利用RDF的模型，将关键词转换为结构化搜索，其步骤如下：首先，根据用户输入的关键词对知识库中三元组进行预处理，根据预处理映射关键词索引，并在知识库中建立与关键词相关联的边和顶点；其次在RDF三元组的知识库中生成与关键词搜索匹配查询子图，并将子图中实体、关系替换成常量、变量和谓词，生成结构化查询；最后，用户通过查询语言对RDF三元组知识库查询集合进行排序。在关键词的语义搜索中，图的顶点距离用来衡量点的相关度，关键词匹配得分是语义搜索过程中返回结果与关键词的相符程度。对于文化遗产知识图谱包含大量实体与关系，其结构复杂，表达式多样，而关键词查询语义搜索使用户无须指定精确的搜索关键词就能查到相关知识，其优点是不需要建立大规模索引，所占存储空间小。

如何使中华民族优秀的文化基因得以保存并找到适宜中国土壤的传承路径是社会各界亟待研究的深刻课题。通过对文化中物质文化基因与非物质文化基因进行解构来构建文化基因谱系图[1]。首先，

---

[1] 赵鹤龄,王军,袁中金,等.文化基因的谱系图构建与传承路径研究——以古滇国文化基因为例[J].现代城市研究,2014(5):90-97.

第一节论述了如何传承文化基因，提出了文化基因变异和文化基因保育两个传承路径，指出基因变异包括文化战略嫁接模式和文化符号植入模式两种传承模式，而文化基因保育的实施路径是文化生态保育模式；其次，论述了文化基因的图谱绘制，这也是第二部分的重点内容，将从建立原则、基因提取以及文化基因图谱构建三个步骤进行深入分析，提出三个建立原则：去粗取精、系统完善、与时俱进；将文化基因谱系图中文化基因梳理归类提出主体基因、附着基因、混合基因三种基因类型，在文化基因图谱信息链构建中，首先要对基因谱系图进行解构，再将基因图谱进行信息链编码。吕中意教授提出"传统文化的断层与文化遗产的困境是目前面临的问题，我们的机遇是越来越多传统文化逐渐回归大众视野。"❶本章通过对文化遗产基因谱系的智能构建的分析，将文化遗产进行整合、分类、解读、提炼和并构，建立出一套完整的文化基因谱系图，从其中找寻并证明各文化中交融互鉴、多元一体的关系。

第三节　智慧图谱下的文化遗产保护

一、基因复制阶段

文化基因虽在复制传承的过程中受连续的突变和其他基因相互混合的影响，但整体的复制结果是较完整的，其内涵与逻辑未发生根本性改变，表现相似却并不相同。

在中国，"原真性"思想存在于文化遗产的保护与修复中早已有之。梁思成先生在《曲阜孔庙之建筑及其修葺计划》中否定了传统"拆旧建新"的修葺方法，提出了："修复历史建筑的重点是保存或恢复历史建筑的原状。"❷1961年中华人民共和国国务院颁布《文物保护管理暂行条例》明确提出："一切核定为文物保护单位的

---

❶ 吕中意. 活态传承视域下的非遗产品开发 [J]. 艺术百家，2019，35(3)：185-190.
❷ 中国新闻周刊. 梁思成的思想遗产 [EB/OL]. (2021-08-25)[2022-06-13].

纪念建筑物、古建筑、石窟寺、石刻、雕塑等包括建筑物的附属物，在进行修缮、保养的时候，必须严格遵守恢复原状或者保存现状的原则。"❶ "恢复原状或者保持现状"作为文物建筑的两种保护原则在法规层面得以初步确立。1963年梁思成先生在发表的《闲话文物建筑的重修与维护》一文中指出："在重修具有历史、艺术价值的文物建筑中，一般应以'整旧如旧'为原则"，并借以山东柳埠唐代观音寺（九塔寺）塔的重修为例，倡导文物建筑修缮时做到尽可能不改，也不换料，以此保持其真实的"品格"和"个性"。❷由此可见，梁思成先生倡导的"整旧如旧"原则，强调文物建筑保护修缮时应尽可能地采用原材料、原形制等，已部分反映了"原真性"的保护思想。之后几十年，由梁先生首提的"整旧如旧"原则长期指导我国文化遗产保护的实践工作。

1982年第五届全国人民代表大会常务委员会第二十五次会议通过了《中华人民共和国文物保护法》，其中明确规定："核定为文物保护单位的革命遗址、纪念建筑物、古墓葬、古建筑、石窟寺、石刻等包括建筑的附属物，在进行修缮、保养、迁移的时候，必须遵守不改变文物原状的原则。"❸从此，"不改变文物原状"取代了之前"恢复原状或者保持现状"的表述，并作为中国文物建筑保护的最基本原则在法律层面上被确立了下来。至于这种表述的变化，参与1982年《中华人民共和国文物保护法》起草工作的李晓东先生曾提到："保护现状或者恢复原状，可解读为保持现状应是保持建筑物的健康的符合法式规定的现状，不是其他状况，恢复原状应是历史形成的合理的状况，如果可以这样理解，那么它们的实质是一样的，现状和原状是联系的统一的，不是截然分开的，因此，后来制定的文物保护法律只提原状。"❹从"恢复原状或者保持现状"到"不改变文物原状"表述的变化可看出，不仅体现了表述语言的准确提

❶ 李晓东. 中国特色文物保护与文化自信 [J]. 中国文物科学研究, 2010(2): 26-30.
❷ 梁思成. 闲话文物建筑的重修与维护 [J]. 文物, 1963(7): 5-10.
❸ 全国人大常委会办公厅供稿.《中华人民共和国文物保护法》[M]. 北京: 中国法制出版社, 2008.
❹ 高天. 中国"不改变文物原状"理论与实践初探 [J]. 建筑史, 2012(1): 177-184.

炼，更反映了"原真性"的保护思想在我国不断深入地发展。

进入21世纪，我国在总结大约从20世纪30年代以来文化遗产保护的工作经验及参照1964年《威尼斯宪章》等国际文化遗产保护的重要文件后，于2000年制定了基于《中华人民共和国文物保护法》体系之下的《中国文物古迹保护准则》。其中详细阐述了"不改变文物原状"原则的"原真性"保护思想，指出："保护的目的是真实、全面地保存并延续其历史信息及全部价值；所有保护措施都必须遵守不改变文物原状的原则；必须原址保护；尽可能减少干预；保护现存实物原状与历史信息；按照保护要求使用保护技术，独特的传统工艺技术必须保留"❶等；并进一步在《关于〈中国文物古迹保护准则〉若干重要问题的阐述》❷中对文物古迹的原状作出全面解释。其中包括：实施保护工程以前的状态；历史上经过修缮、改建、重建后留存的有价值的状态，以及能够体现重要历史因素的残毁状态；局部坍塌、掩埋、变形、错置、支撑，但仍保留原构件和原有结构形制，经过修整后恢复的状态；文物古迹价值中所包含的原有环境状态。

2005年，曲阜召开了当代古建学人第八届兰亭叙谈会和《古建园林技术》杂志第五届二次会议，最终以罗哲文先生为代表的国内知名文化遗产保护专家们共同发表了《关于中国特色文物古建筑保护维修理论与实践的共识》❸一文，其中再次明确了"不改变原状"的原则是文物古迹保护与修缮的根本原则，对文物保护修缮中"整旧如旧""修旧如旧"提法的准确性提出了质疑，倡导学术界用法律界定的规范、准确、科学的"不改变原状"词汇来表述文物古建筑修缮的原则；面对学术界仍广泛存在界定"原状"的困扰下，明确指出："'原状'应是文物建筑健康的状况，而不是被破坏的、被歪曲和破旧衰败的现象；衰败破旧不是原状，是现状；现状不等

---

❶ 杨贤龙. 关于泥质文物修复方法的思考 [J]. 石窟寺研究, 2014(0): 437–445.

❷ 国际古迹遗址理事会中国国家委员会. 中国文物古迹保护准则 [EB/OL]. (2015-04-22)[2022-06-13].

❸ 关于中国特色文物古建筑保护维修理论与实践的共识——曲阜宣言 [J]. 古建筑园林技术, 2005(4): 4–5.

于原状；不改变原状不等于不改变现状；对于改变了原状的文物建筑，在条件具备的情况下要尽早恢复原状。"，并进一步指出："对于损坏了的文物古建筑，只要按照原型制、原材料、原结构、原工艺进行认真修复，科学复原，依然具有科学价值、艺术价值和历史价值；按照'不改变原状'的原则科学修复的古建筑不能被视为'假古董'❶。"《曲阜宣言》的主要贡献体现在：进一步厘清学术界对于文物建筑"原状"界定的混乱状况，并积极提出了"不改变原状"的"四原"基本原则。

综上所述，在历史文化遗产保护体系内"原真性"的概念至少涵盖以下内容：包括历史文化遗产原初的与后续的各个历史时期合理的、适当的变化与叠加；反映历史文化遗产可信的、真实的信息源；"原真性"是历史文化遗产保护与修复规划、评估等的基本因素与重要原则之一；"原真性"要基于各自文化的文脉关系之中理解，应尊重与强调文化多样性与文化遗产多样性；包括历史文化遗产承载的客观空间实体和使用者的生活形态等，即包含物质与非物质两方面的内容。

文化基因同时具有无形和有形两种特点，一方面它可以表现为一种意识形态，并在潜移默化中实现对人类生产生活以及精神方面的渗透和改变；另一方面它又可以以物质的固化形态存在。文化基因的保护传承的重点在于对整个基因图谱的保护，而不是单独某个文化基因要素的保护。文化基因一旦与其所在的物质环境分离，其"原真性"就不复存在。对于文化基因的保护不能仅停留于表面，而是要把保护其存在的物质环境与弄清文化内涵中的历史遗存作为前提，如此才能更有效且完整地落实对于文化基因的保护。兼顾显性基因和隐性基因的保护，使显性基因与隐性基因相互依存、相互融合。

依据文化基因遗传中心法则，文化基因复制是基因代际传递的行为基础。基因的稳定复制则要求文化基因本体的"原真性"与完整性状态。为此，面向基因复制过程的文化基因本体与遗传环境的

---

❶ 关于中国特色文物古建筑保护维修理论与实践的共识——曲阜宣言[J]. 古建园林技术，2005(4)：4-5.

原真培育尤为重要❶。

二、基因转录

（一）遗产基因隔离保护

基因隔离在生物遗传学中是指防止不同物种的个体相互杂交创造的环境、行为、机械和生理的障碍，基因隔离最终达到阻止群体间基因交换的目的。生物遗传学认为基因隔离能够为基因遗传提供相对稳定、独立的外部环境，从而保持基因原真性。借用基因隔离理念，对民族物质型文化遗产进行区域整体性隔离保护❷。基因隔离可以分为生物隔离和地理隔离两种方式。地理隔离是由于地理条件的阻碍使得不同基因间不能彼此交流。同样，人们可以通过人为划定隔离线进行文化基因的地理隔离。文化基因隔离不能简单地理解为载体的封闭和封存，隔离的目的在于保存和控制文化的空间载体不被破坏。适于基因隔离方法的文化基因包括古建筑群、传统街巷、历史遗迹、河道、文化遗产要素等❸。

对于历史建筑物、历史地段、历史空间的保护，传统的方式就是通过划定"三区"的方式，即核心保护区、建设控制区、风貌协调区。核心保护区为重点保护区，包括各级文物保护单位的保护范围、古村核心保护范围以及控制保护古建筑范围；建设控制区包括各级文物保护单位和古村的建设控制区范围；风貌协调区包括周边自然山体，水域环境的整体控制范围。保护对象宏观尺度的如历史文化名城、历史文化村落的保护范围划定，中观尺度历史街区"紫线"划定，微观尺度的历史地段、历史性建筑物，历史文化遗迹控制范围等。

---

❶ 李彦群,任绍斌,耿虹."文化基因遗传"视角下民族文化遗产整体性保护[J].城市发展研究,2021,28(2):74-82.

❷ 霍艳虹,曹磊,杨冬冬.京杭大运河文化基因的提取与传承路径理论探析[J].建筑与文化,2017(2):59-62.

❸ 毕明岩,袁中金,韩博,等.乡村文化基因传承的规划路径——以江南地区为例[C]//多元与包容——2012中国城市规划年会论文集(11.小城镇与村庄规划).昆明:云南科技出版社,2012:552-561.

文化基因隔离法与此类似，但宜根据文化基因的存在的类型特征和重要性划分一级隔离区、二级隔离区、三级、四级等级别隔离区，这种"隔离区"的划分就是从不同层面进行文化基因的地理隔离。通过文化基因的隔离，可以将最能反映传统文化空间保留原有风貌，构建真实历史遗存，以求历史文化环境的真实性和整体性。

（二）遗产基因建档保护

对于非物质型文化遗产而言，由于其不存在明确物质空间实体，其文化基因主要依赖传承人进行代际遗传，因此宜采用建档立卡形式对传承人及其文化基因进行整体保护。文旅部门应该基于文化兜底工程对文化遗产传承人全部进行建档立卡保护，并出台相关政策实施固定生活经济补贴，从而保障文化基因能够实现稳定的代际教育与学习转化❶。

1.相关概念

（1）个人档案

在个人档案的概念上，学界尚未形成共识。考克斯认为个人档案是对个人工作、生活的反映，既包括传统形式的记录（如家谱、日记等），也包括数字记录（如电子邮件、社交媒体等）；所以，个人档案是个人在自身活动中所形成的或与个人密切相关的，有保存价值的原始记录❷。

（2）文化遗产传承人

文化遗产传承人是指经国家、省、市、区（县）文化主管部门认定，承担文化遗产项目传承责任，在某一领域有代表性，并在某一地区有较大影响的传承人。传统体育、传统音乐、传统戏剧等十大文化遗产门类均有相应的文化遗产传承人。

（3）传承人档案

在文化遗产建档保护的过程中，档案收集范围为传承人基本信息、学习培训记录、传承活动记录、社会公益性活动情况记录、年

---

❶ 李彦群,任绍斌,耿虹."文化基因遗传"视角下民族文化遗产整体性保护[J].城市发展研究,2021,28(2):74-82.
❷ Richard J.Cox.Digital Curation and the Citizen Archivist[J]. Digital Curation:Practice, Promises&Prospects, 2009(8):102-109.

度评估情况记录等。因此，本文所指的文化遗产传承人个人档案即文化遗产传承人在学习、工作、进行文化遗产传承保护等行为中形成的与个人密切相关的、有保存价值的原始记录。

（4）数字资源组织

数字资源组织，是指对摄取的数字资源进行分析、选择、标引和处理，为数字资源提供有序化的结构，使之形成一个有机的整体❶，数字资源组织与整合涉及的标准规范主要包括对象管理、知识组织等。

2.档案数字化

"档案数字化"和"数字化档案"等观念的提出，意味着档案学者对数字技术到来的认可❷。作为记忆策略的转换，意味着档案资源不仅限于文本的数字化，还包括物体、场景以及行为的数字化，使面向数字人文的档案资源整合成为大趋势，这种整合既可以整合档案资源，以数字化的形式建档保护和传承文化遗产，又可以通过网络和信息共享平台促进文化遗产的异地交流和广泛传播。数字技术在文化遗产的保护和传承中功不可没，也取得了不小的成绩。如虚拟数字博物馆、非物质文化遗产的数字化档案保护以及历史名镇名街古村的整理数字化的探索。前两种多是将物质的和非物质的文化遗产分开来进行数字化集成保存，但最新的研究已经可以将物质文化遗产和非物质文化遗产整合在一起，它主要是体现在"全要素数字化+全息"的整体呈现。

数字化的应用有助于准确记录文化遗产，并在时空中得以存续与传播，已成为文化遗产保护的重要手段之一。目前我国许多地方特别是有条件的文化遗产项目都采用了数字化保护。但是数字化记忆是一种新的价值理念，是档案数字化促成档案从知识策略转变到记忆策略。传统的档案保存更多是针对文本资源的保存，是以日后查找作为凭证来保存。随着档案管理多元理论范式的确立，更宏观的档案资源体系建设已纳入档案管理实践，加之传统文化多元参与

---

❶ 朱林,许馨. 论图书馆数字资源典藏管理政策 [J]. 情报资料工作,2006(6):49–52.

❷ 边媛. 参与式文化遗产数字化建档的理论基础、模式与路径探析 [J]. 档案学研究,2021(3):90–96.

主体的特性，要求相关文化遗产保护工作者在文化遗产数字化建档思路上也必须相应拓展，开放参与入口，让文化主体以及客体都能参与到文化遗产数字化建档的过程之中。

三、基因翻译阶段

（一）遗产基因良性重组

基因变异也是一种遗传状态，生物基因变异是DNA结构中改变了碱基而引发的形态改变，基因变异主要影响生物体外在可见的形态结构，如形状、大小、色泽等的改变，故又称可见变异。人类文明的进步过程中，必然伴随着文化基因变异的过程以适应不同历史时期的社会形态❶。现代生活方式的改变和现代产业结构的演进，使得一些不符合时代特征的文化基因也面对着基因变异的过程。文化基因的变异与生物基因变异的区别在于，文化基因的变异需要人的外力作用才能实现，使文化基因存在空间性质发生变异，改变原有的形态和功能。

由于内在和外在环境的多变，生物基因表达过程中往往会发生基因突变，以保证后代具有更强的适应性和生存能力。文化传播过程中也存在着这一现象，即在尽最大可能保持文化"原真性"的同时，允许环境变化下适应性变异的发生❷。对于民族文化遗产，长时段族群历史积淀形成的文化基因在大尺度时空传播过程中，伴随着传播沿线自然、社会、人文环境的快速变迁，会发生一定程度的适应性改变，进而呈现出价值增减、功能转换、形态变异等"流变现象"。

"基因重组"，指基因对不同DNA剪切、交换、重组形成新的遗传序列的过程❸，是基因的"适应性"调整行为。文化基因的重组表现为文化对特定环境的"适应"，各种文化生态群落在不同生

---

❶ 霍艳虹,曹磊,杨冬冬.京杭大运河"文化基因"的提取与传承路径理论探析[J].建筑与文化,2017(2):59-62.
❷ 桑振.陕西皮影历史文化基因流变与设计研究[J].包装工程,2014,35(6):117-120.
❸ 袁运开,顾明远.科学技术社会辞典[M].杭州:浙江教育出版社,1991.

态环境中进行"自然选择",建立彼此之间及其与整体生态环境之间的互动协同关系,是对生态环境适应的结果。在这一过程中,原有文化基因的内在结构和秩序发生重组,推动文化遗产走向新的复合形态。良性的文化基因重组在保留既有文化基因的优秀序列、保证稳定遗传的基础上,吸纳了外部文化形态中的优势元素,通过文化资源的转换和运作实现文化价值的积累,推动着既有的文化遗产走向创新型价值提升。对于民族文化遗产,则表现为对族群所处的自然条件、空间环境、历史文化背景、社会经济技术等要素的分析、选择和演替的综合结果。

(二)遗产基因功能嫁接

文化基因战略嫁接模式是一种遗传变异模式,基因变异更注重于发展。因为原型基因是具有非常稳定联系的,它在发展和变化过程中有一个心理接受的过程,它在其发展过程中具有一定的连续性。随着当今全球文化的碰撞,它使得传统文化遗产基因变异的速度加快,这大大提高了不同原型相互植入的可能性,可以对原型进行多种转换。但是无论文化基因如何复制,只要挖掘与保护其原型基因,它就可以成为一个具有原真特征,可以被感知与记忆的文化遗产。例如,设计师在菊儿胡同旧城改造过程中,通过原型变异的方式既满足了现代生活,又保持了与历史环境的延续性。北京菊儿胡同住宅改造项目注重适应城市肌理,通过寻找庭院新的原型,继承、创新传统造型、色彩、材料等方面的传统,不仅维护原有的胡同院落空间。菊儿胡同将单元建筑的基因嫁接到四合院住宅的原型中,它是原型的变体,它有效地利用了历史遗留下来的原型资源,并在此基础上进行了变革和发展❶。

(三)遗产基因植入与移植

基因植入是通过人工的操作,将目的基因导入到受体细胞,使其获得新的机能和活力。文化基因植入就是在原有基因载体上,重新植入新类型的基因,或者在原有文化基因载体上,植入新的功能,使基因载体焕发新的活力,使文化基因得以重生和延续。文化

---

❶ 张敏,刘学,等.南京城市文化战略及其空间效应[J].城市发展研究,2007(5):13-18.

基因植入可以划分为功能性植入和类型植入。功能性植入就是在原有文化基因载体基础上，赋予其新的功能。文化基因功能性植入是一类对文化基因的传承、展示有效的途径。大到历史性古村落的发展，小到历史性建筑的保护，历史遗迹的功能再造等。文化基因的类型植入，就是将不同类型的文化基因植入到同一空间载体上。

以建筑文化基因传承为例，传统的苏州建筑一向以简洁、精细作为特征，质朴而典雅的木结构体系与砖雕充分体现了这一特点。新建的建筑应在保留传统建筑文化的基础上植入传统建筑文化基因来延伸苏州的建筑文化。另外，苏州传统建筑的色彩体系是以黑、白、灰及暗红色作为主调的。暗红色反映的是传统建筑木构体系，黑色与黏土瓦对应。如贝聿铭先生设计的苏州博物馆，通过植入苏式传统建筑文化基因符号，从材料的色彩和建筑形制上使素淡、高雅的苏式风格得以保留与延续。

移植是指将一个个体的细胞、组织或器官（移植物）用手术或其他方法，导入到自体或另一个个体的某一部位，以替代原已丧失功能部位的技术。文化基因移植是因某一载体已经没有存在的可能和价值，但其某些构件仍有利用价值，将这一类构件从原载体上通过一定的技术手段，转移到另外新载体上，替换新载体坏死的构件。文化基因移植是为了维修和整治那些衰败的文化基因载体，其目的是延续和传承文化基因，保护文化遗产的固有形态和整体风貌。文化基因移植要求修复和补缺的部分要跟原有部分形成整体，保持文化遗产上的和谐一致，有助于恢复而不降低它的艺术价值和信息价值，要求任何移植的部分都必须跟原有的部分有所区别，使人们能够识别哪些是移植的、当代的东西，哪些是过去的原迹，以保持文化基因载体的历史可读性和历史艺术见证的真实性，即整体性和可识别性原则。文化基因移植一般在同一类型的文化基因中进行，也可能是相同类型的材质在不同的文化基因中进行移植，但首要原则必须对基因的载体进行全方位的研究和综合性的论证。

基于文化基因的遗产知识图谱是文化遗产智能化保护与发展的重要复兴之道。建立在认同"文化基因"与生物基因都是"复制因子"的基础上，将"文化基因"作为传承文化的最基本的要素，认同"文化基因"在文化传播过程中具有和生物基因一样的传承和变异的特点。以人工智能的手段将其基因图谱绘制出来，以达到保护文化遗产的功能和意义。应用数据库系统、智能绘图、智能建模、智能影像等手段，在原真性的基础上多元化创新，促进文化遗产的基因更新和完善，拓展传播保护方式和途径，提高其应用价值。

第三部分
"智绘论"实践
——潮尔遗产基因提取与图谱构建

3

从"文化表皮"的保护,到"传承基因"的创新

少数民族非遗具有涵化、共生特质,将人工智能的"相似匹配、回归聚类"与基因图谱的"用户中心、迭代创新"优势互补,解决非遗数字化应用中观者"用不对、看不懂、接受弱、体验差"的窘境。

第五章
文化遗产基因提取与图谱构建：以潮尔乐器为例

潮尔，蒙古语原指"共鸣、回响"的自然之音，现指多声部且有持续低音的蒙古族音乐，是联合国"急需保护"的文化遗产项目。广义潮尔类兼具物质与非物质文化遗产的特点，其精髓在于音乐形态、艺术审美、制作技艺等传承特征所蕴含的北方游牧民族与各民族交融互鉴而形成的文化基因。利用智能技术提取潮尔乐器中"多元特征"聚类为"一体谱系"并将其有效传播，在多元一体格局背景下极具历史、保护与研究价值。

第一节 潮尔乐器文化特征

蒙古族多声音乐，可用"潮尔"（čoor）一词概括。"潮尔"为蒙古语，意为"和音""共鸣"。蒙古族"潮尔"音乐既有独立体裁的，也有附着形态的；有人声的、器声的以及人器声混合的。人声主要包括浩林·潮尔和潮尔道两种；乐器主要包括托布秀尔、冒顿潮尔、弓弦绰尔、叶克勒等都是蒙古族创造的双声部音乐，它们具有鲜明的民族特色，是蒙古族代表性乐器以及民族精神的优秀民族文化遗产。

一、潮尔乐器

（一）潮尔乐器的概述

广义潮尔类兼具物质与非物质文化遗产的特点，其精髓在于音乐形态、艺术审美、制作技艺等传承特征所蕴含的北方游牧民族与各民族交融互鉴而形成的文化基因，接下来从四个方面概述潮尔乐器。

托布秀尔又称"图布舒尔"，是同时演奏双声部乐曲的无品二弦弹拨乐器，是弹拨乐器和弓弦乐器的最古老形式，在新疆卫拉特蒙古族广泛使用，是国家级非物质文化遗产（图5-1）。

冒顿潮尔也称"绰尔""胡笳"，是蒙古族最古老的吹管乐器。它以其直接切取扎拉特等天然草茎秆制成，只开3个音孔，不专设吹孔不加簧片，且能在单管里吹奏出双声部乐曲为特征，有别于其他民族和国家的吹奏乐器，被学界公认为是人类音乐文化的活化石，是目前新疆阿尔泰地区突达尕特、喀纳斯、白哈巴等中国蒙古族乌梁海部落和蒙古国西部的科布多省杜特苏木、孟和海日汗苏木等地区使用的吹管乐器。冒顿潮尔是国家级非物质文化遗产（图5-2）。

叶克勒，是我国目前存在的"最早的弓弦乐器"，也是马尾胡琴类代表乐器之一。它的音色与潮尔类似，低沉浑厚、古朴苍劲。目前流行于新疆卫拉特蒙古族地区和内蒙古阿拉善盟地区（图5-3）。

弓弦潮尔，是蒙古族特有的马尾胡琴类乐器之一，即拉弦乐器，属外弓弦乐器。弓弦潮尔以泛音实音演奏丰富多变，广泛流传于蒙古草原、内蒙古东部的科尔沁地区。弓弦潮尔乐器的独特之处在于它能同时发出两种不同声部的声音，即旋律声部的"实音"与持续低音声部的"虚音"（又称泛音），它的音色浑厚空洞（图5-4）。

图5-1　托布秀尔❶

图5-2　冒顿潮尔❷

图5-3　叶克勒❸

---

❶ 中影华腾.欧尼尔·托布秀尔演奏者[EB/OL].(2018-01-02)[2022-08-12].
❷ 搜狐.安达组合"故乡"全国巡演收官北京天桥热烈爆棚[EB/OL].(2017-06-28)[2022-08-12].
❸ 新浪网.走进游牧音乐世界中心——图瓦文化与呼麦｜穷游沙龙·北京[EB/OL].(2019-05-09)[2022-08-12].

（二）潮尔乐器的发展

托布秀尔乐器产生于远古时期。在古代，羊皮蒙面的托布秀尔乐器被用于宫廷音乐中，而骡马胞衣蒙面的托布秀尔乐器被民间传承。那时托布秀尔乐器主要通过欢会宴饮中的歌舞表演、史诗吟唱以及民间音乐等形式流传。研究人员所发现的关于托布秀尔最早的文字记载是在13世纪的《马可·波罗游记》中，文中记载的琴的形状与现在的托布秀尔几乎完全一致。考古学界认为带有装饰的七孔贾湖骨笛已有八九千年的历史，属人类最早的吹管乐器。从大自然直接切取空心草扎拉特茎秆制成的绰尔也有悠久的历史。研究发现，在远古时期匈奴的先民们创造了"绰尔"，关于"绰尔"的最早文献记载也从此时开始，这也证明在公元前1世纪"绰尔"由匈奴汗国传入中原地区，使匈奴绰尔从此开始向传统绰尔与冒顿绰尔同源异流的两种乐器而发展。可以说，绰尔是蒙古族最古老的单管双声部吹奏乐器。叶克勒的历史可以追溯至宋代，是我国目前遗存"最早的弓弦乐器"，也是马尾胡琴类的代表乐器之一。关于弓弦潮尔的产生年代，史书中尚无明确的记载，学界对此有不同的声音，一种认为奚琴是弓弦潮尔的前身，另一种认为忽雷是弓弦潮尔类的前身，为此呼格吉勒图先生做了极为详尽的考证。

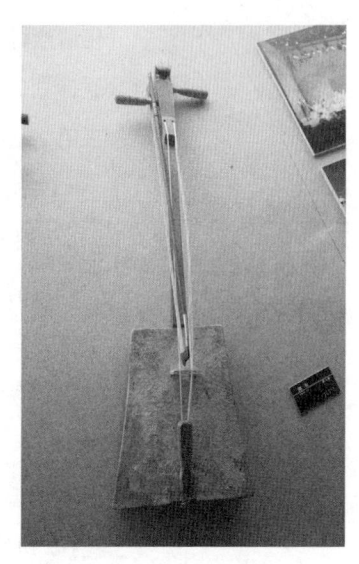

图5-4　弓弦潮尔

二、潮尔乐器文化特征

自2021年3月开始，笔者分别参观了内蒙古马头琴艺术博物馆、内蒙古博物馆、中国国家博物馆乐器馆获取相关研究数据；5月采访内蒙古乐器系列丛书项目编写成员巴图，获取内蒙古传统乐器相关文献资料；6月拜访了内蒙古自治区非物质文化遗产保护中心管理科张军延科长，获取内蒙古地区文化遗产保护现状的数据信息；7月前往内蒙古、甘肃省张掖市肃南县、青海省海西蒙古族藏族自治州乌兰县、德令哈市、格尔木市等与内蒙古传统乐器相关地区进行田野调查，拜访当地传承人与相应的研究学者和部门工作者，对文化遗产进行形制技法等方面的特征提取。然而研究计划受疫情影响，原计划7月中旬开始的田野调研在抵达新疆时中断，因此部分资料采用文献梳理等方法补充相关内容。

（一）潮尔乐器制作材料与形制特征

1.托布秀尔的材料与形制

目前在中国新疆地区主要用桦木、桑木、沙枣木、白松、杏木、桃木、乌木、红木等木料制作托布秀尔乐器，且各部件选材有所区别。在琴弦制作方面，用马尾、羊肠制作而成。由于选用的制琴材料不同，制作出的琴质也有所不同。托布秀尔琴是结合了史料记载中燕飨番部合乐二弦中的共鸣箱与燕飨庆隆舞乐三弦的无品琴颈、琴轴的形制发展而来。托布秀尔的形制具有鲜明的民族特色。最初的托布秀尔是人们用整块木头挖凿成椭圆形共鸣箱，用羊皮蒙其共鸣箱正面，用马尾做琴弦而成。在漫长的发展过程中其结构、琴制和制琴技术等都得到了不同程度的改进，比如随着材料选择和制琴技术的发展，乐器的构造和形制都得到了优化和完善。托布秀尔乐器是无梯式琴码，即无品二弦蒙古族弹拨乐器，其乐器构造、形状以及制作工艺等诸多方面均有着鲜明的文化特征，托布秀尔由共鸣箱、琴杆、琴头、琴轴、琴弦、音孔、弦码、弦枕等部件构成。

2.冒顿潮尔的材料与形制

从制作材料方面讲，早期的绰尔选用阿尔泰山脉的扎拉特等有分节的草茎秆作为原材料。用这种材料制作的绰尔方便简洁，音色相对响亮但不太结实，一般只用一次，经不起一天的演奏。如今制作绰尔一般选用落叶松、杨木、白柳等木材。但这并不是现代的发明，而是自古以来流传下来的做法。绰尔流入中原地区的过程中，在制作材料、乐器结构、吹奏方法等方面不断发生变化，成为设有吹孔、加簧片、设7个音孔的木质单声部吹管乐器冒顿潮尔。在结构方面，绰尔属独管3孔乐器，其长度及音孔间距因人而异，即因使用者的年龄及身材而略有不同。一般成人使用的绰尔全长大约50~53cm，正面下半部分设有3个音孔，从乐管下段各音孔间距为四、三、四指宽度。无论从它的结构还是制作方法来看，其都保留着古老的风格。演奏绰尔乐器，主要依靠呼吸器官与手指的配合。

3.叶克勒的材料与形制

传统的叶克勒乐器材料部分,采用白松木、马尾毛、山羊皮等,琴体用白松木剖制而成。现代的叶克勒乐器的制作材料多采用枫木、尼纶丝、牛皮等。音箱、琴杆(包括琴头)分别用枫木制作并组合而成。叶克勒胡尔是至今流传在卫拉特、乌梁海、浩腾等蒙古部落的二弦弓弦乐器,它在结构、材料、制作等方面都有着鲜明的蒙古特色。叶克勒的基本结构由音箱、琴杆、琴头、琴轴、琴弦、音孔、琴码、弦枕、琴弓等部件构成。各地各有其特点,主要体现在琴头与音箱的差别。

4.弓弦潮尔的材料与形制

弓弦潮尔主要是内蒙古科尔沁蒙古人传承和运用的二弦弓弦乐器,其结构、材料、制作具有鲜明的蒙古特色,基本结构以音箱、琴杆、琴头、琴轴、琴弦、音孔、琴码、弦枕、琴弓等部件构成。头形有扁形头、弯形头、马头等各种形状,倒梯形音箱较为多见。弓弦潮尔的制作材料多以椴木、山羊皮、马尾毛等为主,其琴杆与琴码采用椴木制作,音箱以厚板材制为箱壁主体,并在箱面上蒙以羊皮。

(二)潮尔乐器技艺与演奏特征

1.托布秀尔技艺与演奏特征

乐器制作总长度为92~95cm,在制作时首先选好木料,然后用锯、斧、刨、刀、木锉、木钻等工具将托布秀尔乐器的共鸣箱挖凿成椭圆形或长方形凹槽,然后再制作琴杆和琴轴,使用骡马的胞衣或山羊皮蒙在共鸣箱正面,最后用羊肠和马尾做琴弦。托布秀尔的演奏姿势特征可分为民间传统姿势和现代舞台姿势两大类。因为托布秀尔乐曲需在内外两弦间演奏出双声部乐曲,所以在托布秀尔演奏中需要丰富多彩的双手演奏技术技巧。常见的左手弹奏方法有揉、勾、敲、滑、轮5种,右手弹奏方法有14种,利用右手拇指指肚及其他指指甲向下擦奏和利用拇指指甲及其他指指肚向上勾奏的托布秀尔演奏方法叫作右手弹拨方法。其中向下擦奏叫拨弦,向上勾奏叫弹弦,所以右手弹和拨的综合概念就是右手弹奏方法。蒙古人在弹拨托布秀尔琴弦中喜欢用心灵感知音乐节奏,忌讳用重力打击琴弦。

2. 冒顿潮尔技艺与演奏特征

绰尔乐器，主要依靠呼吸器官与手指的配合。在演奏姿势上，有立式演奏、坐式演奏和蹲式演奏3种姿势；在演奏方法上，有绰尔气息演奏和哨音气息演奏两种方法。虽然绰尔的演奏看似就是拿起乐器随意吹管的同时轮换手指按其音孔即可，但实际上并非那么简单。绰尔演奏是需要绰尔乐手巧妙地利用鼻腔、口腔、肺、喉咙、舌、腭、嘴唇、牙齿等同手指的精确配合来进行演奏的一种极为复杂的艺术行为。在秋季，人们将扎拉特草、藜芦等植物的茎秆切下来，直接挖好音孔做成乐器，它的总长约60cm。从绰尔乐器的底端用手指量出一定的距离开3个音孔，第一个音孔距下端4指，中间的音孔向上3指，最上面的还是4指距左右。这种绰尔的上口约1.5~1.7cm，下口约0.6~1cm。器秆厚度约0.4cm。扎拉特草茎秆绰尔的特点在于它的薄管所发出的洪亮、柔和的声音。

3. 叶克勒技艺与演奏特征

叶克勒主要多用顿弓和连弓，琴体总长103.5cm。演奏者通常采用坐立姿势，演奏时双脚并排，将叶克勒轻轻置于双脚之上进行表演。

4. 弓弦潮尔技艺与演奏特征

弓弦潮尔在制作技艺上主要采用倒梯形琴箱，方形琴箱主要以牛皮蒙面、琴码分为上下码，结构相对严谨。演奏时演奏者主要用食指、无名指、小指在琴弦上滑动并伴随着揉弦、压弦和打弦，既可以做独奏又可以做伴奏。

（三）潮尔乐器旋律与音色特征

1. 托布秀尔音乐特征及文化特征

托布秀尔具有完整的独立乐曲体系。据调研，托布秀尔原本就有较多的专曲，但传到当代的连同原曲及其变体不过四十首。这些传统乐曲是由卫拉特人民及托布秀尔艺人们世代相传到了今天。乐曲在内容方面都与蒙古族游牧生活紧密相关并且大体可分为家畜题材乐曲和生活题材乐曲两大类。在乐曲形态方面，具有突出的蒙古族音乐风格特征。

2.冒顿潮尔音乐特征及文化特征

从音乐形态方面来看也有其独特的个性。首先，以比较明亮的宫调式和徵调式；其次，在节奏节拍上绰尔作品都是散拍子乐曲，其节奏比较简单质朴；再次，在绰尔乐曲中，旋律作为音乐的构成因素发挥着重要的作用，旋律的动机重复成为最主要的特征；最后，绰尔乐曲是一种多声部的音乐形式，其旋律由五声音阶构成。

3.叶克勒音乐特征及文化特征

乐曲以一个主题旋律和节奏加以变化贯穿全曲，乐曲简洁生动，由于所有乐音均位于第一把位，因此无滑音，同时也具有蒙古族音乐风格特征的音乐。

4.弓弦潮尔音乐特征及文化特征

潮尔的曲目类型多种多样，大致可将其分为民间器乐曲、宴乐古歌、抒情民歌三种；它是一种侧重于舞台表演的乐器，受舞台程式化风格所致不便随时变换演奏姿势。

第二节　潮尔乐器文化基因提取

潮尔乐器文化基因可以梳理潮尔乐器文化，用于科学的图谱构建，清晰地了解文化脉络。

一、文化基因理论

文化基因在文化传承方式和地域文化传承方面有着重要作用。主要是通过基因把要遗传的信息传递给下一代，这样可以使后代出现相同或相似的基因。

（一）文化基因概念

英国学者理查德·道金斯（Richard Dawkins）1976年在他的著作《自私的基因》中提出英文单词"Meme"用来形容文化之间传播或模仿的单位。国内学者通过进一步的研究，将"Meme"翻译为文化基因，并将其定义为能够对文化特征的传承、发展或改变等起到决定性因素的文化元素。

文化基因与各学科之间的联系与应用不断得到加强，探索出文化基因深刻地影响着人类在行为、语言、视觉等方面的文化传承方式。文化基因在时代的繁衍中有着与相似生物基因类似的特征与规律，对照生物基因的遗传特征与文化发展特征后可以发现，其具体表现为外部性、多维性、选择性、遗传性和变异性。

（二）文化基因类型

文化基因作为一个庞大的文化体系，往往具有众多的知识因子支撑着基因的遗传。在文化基因的识别要求方面，可借鉴文化遗产设计对文化基因的识别要求——基因的完整性。只有知识因子具备完整性特征，才能根据独特的文化表象与文化内涵，推断出所代表的文化特征。

在文化基因的识别原则方面，需要根据唯一性原则进行知识因子的提取。具体来看，对知识因子提取可以分为"内在唯一性、外在唯一性、局部唯一性、总体唯一性"四大原则。通常情况下，在文化基因的载体形态分类方式上，会将文化基因以显性基因与隐性基因的形态呈现。显性基因指我们所常见的显而易见文化基因类型；隐性基因则更注重内涵方面。在显性基因方面，包含了形制基因、演奏基因、色彩基因、技艺基因。在隐性基因方面，包含音乐基因、语义基因。

二、潮尔乐器文化基因提取

文化基因图谱是一条有文化遗传信息的DNA链，链上的遗传信息通过交换、重组、突变的变化来完成基因的传播与传承。

（一）潮尔乐器文化基因

1.潮尔乐器形制基因

托布秀尔形制特征：琴头、内弦轴、外弦轴、共鸣箱、音孔、侧板、上码、下码、外弦、面板、拉弦板、拉弦板枕，总体尺寸92~95cm、内弦、指板、琴杆、背板。

托布秀尔技艺特征：木锉、挖凿、打磨、插孔、方形洞、绘制设计图、平整光滑、粘合、漆染、金属、缠、音孔。

托布秀尔色彩特征：R：236、G：210、B：133；R：166、G：78、B：72；R：23、G：29、B：18。

冒顿潮尔形制特征：膜孔、膜套、吹口、装饰、基音孔、三孔，总体尺寸50~53cm。

冒顿潮尔技艺特征：切割、晾晒、捆绑、挖凹槽、木锉、挖凿、平整光滑、粘合、漆染、缠、空心整体。

冒顿潮尔色彩特征：R：229、G：84、B：88；R：61、G：79、B：84；R：177、G：173、B：178。

叶克勒形制特征：总体尺寸85cm，琴头、琴轸、琴杆、共鸣箱、琴皮、琴弦、琴码、琴弓、拉弦带。

叶克勒技艺特征：铁钉、固定、平整光滑、粘合、漆染、金属、山羊皮、阴阳两弦、缠、绘制设计图、插孔、方形洞、音孔、白松木、马尾毛、琴弓A2-3-16。

叶克勒色彩特征：R：217、G：147、B：81；R：238、G：202、B：142；R：117、G：126、B：119。

弓弦潮尔形制特征：总体尺寸91cm，琴头、琴轴、琴杆、琴弦、侧板、琴码、蒙古刀、琴弓、弓弦、琴箱面。

弓弦潮尔技艺特征：金属、缠、绘制设计图、插孔、蒙古刀、椴木平整光滑、粘合、漆染。

弓弦潮尔色彩特征：R：209、G：134、B：113；R：63、G：53、B：45；R：231、G：190、B：138。

2.潮尔乐器音乐基因及特征分析

潮尔乐器音乐基因主要包括演奏因子、语义因子。

托布秀尔演奏因子：膝上平弹、双手交叉弹、胸前正弹、肩上平弹、左手反弹、腰背反弹、肩上平弹、肩上侧弹、脚上竖弹、连臂弹奏。

托布秀尔语义因子：明亮、尖锐、单薄、纤细、清透、哨声音色、洪亮、曼妙、丰满、平和流畅、高亢嘹亮。发声原理：左手拨弦时内弦为空弦、发出持续低音、右手按弦奏出旋律声部、旋律、活泼跳荡、激越欢快。

冒顿潮尔演奏因子：正位、侧位。

冒顿潮尔语义因子：苍凉古朴、古朴、穿透力、悲凉、沉闷、干涩、坚实、粗糙、沉重、空洞。发声原理：两股气流、振动、依靠呼吸器官与手指的配合、舌头掌握气流。旋律：平和流畅、苍凉古朴。

叶克勒演奏因子：坐立演奏、演奏时双脚并排、将叶克勒置于双脚之上、身微斜、立于身体左前方、右手执弓擦双弦发声、左手按音位改变音高。

叶克勒语义因子：轻松愉快、高雅、清脆、悦耳、穿透力、独特的、神秘、古朴。发声原理：左手指甲顶弦、右手采用按压式触弦。旋律：沉着耐力、蕴藉深沉。

弓弦潮尔演奏因子：采取坐姿、将琴箱夹于两腿中间、琴杆偏向左侧、弓毛和琴弦要保持直角状态、运弓。

弓弦潮尔语义因子：民族的、独特的、神秘、原始、洪亮、丰满古老、自然、美妙、平和流畅、活泼跳荡。

3.潮尔乐器时空基因主要包括时间因子、空间因子

托布秀尔时间因子：春秋战国、宋代、元代、明代、清代、20世纪60年代、20世纪80年代至今。

托布秀尔空间因子：新疆阿拉善地区、新疆博湖县、伊犁哈萨克自治州、博尔塔拉蒙古自治州。

冒顿潮尔时间因子：原始时期、远古时期、西汉年间、东汉年间、春秋战国、宋代、元代、明代、清代、20世纪60年代、20世纪80年代至今。

冒顿潮尔空间因子：新疆阿尔泰地区、乌梁海蒙古族部落民间、俄罗斯图瓦共和国。

叶克勒时间因子：宋代、元代、明代、清代、20世纪60年代、20世纪80年代至今。

叶克勒空间因子：新疆、阿拉善地区、内蒙古自治区阿拉善盟额济纳旗、新疆阿勒泰地区、乌梁海蒙古族部落民间。

弓弦潮尔时间因子：元代、明代、清代、20世纪60年代、20世纪80年代至今。

弓弦潮尔空间因子：科尔沁地区。

（二）文化基因提取方法

潮尔乐器文化基因图谱构建的方法，首先对潮尔乐器进行资料的搜集、整理和归纳，再进行基因挖掘。挖掘的过程要尊重潮尔乐器的形制挖掘、音乐挖掘、技艺挖掘，然后进行基因提取，探究显性基因和隐性基因的内容、特征及其发展规律，最后将整理好的潮尔乐器文化基因进行图谱构建，将潮尔乐器文化基因逐步细化，以图谱的形式进行表达，为后续研究提供设计资源（图5-5）。

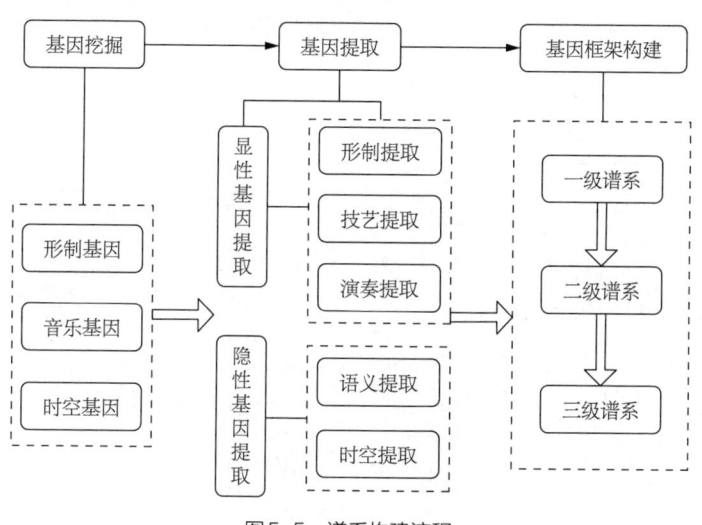

图5-5 谱系构建流程

三、潮尔乐器遗产基因结构

构建潮尔乐器图谱时，主要从潮尔乐器的显性基因和隐性基因两方面去探索。显性基因包括外部表象反应，隐性基因主要反应的是潮尔乐器在发展过程中深层的文化内涵。

（一）潮尔乐器遗产基因结构分析

文化基因图谱像是一条载有文化系统遗传信息的DNA链，构建潮尔乐器谱系时，主要从潮尔乐器的显性基因和隐性基因两方面展开。显性基因包括形制、技艺、色彩、演奏；隐性基因主要包括语义、文化。谱系的构建可分为一级"本体"构建，二级"进化与发展"构建，三级"繁衍联姻"构建。

（二）潮尔乐器显性基因特征分析

构建潮尔乐器显性基因谱系时，首先是潮尔乐器的一级"本体"构建，它从物质形态上划分，包括形制基因、音乐基因。然后是潮尔乐器文化的二级"进化发展"构建，这是一种以时间轴线，采用谱系树的构建方法，探索不同历史时期内潮尔乐器的变化，主要包括形制因子、技艺因子、色彩因子、演奏因子。最后是潮尔乐器三级"繁衍联姻"构建，潮尔乐器文化资源丰富，通过每个乐器的细分，探索潮尔乐器之间的相互影响（图5-6）。

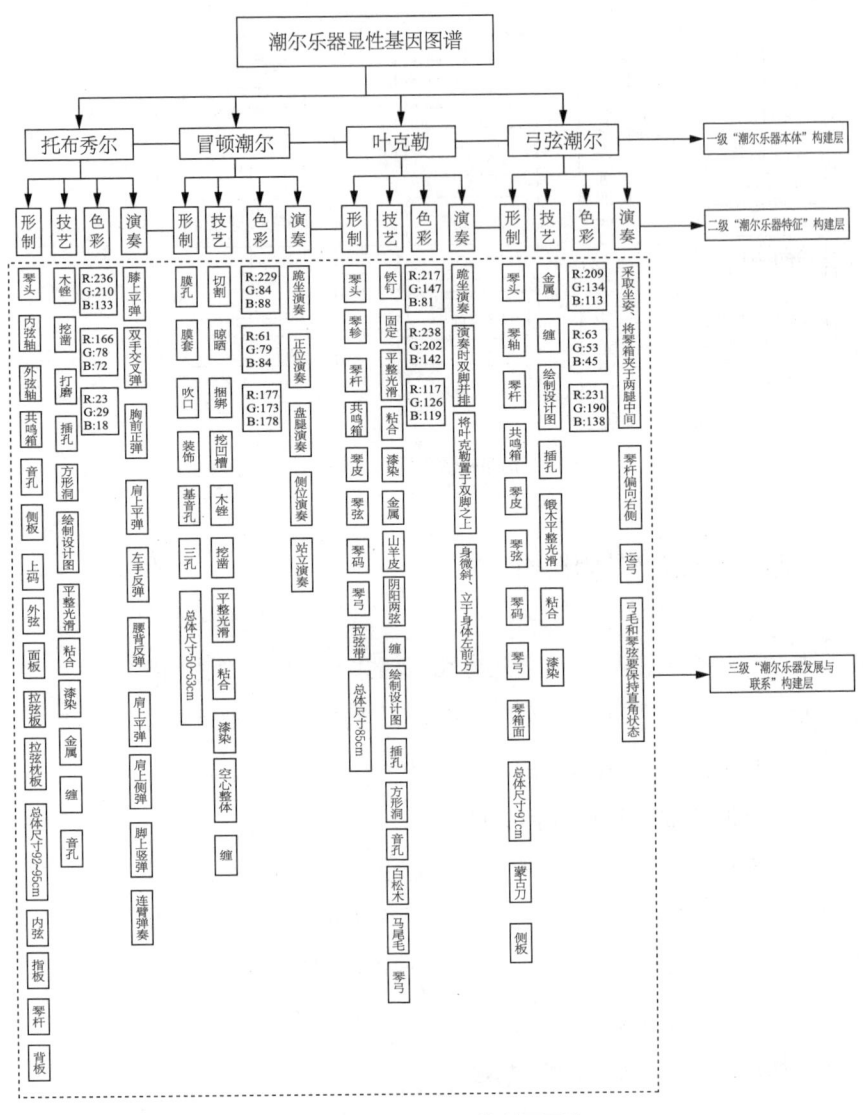

图5-6 潮尔乐器显性基因图谱

（三）潮尔乐器隐性基因特征分析

构建潮尔乐器隐性基因谱系时，首先是潮尔乐器的一级"本体"构建，主要包括音乐基因中的语义因子和知识因子，这是本体构建的核心。然后是潮尔乐器的二级"进化发展"构建，潮尔乐器隐性基因的二级谱系构建法与潮尔乐器显性基因二级谱系构建法类似；最后是潮尔乐器的三级"繁衍联姻"构建，探索潮尔乐器在发展中的变化（图5-7）。

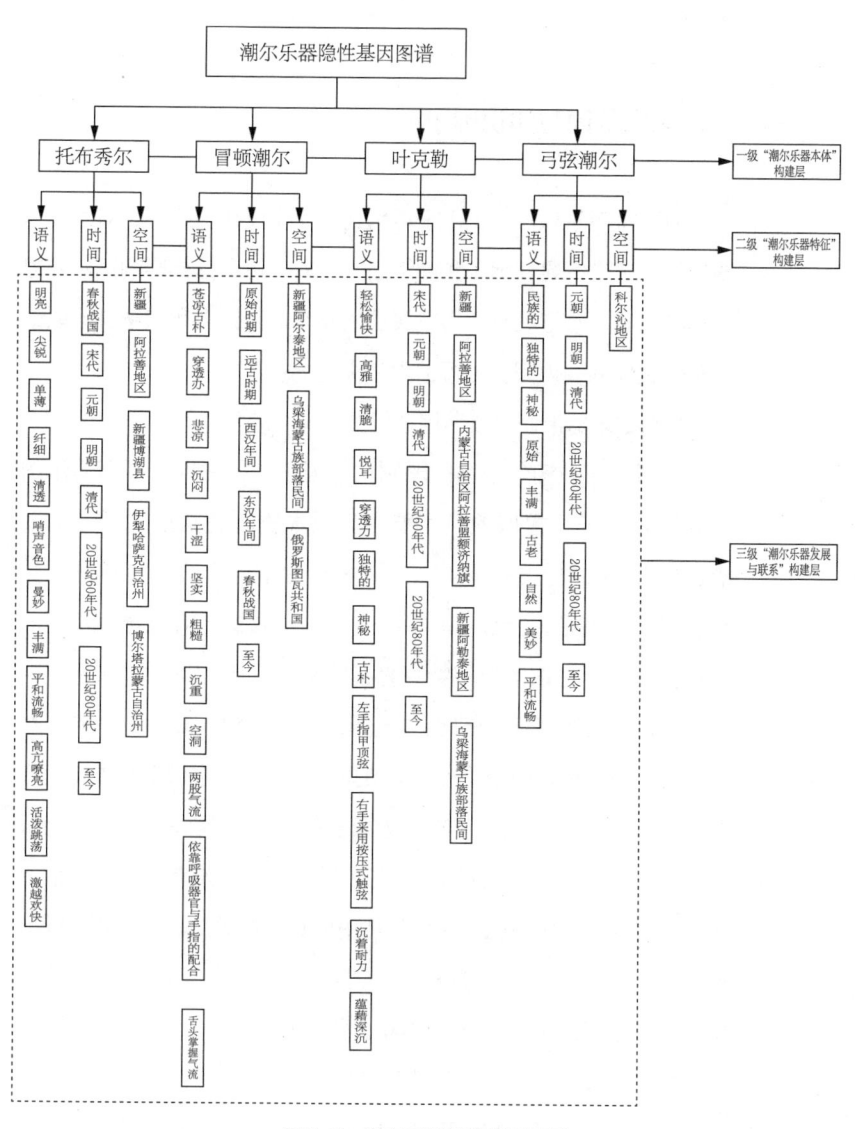

图5-7 潮尔乐器隐性基因图谱

第三节　潮尔乐器文化基因图谱知识提取

提取潮尔乐器知识因子，使用层次分析法细分潮尔乐器文化基因并构建层级结构模型，逐步对潮尔乐器文化基因所包含的知识因子进行层次分析，以达到对潮尔乐器文化基因系统性的研究。在前期调研与分析工作完备的前提下，将潮尔乐器基因有效分类，把握潮尔乐器文化基因的关联性，进一步增加对潮尔乐器文化基因的认知深度。

一、文化基因与知识因子

为了将潮尔乐器知识因子运用到可视化设计实践中，对潮尔乐器知识因子进行显性因子和隐性因子提取，逐层分析影响潮尔乐器文化的因子，筛选具有相类似属性的样本进行分类和归纳，选取最具有代表性的知识因子进行抽象和优化。

1.潮尔乐器形制、技艺因子的提取

分别对四种潮尔乐器的形制技艺因子进行提取。托布秀尔的形制技艺因子可提取的典型特点为：木质、椭圆形、长方形凹槽、羊皮、共鸣孔、羊肠、雕刻、梯形音箱、总长92～95cm、穿孔、宽、共鸣箱、琴杆、琴轴、上下码、弦枕。对冒顿潮尔的形制技艺因子可提取的典型特点为：吹管、木质、竹质、吹奏、吹孔、簧片、植物茎秆、坚硬、3孔乐器、全长50～53cm、古老。对叶克勒的形制技艺因子可提取的典型特点为：枫木梯形箱体、扁方形音箱、琴杆、琴头、琴轴、琴弦、拉弦带、琴码、琴弓、全长85～103.5cm、下郑、聊屋。对弓弦潮尔的形制技艺因子可提取的典型特点为：二弦弓弦，头型包括扁形头、弯形头、马头等各种形状，基本结构以音箱、琴杆、琴头、琴轴、琴弦、音孔、琴码、弦枕、琴弓等部件构成，总长91cm、蒙古刀。

2.潮尔乐器色彩、演奏因子的提取

色彩因子是显性知识因子中的一种，提取潮尔乐器具有辨识度的颜色作为色彩因子，为后续构建基因图谱铺垫。根据前文对四种潮尔乐器进行分析研究，筛选典型样本并提取代表性色彩因子。

托布秀尔演奏动作提取有弹、拨、揉、勾、敲、滑、轮、坐弹、立弹、身前、身后、正弹、反弹；冒顿潮尔演奏动作提取有立式演奏、坐式演奏、蹲式演奏、盘腿演奏、跪坐演奏、竖式吹奏，嘴唇中部吹奏、指肚有节奏、配合、开闭音孔；叶克勒演奏动作提取有坐立演奏、演奏时双脚并排、将叶克勒置于双脚之上、身微斜、立于身体左前方、右手执弓擦双弦发声、左手按音位改变音高；弓弦潮尔演奏动作提取席地而坐、两腿将琴夹于其中，处于膝盖的下方位置，琴杆倾斜于左肩处，右手持弓，左手虎口半握在琴杆处。

二、文化基因知识因子提取原则

关于潮尔乐器文化基因的提取与分类可以考虑以下几个方面：

1.潮尔乐器文化基因的表现形式

托布秀尔、冒顿潮尔、叶克勒、弓弦潮尔的形制表现形式、音乐表现形式，文化表现形式是多种表达路径。

2.确定潮尔乐曲文化基因的原则

在解析文化基因时，需要在一定的识别原则基础上进行提取，并从潮尔乐器不同角度深入调研，对文化基因进行分类处理。

3.探索潮尔乐器文化基因的提取方式

可考虑元素提取、色彩提取、技艺提取、语义提取。

4.对于潮尔乐器文化基因的分类

一方面从属性上说，按其在潮尔乐器的重要性成分可以分为主体基因、附着基因、混合基因等；另一方面从物质形态上说，可以分为显性基因和隐性基因。本文主要选取显性基因和隐性基因对潮尔乐器进行分类。

潮尔乐器文化与其他区域乐器文化有所不同，因此提取潮尔乐器形制基因、音乐基因和文化基因，主要包括形制特征、音乐特征、文化特征。形制特征包含技艺因子、形制因子、色彩因子。

三、潮尔乐器文化基因知识因子提取

潮尔乐器形制因子是最典型的显性因子,因此托布秀尔、冒顿潮尔、叶克勒、弓弦潮尔的产生也有其独特的形制特点,并且功能和寓意也不同。人们可以通过不同乐器的形制辨别其属性,这对于形制因子的提取及应用有非常重要的意义,因此在提取知识因子前构建潮尔乐器层次结构模型具有一定的必要性(图5-8)。

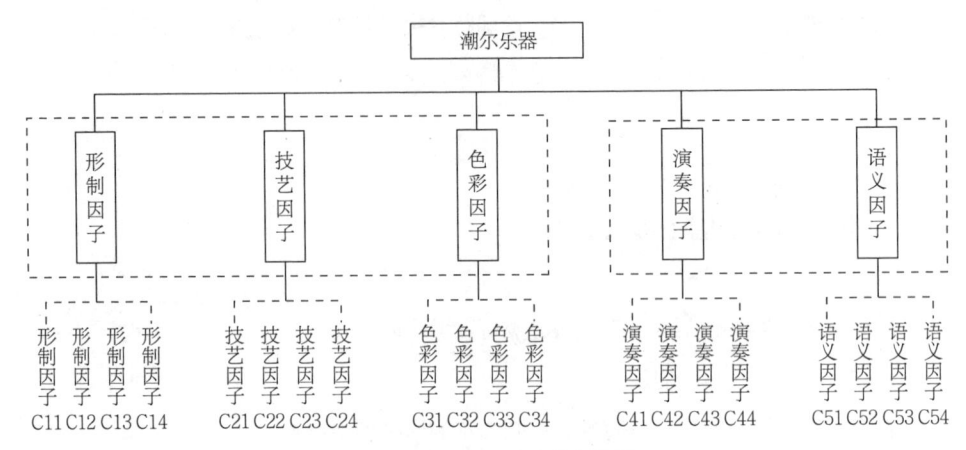

图5-8 潮尔乐器层次结构模型

(一)潮尔乐器显性基因提取

筛选具有相似属性的样本进行分类归纳,将潮尔乐器显性基因提取分为形制因子、技艺因子、色彩因子、这部分的内容可以让人们很直观地看出原型。由于显性知识因子包含了更加复杂的文化元素,因此绘制元素造型时需要提取知识因子特征,再绘制矢量图形(图5-9~图5-12)。

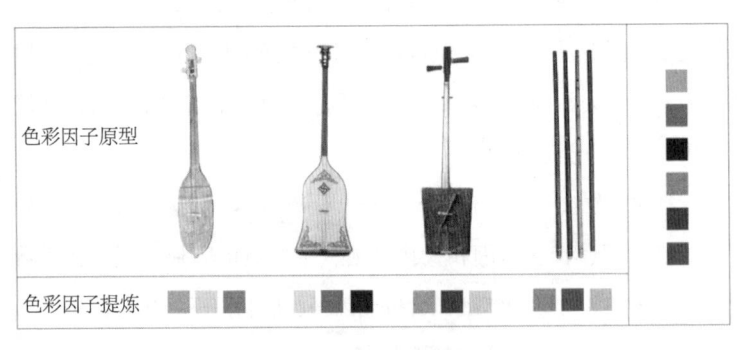

图5-9 色彩因子提取

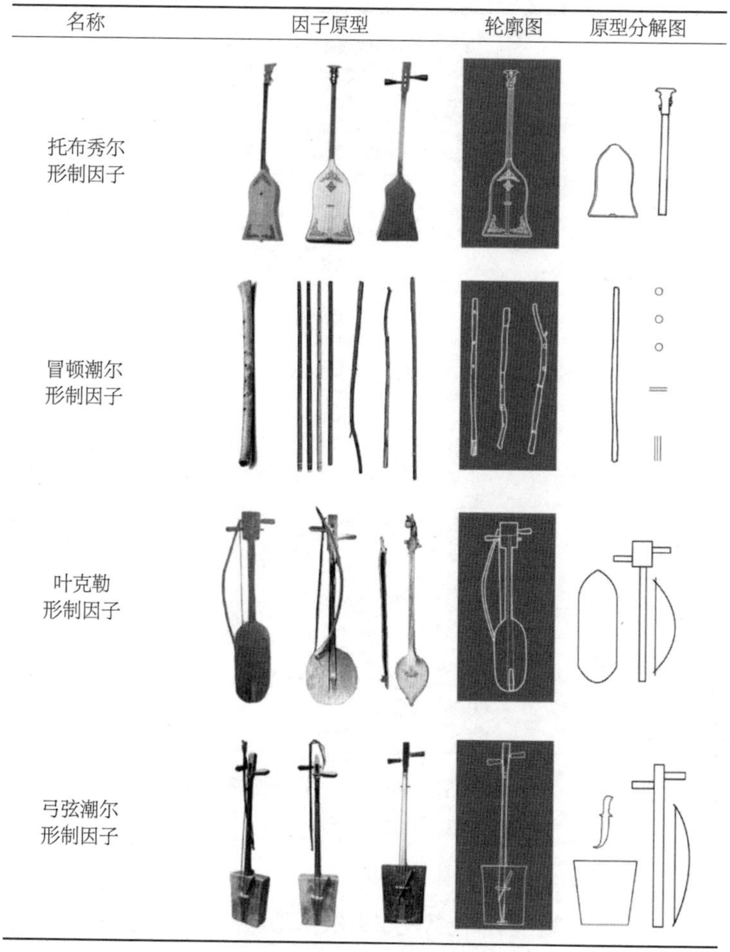

名称	因子原型	轮廓图	原型分解图
托布秀尔形制因子			
冒顿潮尔形制因子			
叶克勒形制因子			
弓弦潮尔形制因子			

图5-10 形制因子提取

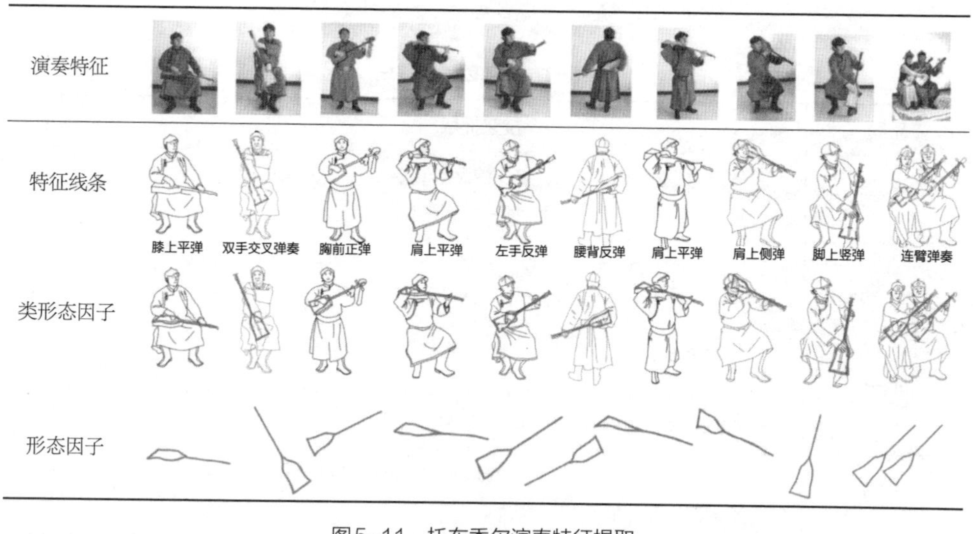

演奏特征										
特征线条	膝上平弹	双手交叉弹奏	胸前正弹	肩上平弹	左手反弹	腰背反弹	肩上平弹	肩上侧弹	脚上竖弹	连臂弹奏
类形态因子										
形态因子										

图5-11 托布秀尔演奏特征提取

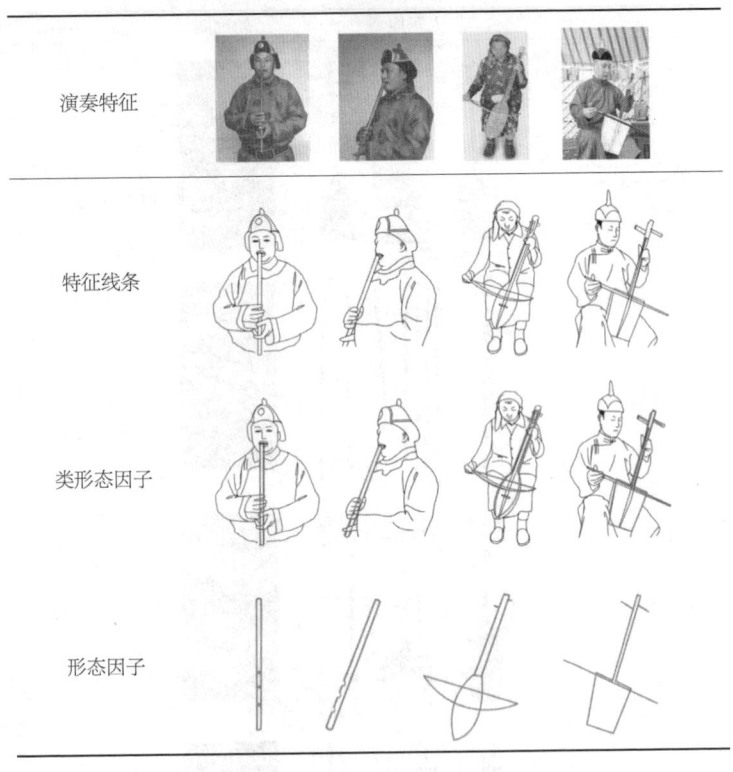

图5-12 冒顿潮尔、叶克勒、弓弦潮尔演奏特征提取

（二）潮尔乐器隐性因子提取

潮尔乐器隐性因子包括托布秀尔、冒顿潮尔、叶克勒、弓弦潮尔中的技艺因子、语义因子、时间以及空间因子的提取（表5-1~表5-4）。

表5-1 技艺因子提取表

乐器	技艺提取	主要特征
托布秀尔	总体尺寸92~95cm、木锉、挖凿、打磨、平整光滑、粘合、漆染、金属、缠、绘制设计图、插孔、方形洞、音孔、	弹拨
冒顿潮尔	总体尺寸50~53cm、切割、晾晒、捆绑、挖凹槽、木锉、挖凿、平整光滑、粘合、漆染、缠、空心整体	吹奏
叶克勒	总体尺寸85cm、铁钉、固定、平整光滑、粘合、漆染、金属、缠、绘制设计图、插孔、方形洞、音孔、白松木、马尾毛、山羊皮、阴阳两弦、琴弓	拉奏
弓弦潮尔	总体尺寸91cm、蒙古刀、椴木平整光滑、粘合、漆染、金属、缠、绘制设计图、插孔	拉奏

表5-2 语义词汇表

特征	语义词汇
音色特征	明亮、尖锐、单薄、纤细、清透、哨声音色、高亢嘹亮、柔和浑厚、曼妙、洪亮、丰满、平和流畅、蕴藉深沉、活泼跳荡、沉着耐力、激越欢快、苍凉古朴、清脆悦耳、古朴、穿透力、悲凉、沉闷、空洞、清脆、干涩、坚实、粗糙、沉重、温暖、热情、奔放、辽阔、欢乐、自由、平和流畅、蕴藉深沉、活泼跳荡、沉着耐力、快粗犷、低沉、轻松愉快、轻快、沙哑、神秘、原始、古老、自然
发声原理	两股气流、振动、依靠呼吸器官与手指的配合、舌头掌握气流、左手指甲顶弦、右手采用按压式触弦

表5-3 语义因子提取表

名称	托布秀尔	冒顿潮尔	叶克勒	弓弦潮尔
音色特征	明亮、尖锐、单薄、纤细、清透、哨声音色、高亢嘹亮、洪亮、丰满、平和流畅	苍凉古朴、清脆悦耳、古朴、穿透力、悲凉、沉闷、空洞、清脆、干涩、坚实、粗糙、沉重	轻松愉快、轻快、高雅、沙哑、清脆悦耳、古朴、穿透力、独特的、神秘	民族的、独特的、神秘、原始、古老、自然、美妙、洪亮、丰满、平和流畅、蕴藉深沉、活泼跳荡、干瘪
发声原理	左手拨弦时内弦为空弦发出持续低音；右手按弦奏出旋律声部	两股气流、振动、依靠呼吸器官与手指的配合、舌头掌握气流	左手指甲顶弦、右手采用按压式触弦	拇指轻触内弦
旋律	活泼跳荡 激情欢快	平和流畅 苍凉古朴	沉着耐力 蕴藉深沉	大起大落 寂寥古拙

表5-4 时间以及空间因子提取表

乐器	时间	空间
托布秀尔	春秋战国、宋代、元代、明代、清代、20世纪60年代、20世纪80年代至今	阿拉善地区、新疆博湖县、伊犁哈萨克自治州、博尔塔拉蒙古自治州
冒顿潮尔	原始时期、远古时期、西汉年间、东汉年间、春秋战国、宋代、元代、明代、清代、20世纪60年代、20世纪80年代至今	新疆阿尔泰地区、乌梁海蒙古族部落民间、俄罗斯图瓦共和国
叶克勒	宋代、元代、明代、清代、20世纪60年代、20世纪80年代至今	阿拉善地区、内蒙古自治区阿拉善盟额济纳旗、新疆阿勒泰地区、乌梁海蒙古族部落民间
弓弦潮尔	元代、明代、清代、20世纪60年代、20世纪80年代至今	科尔沁地区

第四节　知识图谱知识匹配分析

运用AHP层次分析方法，对潮尔乐器文化基因所包含的知识因子进行层次分析，以达到对潮尔乐器文化基因系统性的研究。在前期调研与分析工作完备的前提下，将潮尔乐器文化基因有效分类，把握潮尔乐器文化基因之间的关联性，有效解决潮尔乐器文化基因分类中层级关系的问题，进一步增加大众对潮尔乐器文化基因的认识深度。

一、文化基因层次分析

当得到潮尔乐器文化基因载体形态的分类后，需要对多样化的载体形态做进一步的信息处理，这不仅可以提高潮尔乐器文化基因本身的信息价值，也会为后期的设计实践提供便利。首先从信息处理的角度来看，对多样化的基因类型进行层次的分析有利于提高研究潮尔乐器文化基因时的效率，降低研究者的研究成本，为潮尔乐器文化基因的载体形态分类信息增加价值；其次，从视觉设计角度来看，对潮尔乐器文化基因的研究一方面是为了梳理潮尔乐器文化脉络，为其他学者在对潮尔乐器文化展开研究时提供参考，另一方面则是为了给后期的设计实践提供设计依据。在设计前期，最基础与最重要的是需要明确设计对象所包含的信息层级关系，以便在设计实践中能有重点地从形制基因、音乐基因、文化基因三方面对目标展开设计实践。

层次分析法是20世纪70年代美国运筹学家托马斯·塞蒂提出的一种通过对定性问题进行定量的分析使其具备条理性的决策化分析方法[1]。层次分析方法作为一种定量化分析方法，可以有效地完善本研究在判断潮尔乐器文化基因载体形态层级时的科学性与可靠性，利用主观判断与客观分析相结合的方式，为潮尔乐器文化基因载体形态分类的层级评价提供更加科学的依据。因此，选择了层次

---

[1] 钟守楠,高成修. 运筹学理论基础 [M]. 武汉:武汉大学出版社,2005.

分析方法解析，对潮尔乐器基因载体分类进行重要性排序。

AHP法的基本思路是通过分析系统的有关因素及其相互关系，将系统进行层次划分，建立一个层次系统。最后通过参考给定的比例标度，两两比较确定要素的相对重要性，建立上层因素对下层因素的判断矩阵，以确定相对重要的序列。在满足一致性原则的前提下，对目标下的因素进行排列，从而得出评价对象或不同要素的权重值，为评价和决策提供依据❶。具体计算过程如下：

（一）建立评价体系

根据需要评价的方案建立出评价体系，评价对象、评价准则、评价目标。将决策目标（目标层）、参与元素（准则层）和决策对象（目标层）按阶层关系自上而下进行分层（表5-5）。

表5-5　评价体系

评价对象	评价准则	评价目标
评价对象	评价准则 B1	评价目标 C1
	评价准则 B2	评价目标 C2
	评价准则 B3	评价目标 C3

（二）建立判断矩阵，如公式所示

$$A = \begin{matrix} & C_1 & C_2 & C_3 & C_4 & C_5 \\ C_1 & 1 & a_{12} & a_{13} & a_{14} & a_{15} \\ C_2 & a_{21} & 1 & a_{23} & a_{24} & a_{25} \\ C_3 & a_{31} & a_{32} & 1 & a_{34} & a_{35} \\ C_4 & a_{41} & a_{42} & a_{43} & 1 & a_{45} \\ C_5 & a_{51} & a_{52} & a_{53} & a_{54} & 1 \end{matrix}$$

判断矩阵 a_{ij} 的标度方法如表5-6所示。

表5-6　矩阵 a_{ij} 的标度方法

标度	含义
1	表示两个元素相比，重要度一样
3	表示两个元素相比，一个元素比另一个元素稍微重要
5	表示两个元素相比，一个元素比另一个元素明显重要

---

❶ 刘甜,林家阳. 文化基因视域下文旅特色小镇品牌塑造实践研究 [J]. 包装工程,2020, 41(2):89–96.

续表

标度	含义
7	表示两个元素相比,一个元素比另一个元素特别重要
9	表示两个元素相比,一个元素比另一个元素极度重要
2、4、6、8	上述两相邻普安段的中值
倒数	元素i与j比较地判断a_{ij},则元素j与i的判断 $a_{ij}=1/a_{ij}$

(三)层次元素排序

此步骤主要对于上一层次元素,将下层次各元素的重要度进行排序。对于判断矩阵最大特征值根$\lambda\max$的特征向量,经归一化(各元素之和为1)后记为W。W的元素表示同层元素对比上一层元素的重要度排序的权重值。

(四)一致性检验

定义一致性指标,如公式所示:

$$CI = \frac{\lambda - n}{n - 1}$$

当$CI=0$时,表示完全相同;当CI趋近于0时,表示满意的一致性;当CI值越大,不一致程度越严重。为确定好CI的值,引入随机一致性指标RI,其指标值如表5-7所示。

表5-7 一致性指标RI值

n	1	2	3	4	5	6
RI	0	0	0.58	0.90	1.12	1.24
n	7	8	9	10	11	—
RI	1.32	1.41	1.45	1.49	1.51	—

定义一致性比,如公式所示:

$$CR = \frac{CI}{RI}$$

当$CR < 0.1$时,表示A的不一致在可接受水平内,具有一致性。反之,则要重新构建矩阵,对其进行调整。

二、潮尔乐器文化基因评价指标体系

潮尔乐器文化基因评价指标体系，包含了评价对象、评价准则和评价目标。评价对象为托布秀尔、冒顿潮尔、叶克勒、弓弦潮尔；评价目标为托布秀尔、冒顿潮尔、叶克勒、弓弦潮尔所涵盖的各个知识因子；评价准则需要依据潮尔乐器文化自身特性，参考学者对其他地域文化体系评价的准则制定，因此第一步是为潮尔乐器文化基因的层级评价制定评价准则（表5-8~表5-11）。

（一）潮尔乐器文化基因评价准则

通过一定的规律把具备类似特点的样本进行归纳分类，对样本进行分类，对样本进行分类有利于从多个样本中找出他们的共性，并将得出的共性运用到后期设计实践中。按照之前行之有效的方法提取潮尔乐器的设计因子，这些设计因子在风格与内涵上往往有所差异，因此为了有助于后期的设计应用，采用层次分析法细分影响潮尔乐器文化因素的基因。这里将评价指标划分为：形制因子、技艺因子、色彩因子、演奏因子、语义因子，作为设计应用中最具有代表性的因子进行分析。

表5-8　托布秀尔评价指标体系表

评价对象	评价准则	评价目标
托布秀尔A	形制基因B1	形制因子C1
		技艺因子C2
		色彩因子C3
	音乐基因B2	演奏因子C4
	文化基因B3	语义因子C5

表5-9　冒顿潮尔评价指标体系表

评价对象	评价准则	评价目标
冒顿潮尔A	形制基因B1	形制因子C1
		技艺因子C2
		色彩因子C3
	音乐基因B2	演奏因子C4
	文化基因B3	语义因子C5

表5-10 叶克勒评价指标体系表

评价对象	评价准则	评价目标
叶克勒A	形制基因B1	形制因子C1
		技艺因子C2
		色彩因子C3
	音乐基因B2	演奏因子C4
	文化基因B3	语义因子C5

表5-11 弓弦潮尔评价指标体系表

评价对象	评价准则	评价目标
弓弦潮尔A	形制基因B1	形制因子C1
		技艺因子C2
		色彩因子C3
	音乐基因B2	演奏因子C4
	文化基因B3	语义因子C5

（二）潮尔乐器文化基因评价准则权重分析

在潮尔文化基因指标权重的判断方面，采用专家评分以及层次分析法相结合的方式来确定。团队向不同年龄阶段，不同地域文化背景的10位专家发放问卷，将问卷收回分析后再进行层次分析计算。在具体问卷内容上，由于潮尔四种乐器文化基因呈现出不同的外在形态与内在结构，因此需要对四者分别进行打分。综合各位专家分别对各指标之间的相对重要性，以及各知识因子在评价准则方面的符合程度打分，对打分的结果进行计算，以作为后续评估依据（表5-12～表5-15）。

表5-12 托布秀尔评价准则权重表

评价准则	权重值	一致性比例
形制基因	0.3382	0.0517
音乐基因	0.2254	0.0524
文化基因	0.2109	0.0076

表5-13　冒顿潮尔评价准则权重表

评价准则	权重值	一致性比例
形制基因	0.3382	0.0318
音乐基因	0.2254	0.0526
文化基因	0.2109	0.0776

表5-14　叶克勒评价准则权重表

评价准则	权重值	一致性比例
形制基因	0.3382	0.0819
音乐基因	0.2254	0.0024
文化基因	0.2109	0.8076

表5-15　弓弦潮尔评价准则权重表

评价准则	权重值	一致性比例
形制基因	0.3382	0.0017
音乐基因	0.2254	0.0724
文化基因	0.2109	0.5076

（三）潮尔乐器文化基因评价目标权重分析

经过对第二层级评价标准相应权重的计算得出的结果，为指导下一层级专家打分时做出参考。具体的计算过程参考上述方法，计算结果如下。

首先，利用上述计算方法对评价体系中的评价目标层进行计算，在计算时需要注意的是，由于托布秀尔、冒顿潮尔、叶克勒、弓弦潮尔分属于四个体系，因此四者需要分开打分计算；其次，通过计算后在保持一致性原则的前提下，可分别得出托布秀尔、冒顿潮尔、叶克勒、弓弦潮尔评价目标对应评价准则层的权重值；最后，根据计算出的结果进行简要的排序，求得托布秀尔、冒顿潮尔、叶克勒、弓弦潮尔的评价目标的综合权重并作出排序，以此辅助在设计工作展开时所面临的因选择知识因子过多、无从下手的问题（表5-16~表5-19）。

表5-16 托布秀尔评价目标权重表

评价目标	权重值	一致性比例
形制因子	0.4385	0.0017
技艺因子	0.2254	0.0724
色彩因子	0.2109	0.0074
演奏因子	0.9395	0.0217
语义因子	0.4253	0.0521

表5-17 冒顿潮尔评价目标权重表

评价目标	权重值	一致性比例
形制因子	0.3382	0.0867
技艺因子	0.3490	0.0724
色彩因子	0.4056	0.0076
演奏因子	0.8054	0.0857
语义因子	0.5046	0.0667

表5-18 叶克勒评价目标权重表

评价目标	权重值	一致性比例
形制因子	0.3586	0.0517
技艺因子	0.2654	0.0724
色彩因子	0.5186	0.0056
演奏因子	0.3141	0.0254
语义因子	0.6181	0.0164

表5-19 弓弦潮尔评价目标权重表

评价目标	权重值	一致性比例
形制因子	0.5382	0.0017
技艺因子	0.2255	0.0724
色彩因子	0.2409	0.0016
演奏因子	0.3386	0.0417
语义因子	0.2154	0.0624

托布秀尔乐器文化基因方面，根据层次评定结果，形制因子得分为0.4385，技艺因子得分为0.2254，色彩因子得分为0.2109，演奏因子得分为0.9395，语义因子得分为0.4253；冒顿潮尔乐器文化基因方面，根据层次评定结果，形制因子得分为0.3382，技艺因子得分为0.3490，色彩因子得分为0.4056，演奏因子得分为0.8054，语义因子得分为0.5046；叶克勒乐器文化基因方面，根据层次评定结果，形制因子得分为0.3586，技艺因子得分为0.2654，色彩因子得分为0.5186，演奏因子得分为0.3141，语义因子得分为0.6181；弓弦潮尔乐器文化基因方面，根据层次评定结果，形制因子得分为0.5382，技艺因子得分为0.2255，色彩因子得分为0.2409，演奏因子得分为0.3386，语义因子得分为0.2154。

三、潮尔乐器文化基因评价结构分析

（一）文化基因结构评价标准

经层次分析法计算，各设计类别及设计因子判断矩阵的检验系数均小于0.1，说明本次测试小组对潮尔乐器文化设计因子的重要性排序通过一致性检验，具有较为满意的一致性结果（表5-20）。

表5-20　结构评价标准

名称	权重W_i	一致性指标CI	检验系数CR
形制基因B1	0.6071	0.0832	0.0921
音乐基因B2	0.1155		
文化基因B3	0.2072		
形制因子C11	0.1075	0.1054	0.928
形制因子C12	0.6075		
形制因子C13	0.3067		
形制因子C14	0.5075		
技艺因子C21	0.5078	0.1098	0.0984
技艺因子C22	0.6076		
技艺因子C23	0.6091		
技艺因子C24	0.6472		

续表

名称	权重W_i	一致性指标CI	检验系数CR
色彩因子C31	0.3091	0.0976	0.0865
色彩因子C32	0.1074		
色彩因子C33	0.1075		
色彩因子C34	0.6576		
演奏因子C41	0.5071	0.0945	0.0867
演奏因子C42	0.6076		
演奏因子C43	0.6474		
演奏因子C44	0.5073		
语义因子C51	0.3075	0.0678	0.0532
语义因子C52	0.6776		
语义因子C53	0.6011		
语义因子C54	0.5071		

（二）潮尔乐器文化基因层次划分

根据上述分析，可对潮尔乐器文化基因层级作出判断，即形制基因＞音乐基因＞文化基因，说明形制基因对于潮尔乐器文化较为重要。形制因子的重要性排序分别为：形制因子C12＞形制因子C14＞形制因子C13＞形制因子C11，说明形制类因子中形制因子C12较为重要。技艺因子的重要性排序分别为：技艺因子C24＞技艺因子C23＞技艺因子C22＞技艺因子C21，说明技艺类因子中技艺因子C24较为重要。色彩因子的重要性排序分别为：色彩因子C34＞色彩因子C31＞色彩因子C33＞色彩因子C32，说明色彩类因子中色彩因子C34较为重要。演奏因子的重要性排序分别为：演奏因子C43＞演奏因子C42＞演奏因子C44＞演奏因子C41，说明演奏类因子中演奏因子C43较为重要。语义因子的重要性排序分别为：语义因子C52＞语义因子C53＞语义因子C54＞语义因子C51，说明语义类因子中语义因子C52较为重要。

第五节　潮尔乐器遗产基因图谱的创新应用

从可视化设计角度出发，探寻潮尔乐器文化基因的发展脉络以及关联，建立出视觉设计策略以供设计实践参考。通过基础数据分析整体设计，以便于之后推广可视化设计。研究得出的因子运用到设计中，再根据AHP分析法和用户研究，突出重点因子和非重点因子的表达。因前期权重分析还在完善过程当中，可视化应用还在进一步修改。

一、基于知识因子图标与LOGO

在设计潮尔乐器文化基因可视化图标设计时，将属于潮尔乐器的文化因子造型按照固定文化因子特定载体分类，即形制基因、音乐基因、时空基因进行提取并完成可视化设计实践，可以相对直观地呈现设计的关联性以及创意性。对潮尔乐器基因图谱有类别地进行图形提取，在此基础上设计12个图标（图5-13），整体提取了形制外观并做艺术化处理。托布秀尔图标设计主要提取了共鸣箱、拉弦板枕以及上码和下码；冒顿潮尔图标设计主要提取了管身膜孔、三孔吹口以及基因孔；叶克勒图标设计主要提取了拉弦带、琴杆以及琴轸；弓弦潮尔图标设计主要提取了蒙古刀、琴箱面以及弓弦。在可视化图标设计中，提取在谱系图的帮助下，实现了对潮尔乐器文化基因种类的有效梳理，因此可参照潮尔乐器文化基因谱系图建构思路。在构图方面，图标使用了个性化元素，按照托布秀尔、冒顿潮尔、叶克勒、弓弦潮尔形制基因提取形状进行设计，不同的设计因子组合成了多种不同的图标设计。

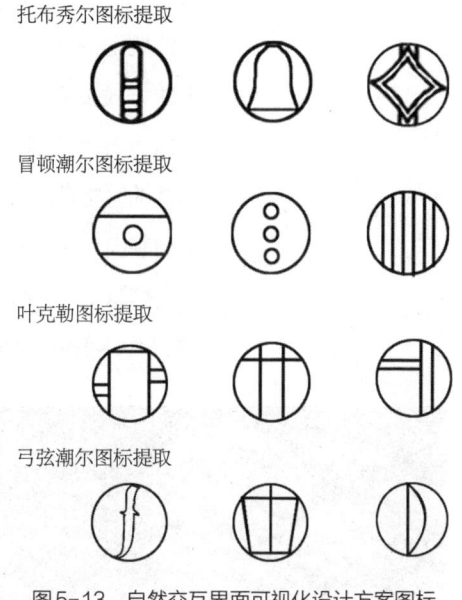

图5-13　自然交互界面可视化设计方案图标

二、基于知识因子的图形界面

为将潮尔乐器的图文信息更直观地传递给用户，采用语义信息到视觉图形的转化，以便用户更好的接受信息。

在设计可视化界面中将提取托布秀尔、冒顿潮尔、叶克勒、弓弦潮尔图标元素运用到交互媒体可视化中作为界面设计中的元素。首先一级页面LOGO演绎画面，其次是首页面出现，四个圆球代表四个乐器，分别是托布秀尔、冒顿潮尔、叶克勒、弓弦潮尔对应三个连接起来的圆球是提取乐器后的形制基因、音乐基因和时空基因。再次二级页面分别是托布秀尔、冒顿潮尔、叶克勒、弓弦潮尔四种乐器的形制基因、音乐基因、时空基因出现界面。形制基因根据每个乐器的形制做粒子效果，每个页面上有三个交互点，分别可以点击了解潮尔乐器的形制、技艺、色彩因子并进入三级页面。音乐基因是根据每个乐器的音高、音频、音色绘制高低起伏的线条来表示音乐基因。托布秀尔的音色特征是尖锐、活泼的，因此用高低起伏明显的线条表示；冒顿潮尔的音色特征是沧桑古朴的，因此用相对平缓的线条表示；叶克勒的音色特征是跌宕起伏的，因此用活泼跳动的线条表示。每个音乐基因后面有交互点，可以通过点击的方式查看乐器的音乐基因并进入三级页面。第三部分是时空基因，每个乐器分布区域不同，因此用户可以根据提示点去了解乐器的时空基因。最后是托布秀尔、冒顿潮尔、叶克勒、冒顿潮尔形制基因、音乐基因、时空基因的三级页面，这部分主要将二级页面的信息进一步优化，将每个对应的基因以可视化的方式表达出来（图5-14～图5-18）。

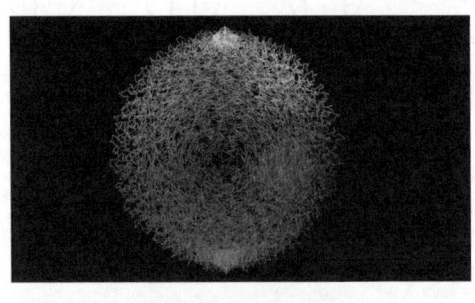

图5-14 潮尔乐器图谱界面视觉设计（一） 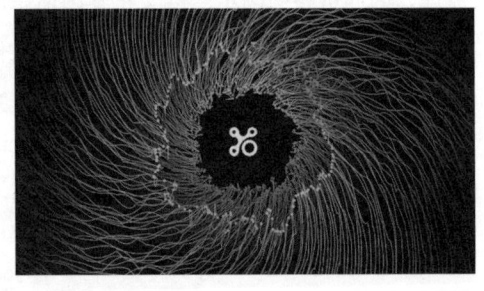 　　图5-15 潮尔乐器图谱界面视觉设计（二）

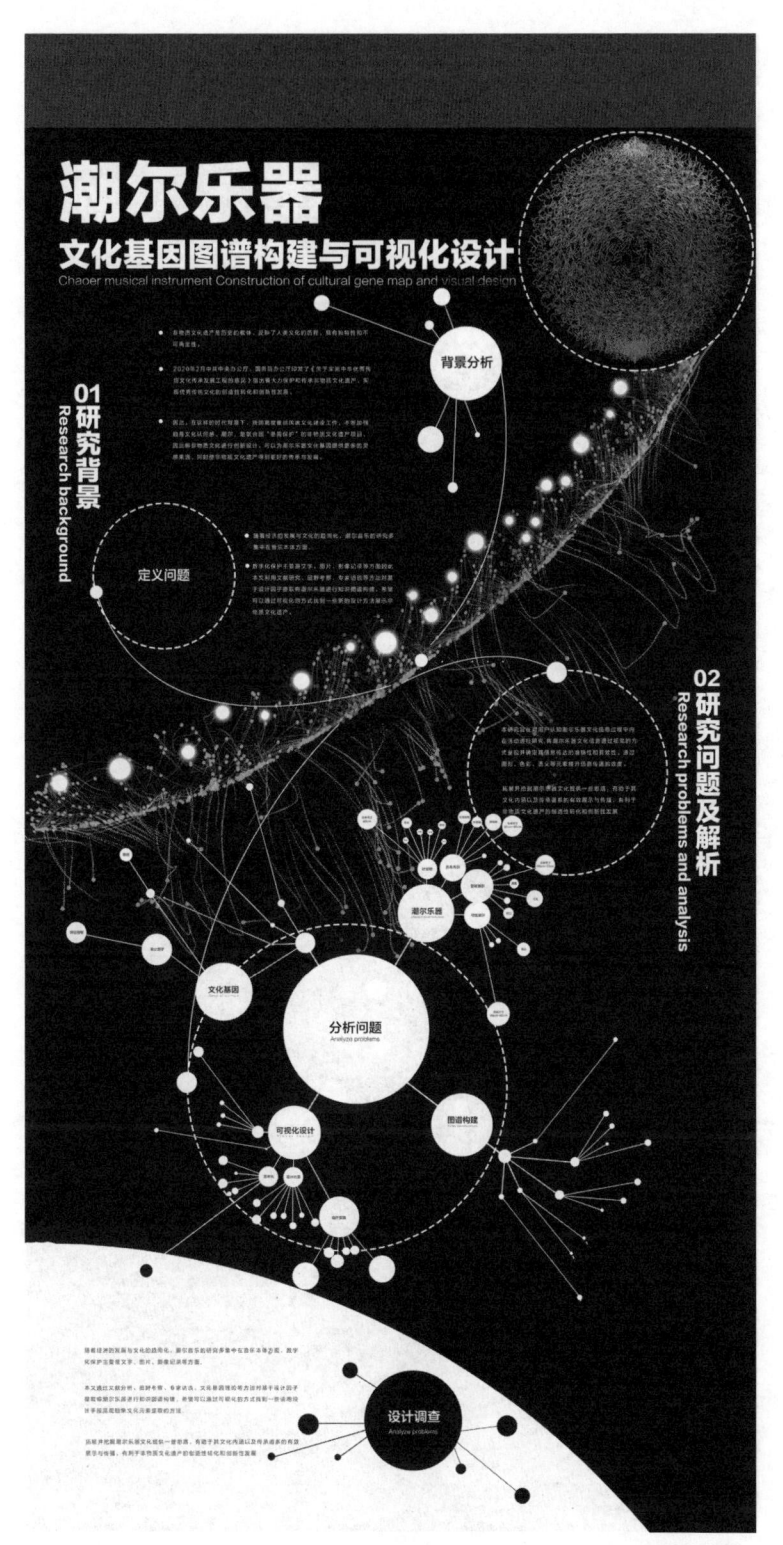

图5-16　潮尔乐器文化基因图谱构建与可视化设计（一）

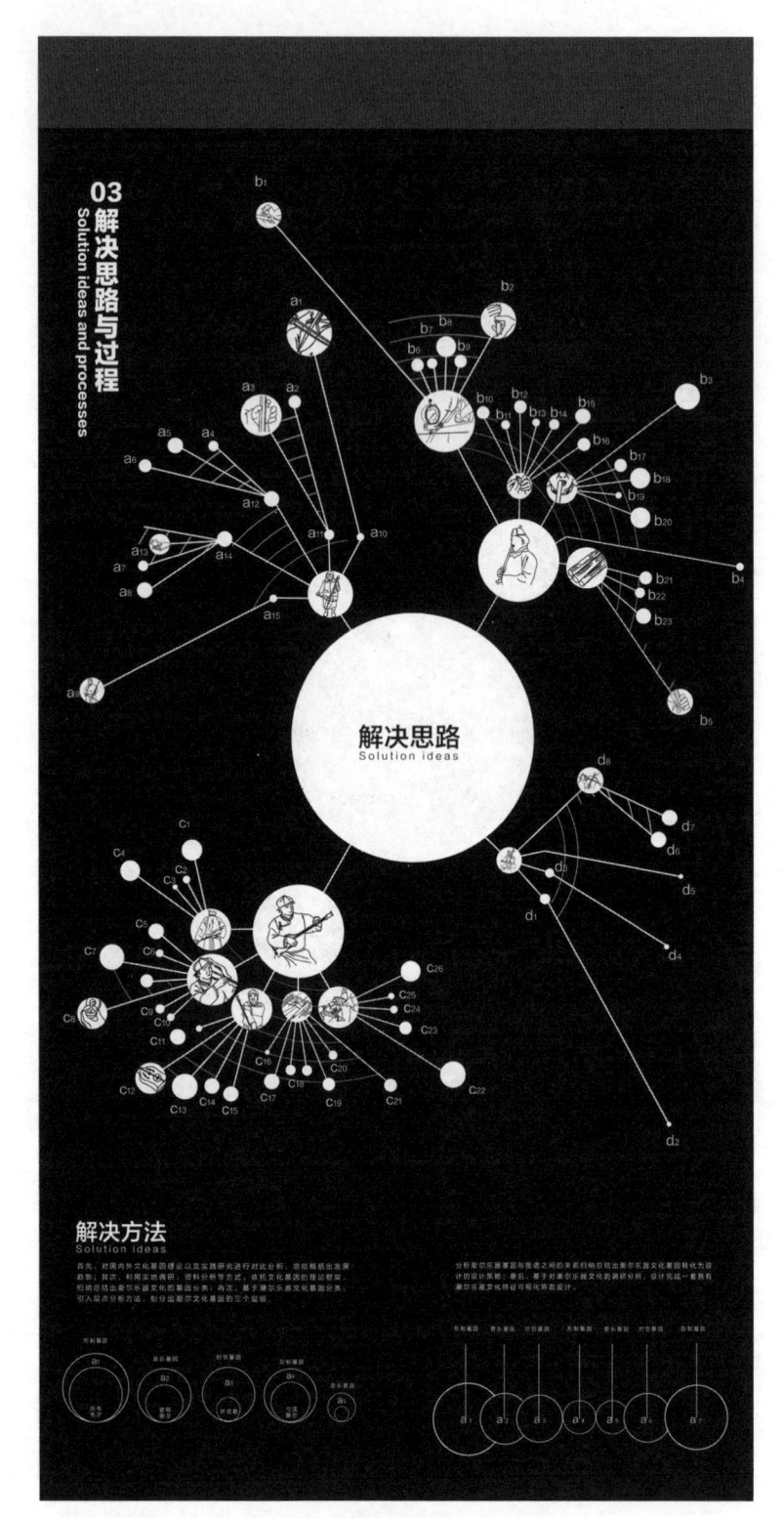

图5-17 潮尔乐器文化基因图谱构建与可视化设计（二）

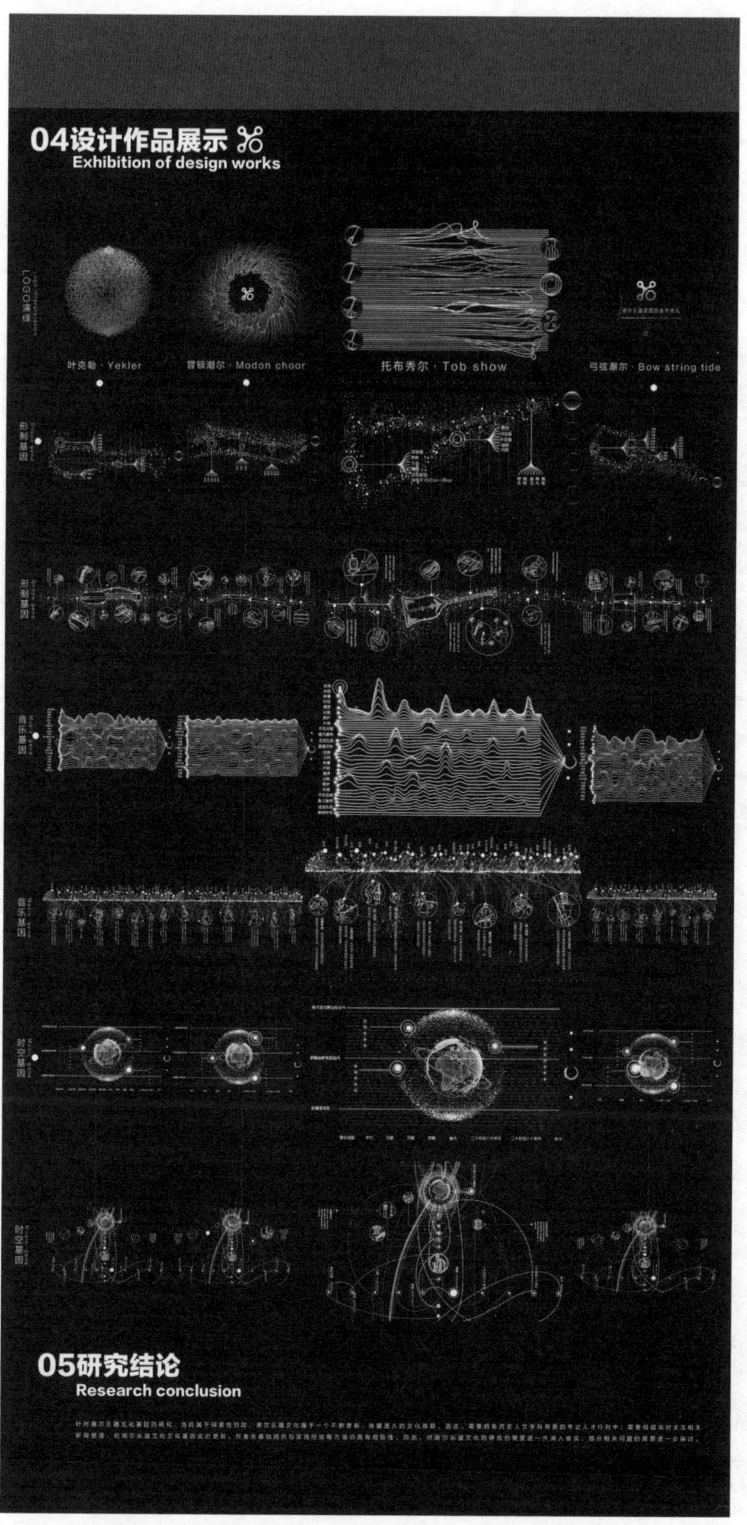

图5-18 潮尔乐器文化基因图谱构建与可视化设计(三)

三、基于知识因子平面媒介

第三部分传统纸质媒介可视化主要展示了潮尔乐器的可视基本构造、发声原理、制作流程、指法图解、演奏姿势5个方面，这里以托布秀尔和冒顿潮尔为例（图5-19～图5-25）。通过实地调研中国国家博物馆、甘肃省博物馆、兰州非物质文化遗产陈列馆、内

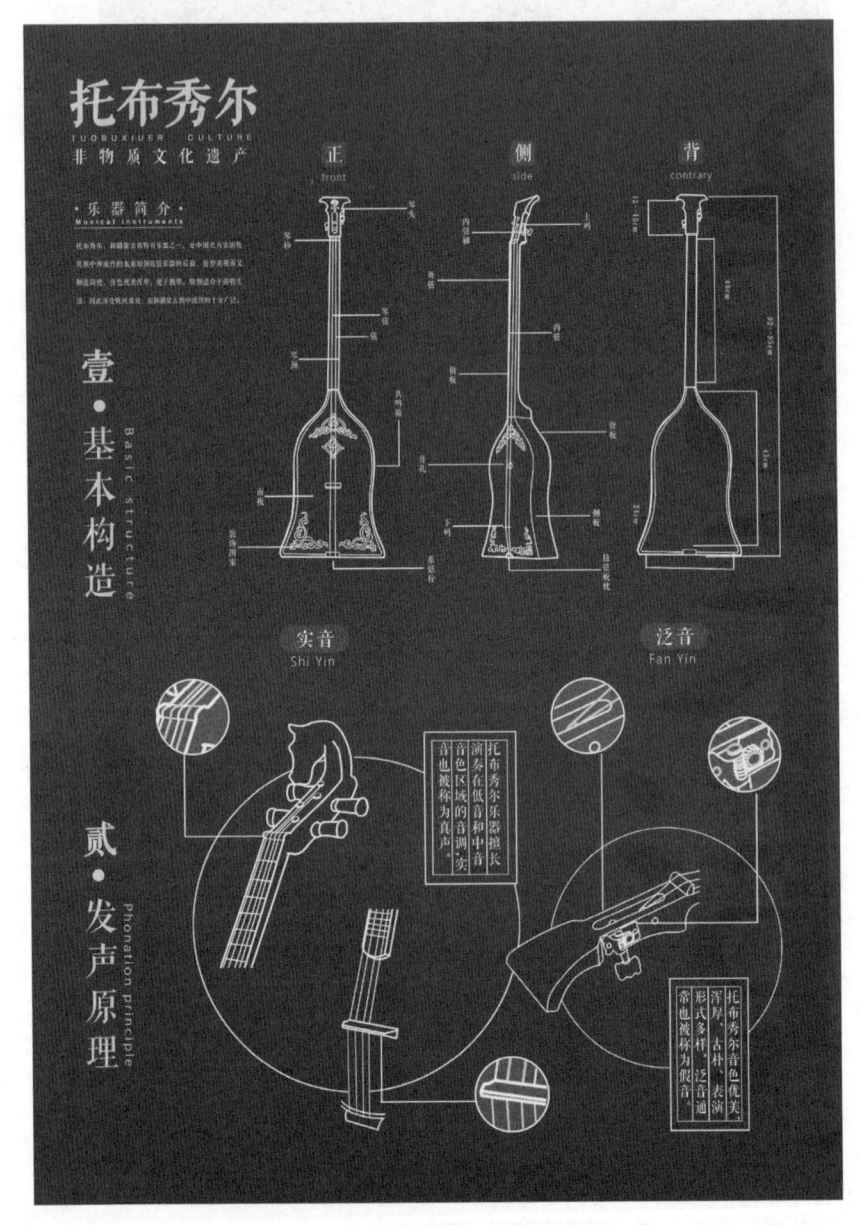

图5-19 潮尔乐器可视化——托布秀尔（一）

蒙古马头琴艺术博物馆，了解潮尔乐器获取相关研究数据。通过田野调查以及文献梳理为传统纸质媒介可视化提供了基础，也为本次设计带来了灵感。具体设计流程如下：先确定设计对象的形状、构造、颜色等特征，然后根据前期田野调研中得来的数据完善设计对象的各部分细节，最后通过图谱可视化的方式展示潮尔乐器。

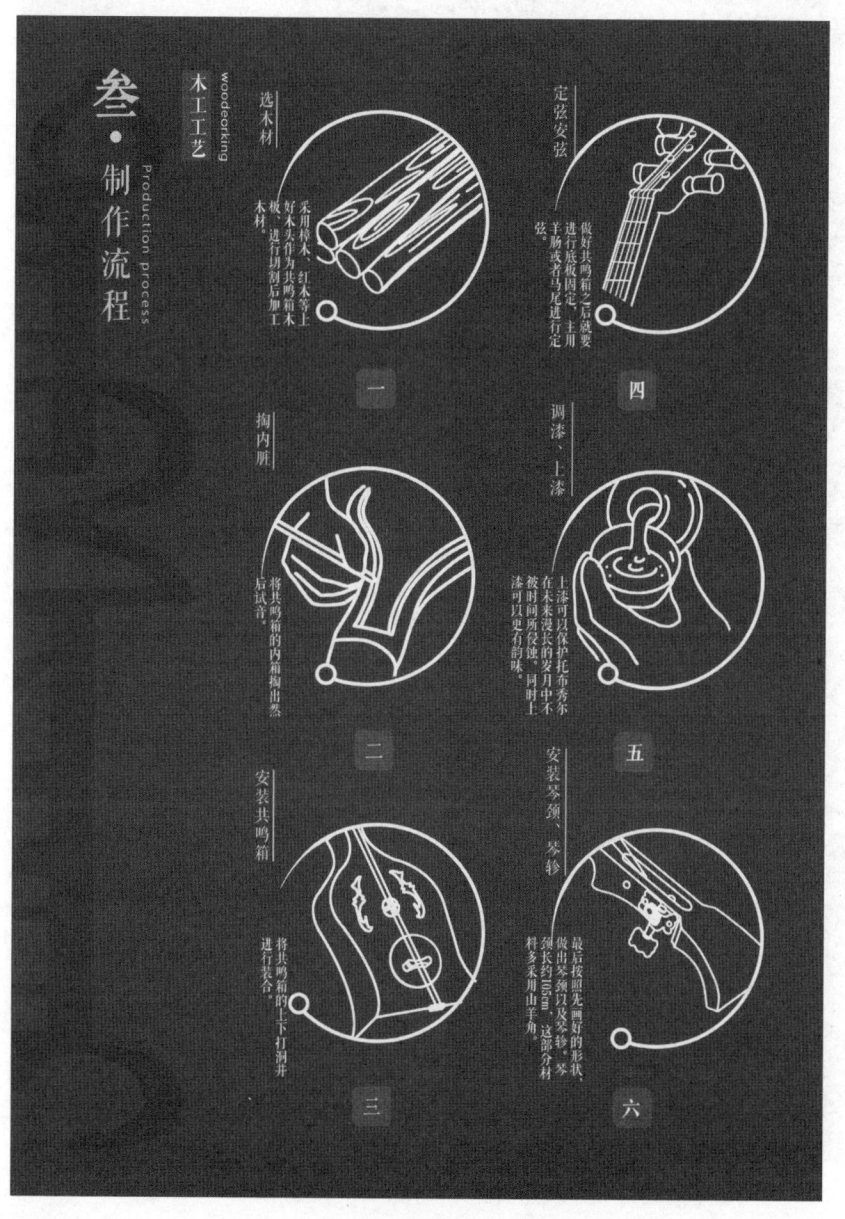

图5-20 潮尔乐器可视化——托布秀尔（二）

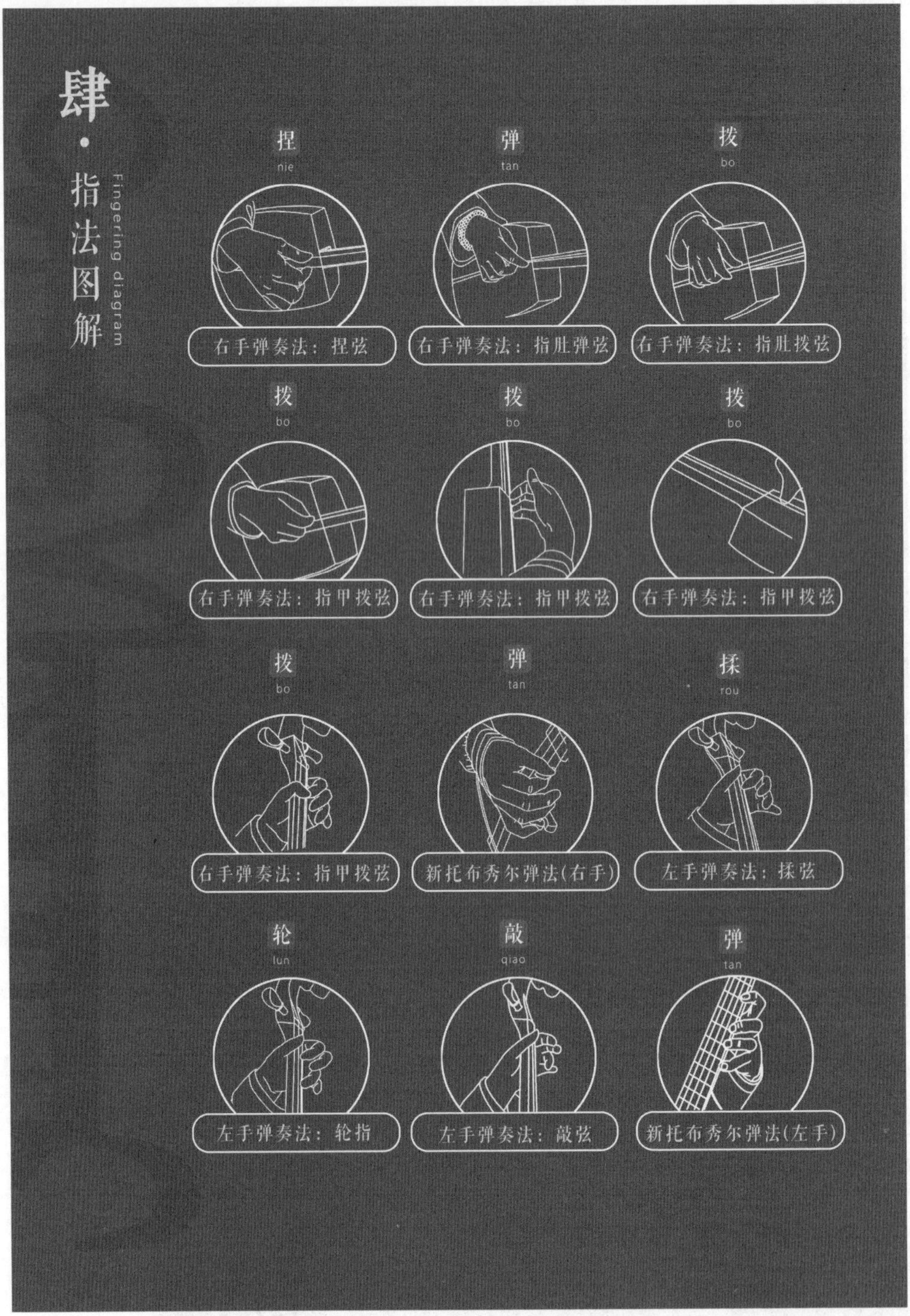

肆・指法图解
Fingering diagram

捏 nie	弹 tan	拨 bo
右手弹奏法：捏弦	右手弹奏法：指肚弹弦	右手弹奏法：指肚拨弦

拨 bo	拨 bo	拨 bo
右手弹奏法：指甲拨弦	右手弹奏法：指甲拨弦	右手弹奏法：指甲拨弦

拨 bo	弹 tan	揉 rou
右手弹奏法：指甲拨弦	新托布秀尔弹法（右手）	左手弹奏法：揉弦

轮 lun	敲 qiao	弹 tan
左手弹奏法：轮指	左手弹奏法：敲弦	新托布秀尔弹法（左手）

图5-21　潮尔乐器可视化——托布秀尔（三）

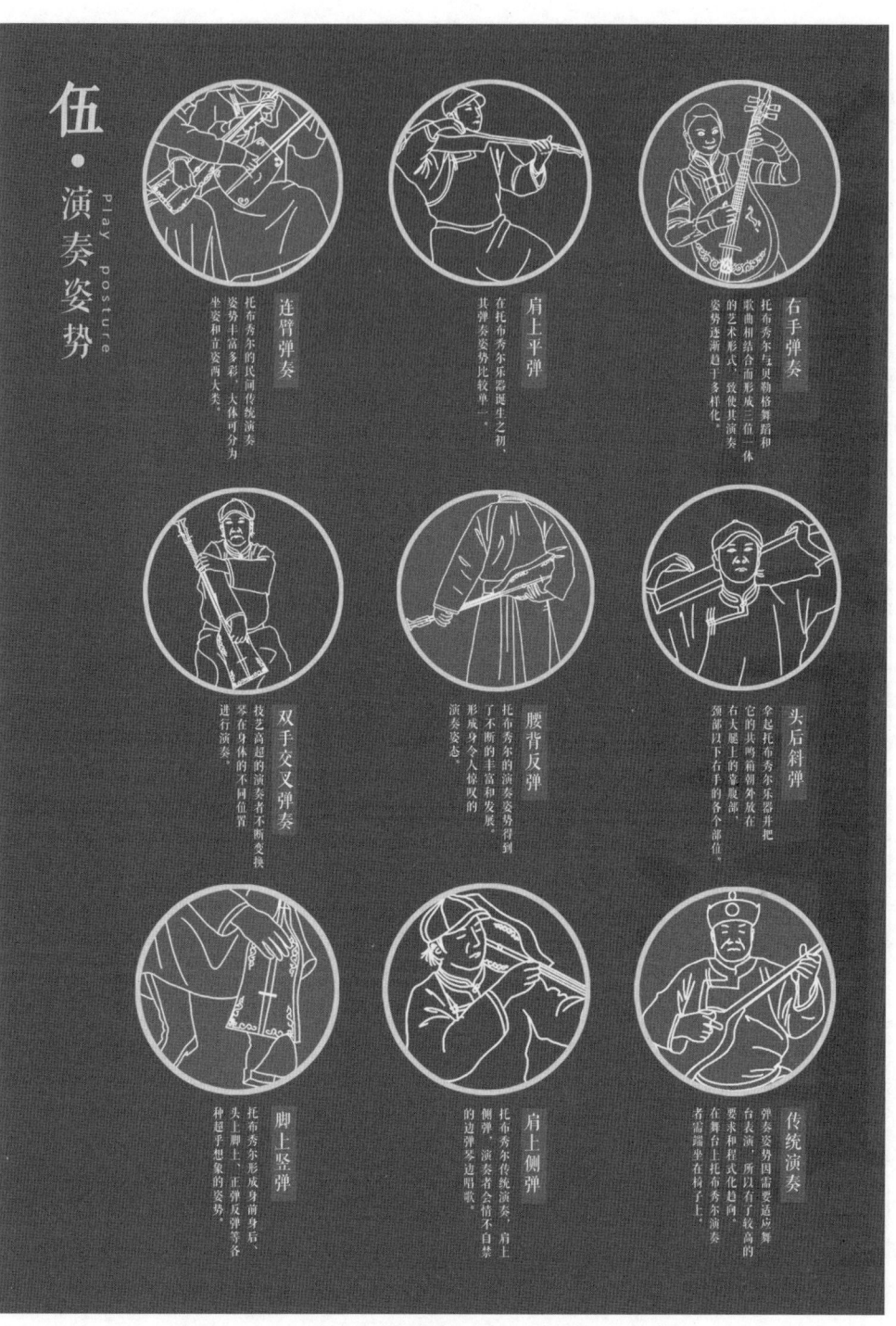

伍 · 演奏姿势
Play posture

连臂弹奏
托布秀尔的民间传统演奏姿势丰富多彩，大体可分为坐姿和立姿两大类。

肩上平弹
在托布秀尔乐器诞生之初，其演奏姿势比较单一。

右手弹奏
托布秀尔与贝勒格舞蹈和歌曲相结合而形成三位一体的艺术形式，致使其演奏姿势逐渐趋于多样化。

双手交叉弹奏
技艺高超的演奏者不断变换，琴在身体的不同位置进行演奏。

腰背反弹
托布秀尔的演奏姿势得到了不断的丰富和发展，形成身令人惊叹的演奏姿态。

头后斜弹
拿起托布秀尔乐器并把它的共鸣箱朝外放在右大腿上的靠腹部，强部以下右手的各个部位。

脚上竖弹
托布秀尔形成身前身后，头上脚上、正弹反弹等各种超乎想象的姿势。

肩上侧弹
托布秀尔传统演奏，肩上侧弹，演奏者会含情不自禁的边弹琴边唱歌。

传统演奏
弹奏姿势因需要适应舞台表演，所以有了较高的要求和程式化趋向。在舞台上托布秀尔演奏者需端坐在椅子上。

图5-22 潮尔乐器可视化——托布秀尔（四）

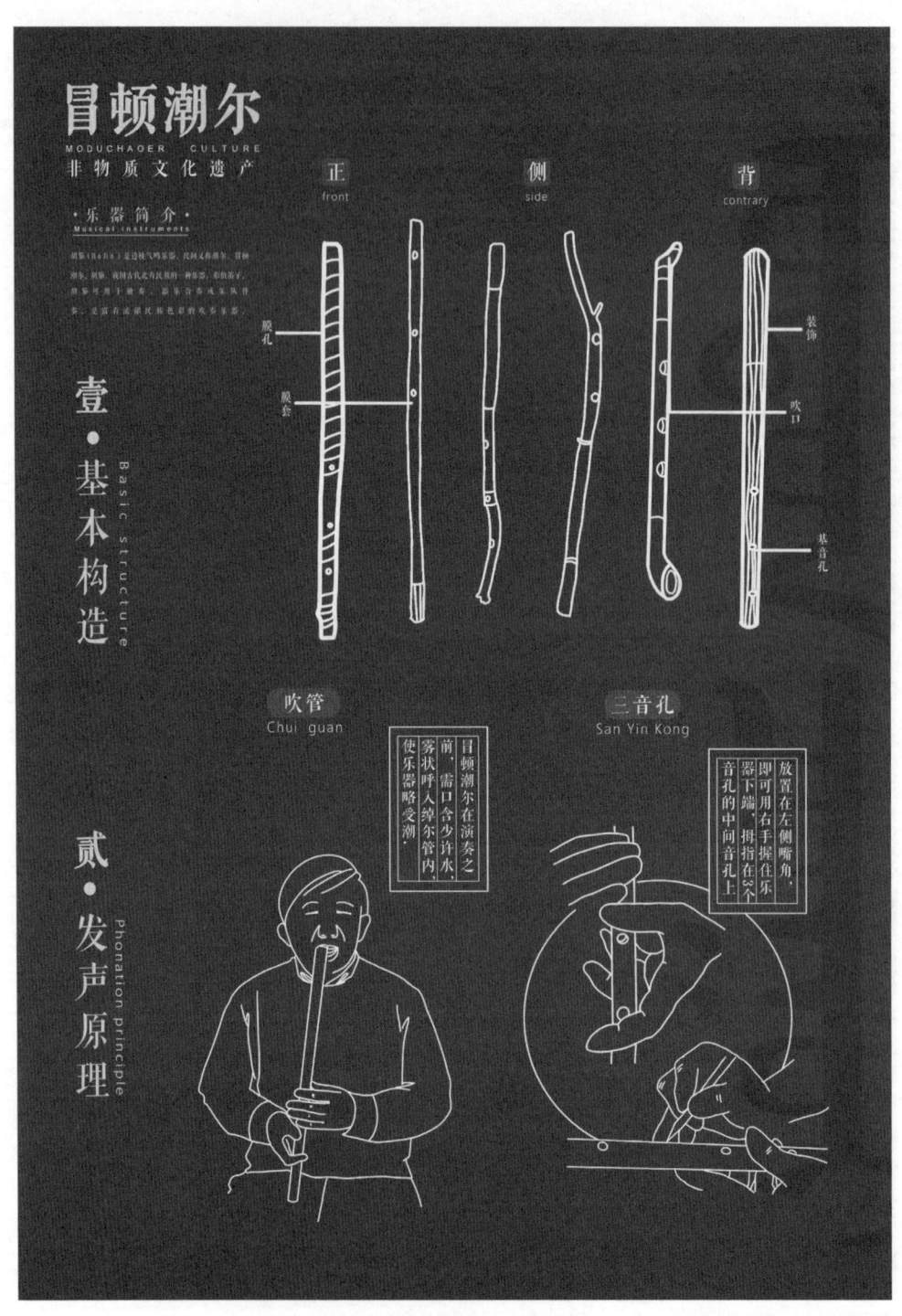

图5-23 潮尔乐器可视化——冒顿潮尔（一）

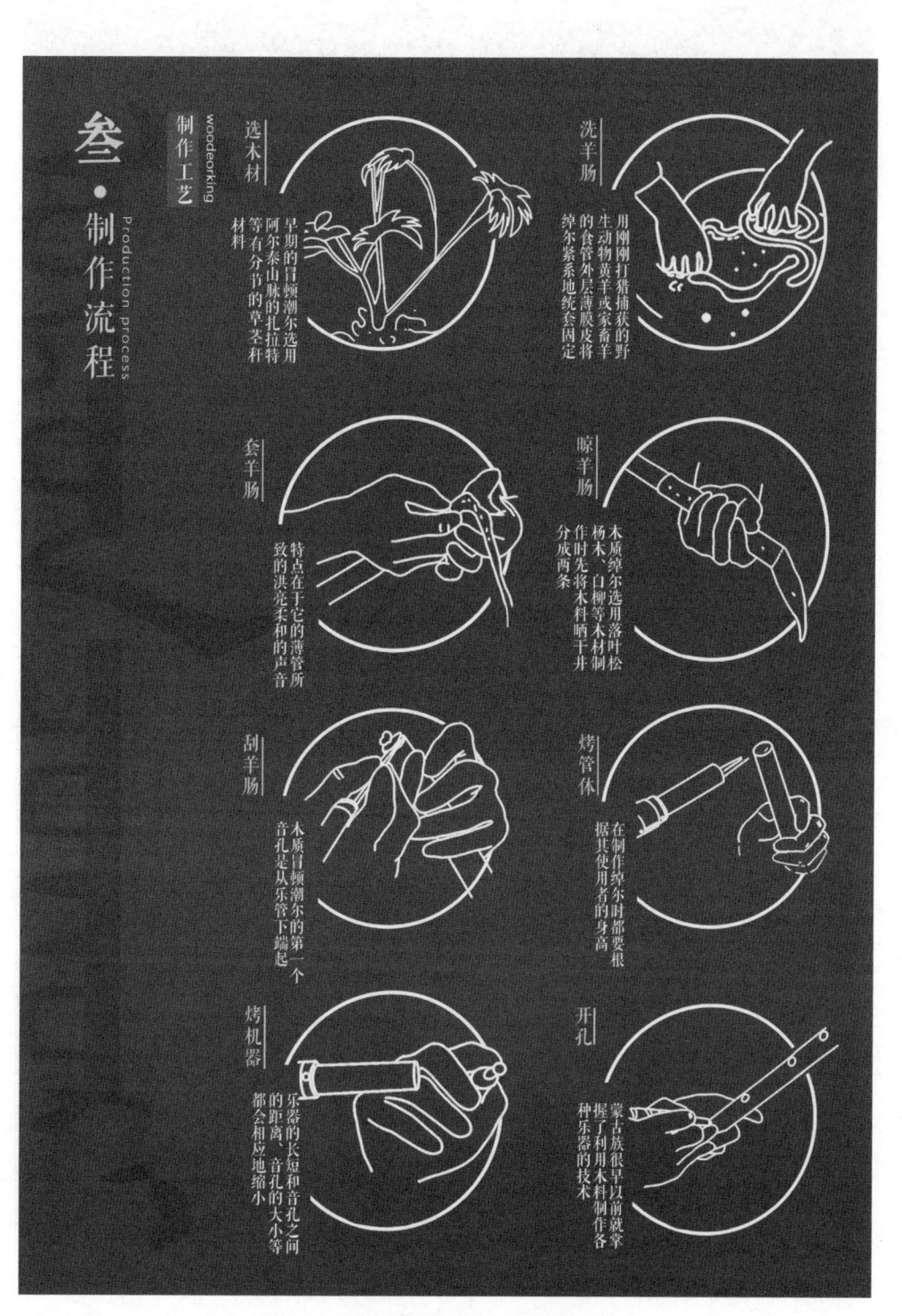

叁·制作流程
Production process

制作工艺 woodworking

选木材
早期的冒顿潮尔选用阿尔泰山脉的扎拉特等有分节的草茎秆材料

洗羊肠
用刚刚打猎捕获的野生动物黄羊或家畜羊的食管外层薄膜皮将绰尔紧系地统套固定

套羊肠
特点在于它的薄管所致的洪亮柔和的声音

晾羊肠
木质绰尔选用落叶松、杨木、白柳等木材制作时先将木料晒干并分成两条

刮羊肠
木质冒顿潮尔的第一个音孔是从乐管下端起

烤管体
在制作绰尔时都要根据其使用者的身高

烤机器
乐器的长短和音孔之间的距离、音孔的大小等都会相应地缩小

开孔
蒙古族很早以前就掌握了利用木料制作各种乐器的技术

图5-24 潮尔乐器可视化——冒顿潮尔（二）

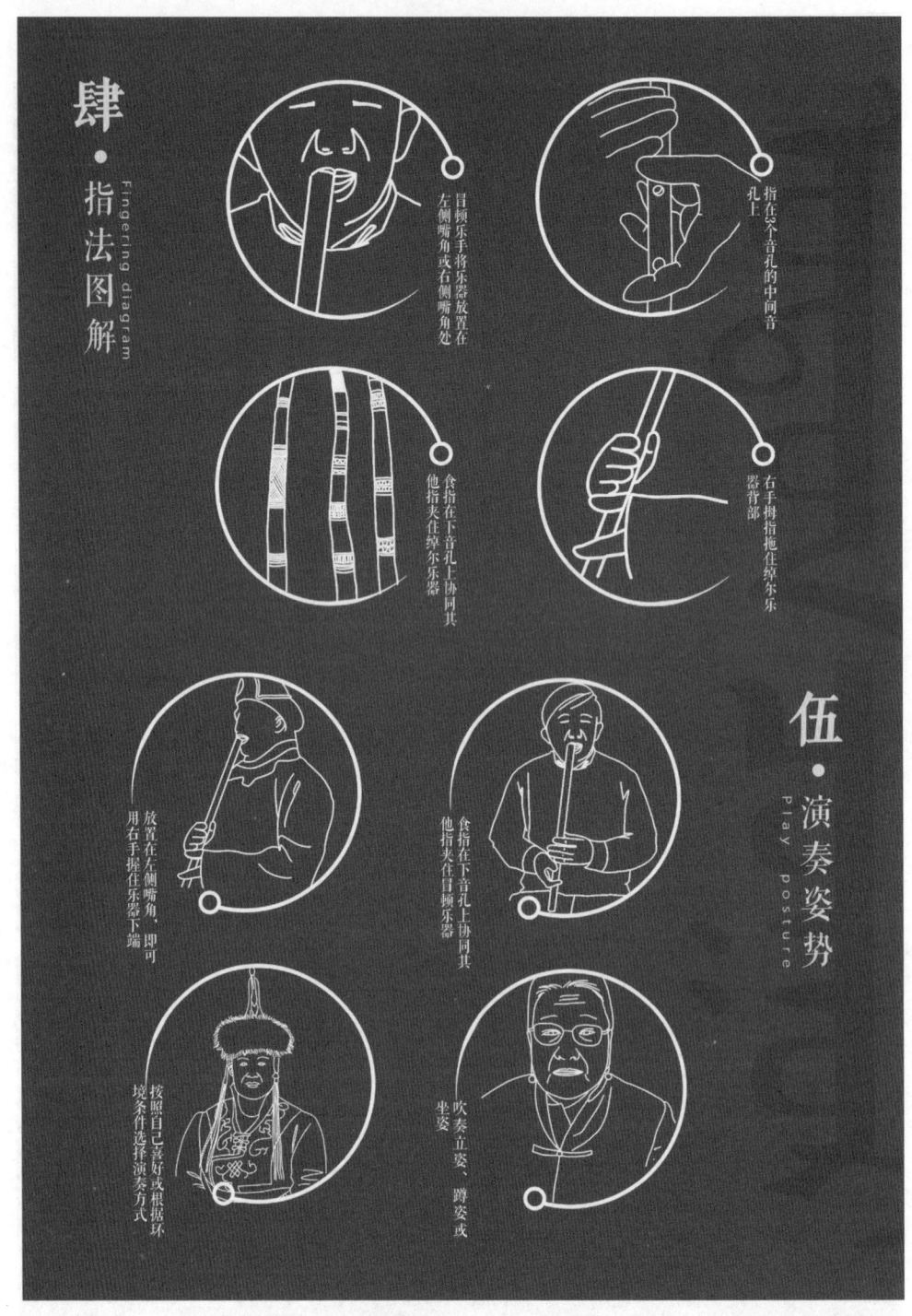

肆·指法图解 Fingering diagram

- 冒顿乐手将乐器放置在左侧嘴角或右侧嘴角处
- 指在这个音孔的中间音孔上
- 食指在下音孔上协同其他指夹住绰尔乐器
- 右手拇指拖住绰尔乐器背部

伍·演奏姿势 Play posture

- 放置在左侧嘴角，即可用右手握住乐器下端
- 食指在下音孔上协同其他指夹住冒顿乐器
- 按照自己喜好或根据环境条件选择演奏方式
- 吹奏立姿、蹲姿或坐姿

图5-25 潮尔乐器可视化——冒顿潮尔（三）

研究结论与展望

文化遗产并非仅是传统社会的遗留物，而是区域社会民众共享的公共文化。因此文化遗产的保护应该立足于其公共文化的属性，通过契合当下社会的保护措施，恢复其公共文化的属性，在社会运行中实现文化遗产传承的意义应用。遗产基因"智绘"论，在文化遗产保护方面，主要体现在文化遗产数字化从"数据导向"转变为"计算导向"；在文化遗产创新应用方面，主要体现在文化遗产从"文化表皮"的保护，遗产基因"价值数据"的聚类，结合遗产基因"智绘"论上述价值，本研究有以下观点：

1.智能化作为数字化的新手段，是世界走向全球化进程中解决文化遗产没落问题的重要手段之一。

文化遗产的传承随着工业革命变革经历了工业时代、信息时代到智能时代的转换。工业时代由于工业文明和物质生活方式的冲突，使得传统的文化传承与发展进入困境，其保护和开发呈现完全分离状态，孤立存在。在物质文化遗产方面保护与传承手段受全球化影响而逐渐同质化。在非物质文化遗产方面，众多手工艺传承方式与全球化背景相冲突，传承技艺被破坏，众多手工技艺和口传文化随着民间老艺人的陆续离世而销声匿迹。智能时代的大数据、人工智能、5G等技术的成熟，让文化遗产的保护和发展也进入了智能时代。人工智能技术具有"深度学习、跨界融合、人机协同、群智开放、自主智能"的特点，这些特点可以让文化遗产保护和开发流程发生质的变化。

2.文化基因价值流变是文化遗产保护与发展的遗传、改良、重组路径。

文化遗产作为民族或族群文化传承的证明，承载着文化生命赖以延续的遗传信息，如同生物基因一样，有其基因单位和文化基因属性。文化基因携带了丰富的文化遗产遗传信息以及文化初始密码（即文化演化发展的规律），是由人类历史演化过程中群体在生活、劳动及生产过程中的成果,是促进人类社会存在、发展和变革的强劲驱动力,是文化价值和内涵、文化内部性和外部性动力等诸因素、要点及其功能和作用的整合,是人类社会文化系统中全部特征的组合表达。文化基因能够清晰地反映出文化遗传信息构成,并以具象或抽象的文化形态在历史发展中进行传承、发展和变革。多数情况下,文化基因通常以一种集体意识或无意识、精神力量和意识形态的方式进行表现,因此,具有无形性、普遍性、特定性和遗传性。

3.基于文化基因的遗产知识图谱是文化遗产智能化保护与发展的重要复兴之道。

建立在认同文化基因与生物基因都是"复制因子"的基础上,将文化基因作为传承文化的最基本的要素,认同文化基因在文化传播过程中具有和生物基因一样的传承和变异的特点。以人工智能的手段将其基因图谱绘制出来,以达到保护文化遗产的功能和意义。应用数据库系统、智能绘图、智能建模、智能影像等手段,在原真性的基础上多元化创新,促进文化遗产的基因更新和完善,拓展传播保护方式和途径,提高其应用价值。

遗产基因"智绘"论只是人工智能技术在文化遗产保护与发展创新应用方面的冰山一角。虽本研究在附录部分也尝试在遗产基因"智绘"论的基础上更多地涉及智能化应用技术、场景、策略的研究,但受限于时间和空间跨度太大,加之本研究是大的学科门类交叉,实在无法做全局整合的研究,故只对内蒙古非物质文化遗产的相关领域作了些许探索,有"管窥蠡测"之憾。机器学习、自然语言处理、语音识别、大数据处理以及VR/AR等人工智能技术,都是当前的热点,也为文化遗产保护与发展智能化广泛应用奠定基础。文化遗产智能化后,可以更多地融入基于内容数据化的系统,这些都更好地体现了文化遗产与信息技术的融合。当然人工智能技术也要辩证的去理解和应用,人工智能在某些方面已经超过了人脑在信息处理方面的能力,如记忆能力、计算能力等,但在许多方面,却仍然逊色于人脑,如文字识别、语音识别、模糊判断、模糊推理等。另外,人工智能还存在诸如泛审美、伦理、版权等问题,但不可否认的是人工智能技术逐渐进入到社会生活的方方面面，在文化遗产保护与发展方面当然也不例外。如果还是把文化遗产数字化定义在传统的技术层面势必会更加落后，要强调创新应用，不仅仅是图形图像、文创产品、旅游纪念品的创新，更要利用先进的智能化手段思考商业模式的设计，思考能否基于人工智能技术用服务设计、社会设计层面解决非物质文化遗产保护与开发的社会问题。本研究在文化遗产保护智能应用发展对策领域的研究甚至连"抛砖引玉"都谈不上，希望未来有更多的交叉学科的专家、学者产出更有广度和深度的研究成果。

参考文献

[1] 满涛. 别林斯基选集. 第四卷 [M]. 上海:上海译文出版社,1991.

[2] 袁运开,顾明远. 科学技术社会辞典·生物 [M]. 杭州:浙江教育出版社,1991.

[3] 潘其旭. 壮族歌圩研究 [M]. 南宁:广西人民出版社,1991.

[4] 贺淹才. 简明基因工程原理 [M]. 北京:科学出版社,1998.

[5] 纳日碧力戈. 现代背景下的族群建构 [M]. 昆明:云南教育出版社,2000.

[6] 石教英. 虚拟现实基础及实用算法 [M]. 北京:科学出版社,2002.

[7] 魏海坤. 神经网络结构设计的理论与方法 [M]. 北京:国防工业出版社,2005.

[8] 中国民族民间文化保护工程国家中心. 中国民族民间文化保护工程普查工作手册 [M]. 北京:文化艺术出版社,2005.

[9] 向云驹. 人类口头和非物质遗产 [M]. 银川:宁夏人民教育出版社,2006.

[10] 布仁白乙. 蒙古族传统乐器 [M]. 呼和浩特:内蒙古大学出版社,2007.

[11] 王文章. 非物质文化遗产概论 [M]. 北京:教育科学出版社,2008.

[12] 苑利. 非物质文化遗产学 [M]. 北京:高等教育出版社,2009.

[13] 李立新. 设计艺术学研究方法 [M]. 南京:江苏凤凰美术出版社,2009.

[14] 鲁东明,潘云鹤. 文化遗产的数字化保护技术与应用 [M]. 杭州:浙江大学出版社,2009.

[15] 王耀希. 民族文化遗产数字化 [M]. 北京:人民出版社,2009.

[16] 郭长风. 文化基因论 [M]. 北京:中国经济出版社,2012.

[17] 周明全. 文化遗产数字化保护技术 [M]. 北京:高等教育出版社,2012.

[18] 中国艺术人类学学会.非物质文化遗产与艺术人类学[M].北京:学苑出版社,2012.

[19] 方李莉,李修建.艺术人类学[M].北京:生活·读书·新知三联书店,2013.

[20] 郝建平.内蒙古历史文化遗产的保护与利用研究[M].北京:中国社会科学出版社,2013.

[21] 杨红.非物质文化遗产数字化研究[M].北京:社会科学文献出版社,2014.

[22] 陈永志,吉平,张文平.内蒙古文化遗产丛书[M].北京:文物出版社,2014.

[23] 钟守楠,高成修.运筹学理论基础[M].武汉:武汉大学出版社,2005.

[24] 费孝通.中华民族多元一体格局[M].北京:中央民族大学出版社,2018.

[25] 王东,利节,许莎.人工智能[M].北京:清华大学出版社,2019.

[26] 覃京燕.文化遗产保护中的信息可视化设计方法研究[D].北京:清华大学,2006.

[27] 关芳芳.非物质文化遗产濒危评价及旅游开发活化研究[D].广州:暨南大学,2009.

[28] 黄小娟.少数民族非物质文化遗产传承人的权利探析[D].北京:中央民族大学,2010.

[29] 刘沛林.中国传统聚落景观基因图谱的构建与应用研究[D].北京:北京大学,2011.

[30] 毕研娜.非物质文化遗产虚拟旅游产品开发研究[D].青岛:青岛大学,2012.

[31] 于潇翔.严肃游戏在非物质文化遗产保护中的应用与研究[D].北京:北京林业大学,2015.

[32] 何思颖.当代国产非物质文化遗产纪录片创作研究[D].重庆:重庆大学,2017.

[33] 霍艳虹.基于"文化基因"视角的京杭大运河水文化遗产保护研究[D].天津:天津大学.2017.

[34] 文静.基于"文化遗产基因链"视角下遗址文化文化遗产基因图谱构建及旅游展示的原理[D].西安:西北大学,2017.

[35] 田晨曦.基于文化遗产基因图谱的古村落风貌修复与活化利用研究[D].杭州:浙江农林大学,2019.

[36] 梁思成.闲话文物建筑的重修与维护[J].文物,1963(7):5-10.

[37] 刘长林.宇宙基因·社会基因·文化基因[J].哲学动态,1988(11):29-32.

[38] 费孝通.中华民族的多元一体格局[J].北京大学学报(哲学社会科学版),1989(4):3-21.

[39] 刘植惠.知识基因探索(一)[J].情报理论与实践,1998(1):63-65.

[40] 费孝通.简述我的民族研究经历与思考[J].中央民族大学学报(哲学社会科学版),2000(1):5-13.

[41] 刘刚,鲁东明.敦煌壁画的数字化[J].敦煌研究,2003,80(4):102-104.

[42] 乌丙安.非物质文化遗产保护中文化圈理论的应用[J].江西社会科学,2005(1):102-106.

[43] 彭冬梅,潘鲁生,孙守迁.数字化保护:非物质文化遗产保护的新手段[J].美术研究,2006(1):47-51.

[44] 申秀英,刘沛林,邓运员,等.文化遗产基因图谱:聚落文化遗产区系研究的一种新视角[J].辽宁大学学报(哲学社会科学版),2006(3):143-148.

[45] 朱林,许馨.论图书馆数字资源典藏管理政策[J].情报资料工作,2006(6):49-52.

[46] 张松.文化生态的区域性保护策略探讨:以徽州文化生态保护实验区为例[J].同济大学学报:社会科学版,2009(3):28-35.

[47] 吴燕琼.国内近五年来模因论研究述评[J].福州大学学报(哲学社会科学版),2009,23(3):81-84.

[48] 胡最,刘沛林,申秀英,等.古村落文化遗产基因图谱的平台系统设计[J].地球信息科学学报,2010,12(1):83-88.

[49] 许宪隆,袁年兴.中华民族的多元一体与各民族的共生互补——兼论"第二代民族政策"[J].中南民族大学学报:人文社会科学

版,2012(5):13-19.

[50] 王彬,刘莎."基因图谱"视角下闽台石器时代文化空间结构分析[J].地理科学,2012,32(5):584-590.

[51] 许宪隆,袁年兴.中华民族的多元一体与各民族的共生互补——兼论"第二代民族政策"[J].中南民族大学学报:人文社会科学版,2012(5):13-19.

[52] 余日季,唐存琛,胡书山.基于AR技术的文化旅游商品创新设计与开发研究[J].艺术百家,2013,29(4):181-185.

[53] 王晓光,徐雷,李纲.敦煌壁画数字图像语义描述方法研究[J].中国图书馆学报,2014,40(1):50-59.

[54] 达妮莎,李晓斌.非物质文化遗产的网络传播空间和场域[J].大连理工大学学报(社会科学版),2014,35(2):120-125.

[55] 赵鹤龄,王军,袁中金,等.文化基因的谱系图构建与传承路径研究——以古滇国文化基因为例[J].现代城市研究,2014(5):90-97.

[56] 刘春玲.内蒙古非物质文化遗产生态保护与传承的研究价值和意义[J].前沿,2015(7):101-104.

[57] 佘双好,李秀.论中华传统文化的精神基因[J].新疆师范大学学报(哲学社会科学版),2015,36(4):51-56+2.

[58] 夏翠娟,张磊.关联数据在家谱数字人文服务中的应用[J].图书馆杂志,2016(10):26-34.

[59] 刘仲林.中西会通创造学:建设兼有两大文化基因的新文化[J].天津师范大学学报(社会科学版),2017(1):1-5.

[60] 霍艳虹,曹磊,杨冬冬.京杭大运河文化基因的提取与传承路径理论探析[J].建筑与文化,2017(2):59-62.

[61] 刘春玲.内蒙古非物质文化遗产的结构类型与空间分布研究[J].内蒙古社会科学(汉文版),2017,38(5):192-199.

[62] 李志春,张路得.国家级非遗"包头剪纸"文化衍生产品设计[J].包装工程,2018,39(22):205-212.

[63] 程秀峰,张小龙,翟姗姗.虚拟现实技术在非遗信息资源展示中的应用调查研究[J].数字图书馆论坛,2019(1):37-42.

[64] 徐望. 以文化消费促进少数民族文化传承发展的路径探索 [J]. 民族艺术研究, 2019, 32(4): 148-156.

[65] 王鑫, 邹磊, 王朝坤, 等. 知识图谱数据管理研究综述 [J]. 软件学报, 2019, 30(7): 2139-2174.

[66] 侯西龙, 谈国新, 庄文杰, 等. 基于关联数据的非物质文化遗产知识管理研究 [J]. 中国图书馆学报, 2019, 45(2): 88-108.

[67] 徐悬, 刘键, 严扬, 等. 智能化设计方法的发展及其理论动向 [J]. 包装工程, 2020, 41(4): 10-19.

[68] 韩海燕. 人工智能在非物质文化遗产保护与创新设计中的应用研究 [J]. 艺术与设计(理论), 2020, 2(8): 73-75.

[69] 曾熙, 谭旭, 王晓光. 文化遗产大数据二维分类框架研究 [J]. 图书情报知识, 2020(1): 84-93.

[70] 李冬梅, 张扬, 李东远, 等. 实体关系抽取方法研究综述 [J]. 计算机研究与发展, 2020, 57(7): 1424-1448.

[71] 刘甜, 林家阳. 文化基因视域下文旅特色小镇品牌塑造实践研究 [J]. 包装工程, 2020, 41(2): 89-96.

[72] 许春晓, 何玲玲, 张静静. 中国文化遗产民族结构演进及其影响因素 [J]. 地理科学, 2021, 41(2): 207-214.

[73] Gatys L A, Ecker A S, Bethge M. A Neural Algorithm of Artistic Style[J]. Journal of Vision, 2015.

[74] Toivonen H, Gross O. Data mining and machine learning in computational creativity[J]. Wiley Interdisciplinary Reviews Data Mining & Knowledge Discovery, 2015, 5(6): 265-275.

[75] Quillian M R. Semantic Memory – ScienceDirect[J]. Readings in Cognitive Science, 1988, 313(8118): 80-101.

[76] Horn H, Schoof E M, Kim J, etal. KinomeXplorer: an integrated platform for kinome biology studies[J]. Nature Methods, 2014, 11(6): 603-604.

[77] He L, Shao B, Li Y, et al. Stylus: A Strongly-Typed Store for Serving Massive RDF Data[J]. Proceedings of the VLDB Endowment, 2017, 11(2): 203-216.

[78]Cox R J. Digital Curation and the Citizen Archivist[J]. digital curation practice promises & prospects, 2009(8): 102-109.

[79]朱松纯.浅谈人工智能:现状·任务·构架与统一[EB/OL].(2022-04-08)[2022-06-13].

附录 1
内蒙古文化遗产保护与智能应用对策报告

党的十九大报告明确指出要："坚定文化自信，推动社会主义文化繁荣兴盛。"2020年2月中共中央办公厅、国务院办公厅印发了《关于实施中华优秀传统文化传承发展工程的意见》指出："要大力保护和传承文化遗产。"2017年7月，国家发布《文化部关于推动数字文化产业创新发展的指导意见》中提出："实施数字内容创新发展工程，鼓励对非物质文化遗产等文化资源进行数字化转化和开发，实现优秀传统文化的创造性转化和创新性发展。"

文化遗产数字化涉及多个领域，是典型的交叉学科。随着人类社会逐步迈入智能时代，大数据、人工智能、5G等技术的成熟，让文化遗产保护和发展也进入了智能时代。2019年全国两会中，将人工智能技术写入了政府工作报告，这表明了人工智能技术已经进入了国家战略层面的部署当中。

一、民族文化遗产的多元一体

中华民族优秀传统文化的传承保护和民族文化的创新交融，既是中华民族文化史表现的事实逻辑，也是一个永恒的话题，更是中华民族多元一体文化格局的客观表现。中华民族文化遗产，是各民族共同创造的优秀传统文化的精华，是中华民族共同体意识的基础。全面建构科学的、多元一体的中华民族文化遗产保护格局，是实现中华民族伟大复兴的中国梦的重要工作。细致思辨各类文化遗产类别属性，梳理国家级文化遗产的保护载体及其基本单元，从整体上探究其民族结构演进特征及影响因素，为进一步优化文化遗产传承保护的多元一体格局提供理论依据，为推进各民族文化繁荣和民族团结提供依据。

（一）文化遗产的民族结构

中华民族多元一体格局理论对中国文化遗产民族结构及其演进有良好的解释意义：①多元一体格局中，56个民族是基层，中华民族是高层；②多元一体格局是一个由分散的多元结合成一体的过程，其中，汉族起着凝聚核心作用；③不同层次的认同可以并存不悖，在不同层次认同基础上可以各自发展原有的特点，形成多语言、多文化的整体❶。各民族文化共存与相互尊重是多元一体格局中内在的秩序规律❷。

1.文化遗产民族结构演进特征

（1）各类民族属性文化遗产演进总特征

依据中国文化遗产统计数据显示，1989年至今汉族文化遗产、少数民族文化遗产和民族交融文化遗产占所有文化遗产的份额为：汉族文化遗产份额从55.27%下降到47.36%；少数民族文化遗产份额从13.76%波动上升到17.75%；民族交融文化遗产份额从30.97%持续上升到34.89%❸。

从全国文物保护单位的民族属性看，汉族文物保护单位占比较大，民族交融文物保护单位次之，少数民族文物保护单位占比较小。汉族文物保护单位份额从55.27%下降到44.27%；少数民族文物保护单位份额从13.76%下降到11.35%；民族交融文物保护单位份额从30.97%持续上升到44.38%，文物保护单位是历史时期形成的以物质为载体的综合性文化遗产，民族交融份额的明显上升反映了历史时期客观存在大量的民族间文化交流互鉴事实。

从国家级博物馆的民族属性看，民族交融属性的国家级博物馆单位成为绝对优势。民族交融属性国家级博物馆份额从92.62%上升到94.44%。国家级博物馆是可移动文物的主要收藏单元，多数

---

❶ 费孝通.中华民族的多元一体格局[J].北京大学学报哲学社会科学版,1989(4):19.
❷ 许宪隆,袁年兴.中华民族的多元一体与各民族的共生互补——兼论"第二代民族政策"[J].中南民族大学学报:人文社会科学版,2012(5):13–19.
❸ 许春晓,何玲玲,张静静.中国文化遗产民族结构演进及其影响因素[J].地理科学,2021,41(2):207–214.

位于中心城市，汇集着一定区域各民族的国宝级文物。这种可移动文物的集中保护方式，使国家级博物馆绝大多数具有民族交融属性，在国家级博物馆集中展示各民族的可移动优秀物质遗存，也是民族平等的体现。

从国家级非物质文化遗产的民族属性看，汉族非物质文化遗产占比较大，少数民族非物质文化遗产次之，民族交融文化遗产占比较小。汉族文化遗产份额从64.83%下降到64.78%；少数民族文化遗产份额从32.72%下降到32.50%；民族交融文化遗产份额从2.46%上升到2.71%。非物质文化遗产是历史时期形成的以人为本的活态文化遗产，其份额和中国的民族人口结构密切相关，民族交融属性的非物质文化遗产份额的上升明显反映了历史上各族人民在民间音乐、艺术、舞蹈等方面的互鉴融通。

（2）不同民族文化遗产数量和份额演进特征

查询国家级博物馆的民族属性发现，除专为纪念某位人物设立的，如鲁迅纪念馆等属于汉族国家级博物馆。绝大多数国家级博物馆是多个民族可移动文物的集中收藏和展示单位，属于民族交融文化遗产，所表现的交融化趋势明显。

具体考察全国文物保护单位和非物质文化遗产的民族属性。从文化遗产民族覆盖度看，文化遗产的民族结构多元化趋势十分明显。1989年以前，涵盖17个民族；1989年～1999年新增朝鲜族、羌族和土族文化遗产；1999年～2009年新增阿昌族、保安族、布朗族、德昂族、东乡族、独龙族、俄罗斯族、鄂伦春族、鄂温克族、高山族、哈尼族、赫哲族、基诺族、京族、景颇族、柯尔克孜族、拉祜族、黎族、傈僳族、珞巴族、毛南族、苗族、仫佬族、纳西族、怒族、普米族、撒拉族、水族、塔吉克族、塔塔尔族、佤族、乌孜别克族、瑶族、仡佬族、裕固族；2009至今新增门巴族，涵盖所有民族。从不同民族属性的文化遗产的份额看，表现出均衡化趋势。

文化遗产覆盖的民族数量演进表现的多元化，各民族文化遗产份额变化表现的均衡化，越来越凸显民族文化平等。

（3）不同民族属性文化遗产的分布演进特征

查询不同民族属性的文化遗产的分布广度发现，总体上，不同民族属性的文化遗产分布广度指数提高，分布的水平广泛提升。民族交融，汉族、回族、满族、锡伯族、瑶族、藏族、土家族、达斡尔族、侗族的文化遗产分布广度指数位列前10多。仫佬族、怒族、保安族、独龙族、高山族、基诺族、景颇族、门巴族、普米族、塔塔尔族的分布广度指数则位列后10名，集中分布在云南、贵州等少数民族聚居地。文化遗产空间上的分布状态和中国少数民族的大散居、小聚居、交错杂居的空间格局密切相关，反映了中国各民族文化孕育出的独特地域空间特征。其动态特征和中国各民族历史上既独立发展又相互交流的特征相呼应，同时也体现着政府高度重视各民族文化遗产的完整性、原真性保护和传承。

2.文化遗产民族结构演进影响因素

通过分析各民族文化遗产经济保障力度、政策支持力度及其人口在各民族文化遗产传承与保护中的作用，来对文化遗产民族结构演进影响进行探析。

（1）经济因素

经济发展水平是文化遗产传承与保护的重要支撑，经济的保障力度与民族文化遗产的保护规模息息相关。中华人民共和国成立以来，特别是改革开放以来，中国经济不断腾飞，为文化遗产的传承与保护提供保障，在贵州、青海、新疆等经济发展水平较低的少数民族集聚区，其文化遗产份额以较快的速度增加，中国少数民族文化遗产的整体份额从1989年至今呈上升趋势。

（2）政策因素

政策支持是文化遗产传承与保护的重要动力之一。中华人民共和国成立以来党和政府一直高度重视文化遗产的传承与保护。1950年《中华人民共和国土地改革法》明确规定了要保护名胜古迹及历史文物；1982年《中华人民共和国文物保护法》颁布，将文物保护单位、历史文化名城、图书馆、博物馆和其他收藏文物单位纳入文化遗产的传承与保护中，文化遗产的传承与保护政策开始体系化。到1989年，中国已公布全国文物保护单位共3批500处。

1990年~1999年，中国对各类文物管理工作出台规范性文件：1991年《关于全国重点文物保护单位保护范围、标志说明、记录档案和保管机构工作规范》、1995年《近现代体育文物征集管理办法》等。到1999年中国已公布全国文物保护单位共4批750处。

2000年~2009年，2005年《关于加强文化遗产保护的通知》公布，将非物质文化遗产纳入文化遗产保护体系，指出要重点扶持少数民族地区的非物质文化遗产保护工作；2009年《关于进一步繁荣发展少数民族文化事业的若干意见》指出，要结合第三次全国文物普查和非物质文化遗产普查，开展少数民族文化遗产调查登记工作，对濒危少数民族重要文化遗产进行抢救性保护。2009年中国已公布全国文物保护单位6批2352处，国家级非物质文化遗产及其拓展项目2批2118处，国家级博物馆542家。

2010年至今，各项政策法规的颁布让文化遗产保护体系越来越完善，2011年《中华人民共和国非物质文化遗产法》颁布，四川、甘肃、云南等地相继出台相应的地方性法规，让非物质文化遗产的传承与保护的政策体系不断健全；2012年《关于开展第一次全国可移动文物普查的通知》发布，辽宁、重庆、广东等省市制定关于可移动文物保护的地方性政策，可移动文物的保护政策体系不断完善。特别是自党的十八大做出"建设优秀文化传统体系，弘扬中华优秀传统文化"决策部署以来，国家文物局和各地方政府响应号召，出台一系列文化遗产保护政策。同时各级各项政策法规落实的叠加效果和累进效果不断凸显。到2019年，国家已公布全国文物保护单位8批5058处，国家级非物质文化遗产及其扩展项目4批3135项，国家级博物馆972家。

以10年段为单位进行分析，文化遗产传承与保护离不开政策因素的支撑，它作为文化遗产民族结构演进影响因素的关键性因素，其影响必不可忽视。

（3）人口因素

人口规模是民族文化遗产传承与保护的基础，人口规模与文化遗产规模显著相关。细观具体情况，中国文化遗产份额位居前10名的有汉族、藏族、蒙古族、满族、苗族、维吾尔族、回族、彝族、土家族，其民族人口数量都在30万以上。另外，壮族、布依族、哈萨克族、哈尼族、傈僳族、纳西族、水族、拉祜族、佤族、东乡族、布朗族等少数民族虽然人口份额有所下降，但文化遗产规模仍在扩大。

通过对文化遗产民族结构演进影响因素的梳理可知，中国文化遗产的民族结构的演进表现出多元一体格局：①中国文化遗产保护表现出明显的民族文化平等化趋势。汉族文化遗产份额下降，少数民族文化遗产份额波动上升，国家级文化遗产民族覆盖度逐年上升。1989年至今，文化遗产份额位居后10名的仫佬族、怒族、保安族、独龙族、高山族、基诺族、景颇族、门巴族、普米族、塔塔尔族的文化遗产份额波动上升，民族结构多元化趋势十分明显；②中国文化遗产保护表现出明显的民族文化原真化趋势。各民族文化遗产在各省份的分布广度趋于提高，越来越分散，特别是非物质文化遗产，不仅分布在少数民族聚集的省份，还分布在其他省份；③文化遗产保护表现出明显的民族文化交融化趋势。民族交融文化遗产度持续上升，不断向多元一体的结构演进。且各民族文化互鉴，表现出多元交融色彩，其中汉族是凝聚的核心力量。

（二）文化遗产民族结构的基因多元一体化

1."多元一体"的结构论

费孝通先生提出的中华民族多元一体格局理论是中国人类学、民族学整体性宏观研究的典范，其论述过多元的起源到新石器文化多元交融和汇集，接着又论述了凝聚核心汉族的出现和地区性的多元统一，以及中原地区民族大混杂、大融合，北方民族不断给汉族输入新的血液，同时又论述了汉族同样充实了其他民族，汉族的向南扩展和中国西部的民族流动。

结构论的本质在于：第一是中华民族是包括中国境内56个民族的民族实体，并不是把56个民族加在一起的总称，因为这些加在一起的56个民族已结合成相互依存的、统一而不能分割的整体。在这个民族实体里所有归属的成分都已具有高一层次的民族认同意识，即共休戚、共存亡、共荣辱、共命运的感情和道义。第二是形成多元一体格局是从分散的多元结合成一体的过程，在这过程中必须有一个起凝聚作用的核心。汉族就是多元基层中的一元，由于其发挥凝聚作用把多元结合成一体，这一体不再是汉族而成了中华民族，一个高层次认同的民族。第三是高层次的认同并不一定取代或排斥低层次的认同，不同层次可以并存不悖，甚至在不同层次的认同基础上可以各自发展原有的特点，形成多语言、多文化的整体。所以高层次的民族可以说实质上是个既一体又多元的复合体，其间存在着相对立的内部矛盾，是差异的一致，通过消长变化以适应于多变不息的内外条件，而获得这共同体的生存和发展❶。

中华民族的主流是由众多分散孤立存在的民族单位，经过往来、联结和融合，同时也有分裂和消亡，形成的互通有无，彼此交融而又各具个性的多元统一体。汉族不断吸收其他民族的精华成分而日益壮大，并渗入其他民族的聚居区，起着凝聚和联系作用的网络，奠定了以一个疆域内许多民族联合成的不可分割的统一基础，成为一个自在的民族实体，具有民族自觉的中华民族❷。从结构论角度入手，结合多元一体论，主要有以下观点：

一是可以从结构的角度解剖中华民族。从结构的角度切入，可以对中华民族进行学术解剖，从而可以分析中华民族的构成，对中华民族进行深层次的研究。这就是费先生所说的中华民族多元一体格局："多元一体格局中，56个民族是基层，中华民族是高层。"❸

二是可以从结构的深层次认识民族的整体性。从结构主义的整体性出发，中华民族是一个"多元一体"的整体，即中华各民族是"多元"，中华民族是"一体"。

三是可以从结构的可变性把握民族过程。所谓民族过程就是民族产生、发展的全部过程。具体地说就是一个民族产生、发展、吸收、扩散、聚合、分解、磨合、整合和认同的过程。如何观察和把握民族过程，关键在于抓住构成民族结构标识物的变化。

民族结构的动态变化一般有两种类型，一种是民族分解过程，其可表现为一个民族的族群分解出去，形成几个单独的民族，原生的民族就不复存在了；另一种是民族结合过程，即若干单独存在的

---

❶ 费孝通. 简述我的民族研究经历与思考 [J]. 中央民族大学学报(哲学社会科学版), 2000(1): 5-13.
❷ 费孝通. 中华民族多元一体格局 [J]. 北京大学学报(哲学社会科学版), 1989(4): 19.
❸ 费孝通. 简述我的民族研究经历与思考 [J]. 中央民族大学学报(哲学社会科学版), 2000(1): 5-13.

族群或从其他民族中分化出来的族群相互接触而产生地域和经济联系上的统一性、语言和文化上的同质性的过程。

2.文化遗产民族结构特征

"多元一体"理论揭示着事物的结构性特征，无论是中华民族，还是中华民族各组成部分，它们都内含着相互离不开的多元要素，彰显着多元要素之间的一体性联系。多元是一体中的多元，一体是多元构成的一体，各民族在吸纳他者成员和文化的过程中发展为中国某一民族，而这一过程又使各民族交融汇聚成血缘互融、文化相通、居住互嵌、经济互补、命运相依的中华民族，充分体现了多元一体的双重演化进程。"中华民族共同体"是习近平总书记提出的一个具有重要学术价值和重大现实意义的新概念，是对"共同体"思想和马克思主义共同体理论的完善与发展，是新时代马克思主义民族理论中国化的重大创新。

（1）文化遗产结构类型特征

内蒙古地区国家级非物质文化遗产项目的类别按照国家级名录分类标准进行划分，扩展项目与名录项目重复的，按1项计算，通过项目归类，内蒙古国家级项目总数实际为66项、81个，自治区级以五批名录399项为总数。内蒙古非物质文化遗产在类型结构上表现出以下特征（表1）。

表1　内蒙古自治区非物质文化遗产名录类型统计表[1]

序号	类别	国家级（项）	占比（%）	全国同类总量（项）	全国同类占比（%）	自治区级（项）	占比（%）
1	民间文学	5	7.57	155	3.22	26	6.52
2	传统音乐	14	21.20	170	8.23	42	10.53
3	传统舞蹈	4	6.0	131	4.58	25	6.27
4	传统戏剧	3	4.50	162	1.85	12	3.00
5	曲艺	4	6.0	127	3.14	8	2.00

---

[1] 刘春玲.内蒙古非物质文化遗产的结构类型与空间分布研究[J].内蒙古社会科学（汉文版）,2017,38(5):192–199.

续表

序号	类别	国家级（项）	占比（%）	全国同类总量（项）	全国同类占比（%）	自治区级（项）	占比（%）
6	传统体育、游艺与杂技	7	10.60	82	8.54	32	8.02
7	传统美术	3	4.5	122	2.46	34	8.52
8	传统技艺	10	15.20	241	4.15	80	20.05
9	传统医药	2	3.0	23	8.69	30	7.52
10	民俗	14	21.20	159	8.80	110	27.57
	总计	66	100	1372	—	399	100

由表可知，内蒙古自治区国家级非物质文化遗产涉及《国家非物质文化遗产名录》的十种类型，分布不均匀。其中传统音乐与民俗数量最多，均为14项，各占总量的21.2%，两项合占总数的42.4%。传统技艺和传统体育、游艺与杂技数量也比较多，占总量的25.8%；民间文学、曲艺、传统舞蹈、传统戏剧、传统美术、传统医药等6类约占总量的31.57%。由此可知，内蒙古国家级非物质文化遗产以传统音乐类、民俗类为主，传统技艺类和传统体育、游艺与杂技类次之，民间文学类、曲艺类、传统舞蹈类、传统戏剧类、传统美术类、传统医药类呈现分布均匀但数量较少的结构特点。自治区级非物质文化遗产类型以民俗、传统技艺项目居多，分别为110项、80项，两项合占总数的48.07%。传统音乐、传统美术和传统体育、游艺与杂技以及传统医药、民间文学、传统舞蹈等类型，数量分布较为均匀，约在42~45项之间。传统戏剧、曲艺类型数量较少，与国家级非物质文化遗产名录类型特征呈现一致性。这种结构特征与内蒙古地区民族文化主体的多元性，不同民族的生产方式密切相关。内蒙古地区自古以来就是一个多民族共同繁衍生息的地区，养育了猃狁、鬼方、匈奴、柔然、乌桓、突厥、鲜卑、契丹、靺鞨、女真诸族，为蒙古族这个马背上的民族提供了一个独特的、隔绝的历史地理环境，现在仍滋养着蒙古族、汉族、达斡尔族、鄂温克族、鄂伦春族、满族、回族、俄罗斯族等55个民族，

成为我国第四大少数民族聚居的地区之一。各地习俗"与该民族所经历的历史、记忆以及由此而塑造的集体个性息息相关❶",构成各民族最显著的特征。"这些习俗,被传统巩固着,从时间的流传中变成神圣,从一族传到一族,从一代传到一代,正像后代继承祖先一样,它们构成一个民族的面貌。"❷所以,这一结构特征既反映了内蒙古民俗类、传统音乐类非物质文化遗产的丰富性和优秀的品质,也凸显了内蒙古自治区各族人民杰出的艺术表现力、多姿多彩的生活意趣。

民俗、传统医药、传统音乐和传统体育、游艺与杂技类占比较高,表现出较强优势;传统技艺、传统舞蹈、民间文学、戏曲占比适中;传统美术、传统戏剧占比较少,特别是传统戏剧在全国162(剧种)项中只占1.85%,表明此项目较为稀缺。这主要由于传统戏剧作为一种综合性舞台艺术形式,其形成需要相应的物质条件,其中定居生活与城市经济的发达情况是戏剧形成的重要的外部条件。内蒙古自治区自古以来就是北方游牧民族生息的家园,其逐水草而居的生产生活方式使得城市经济与城市发展受到明显限制,从而影响了内蒙古地区城市文明的发展,也造成了孕育传统戏剧土壤的薄弱与条件的缺失。

(2)文化遗产空间分布特征

非物质文化遗产作为历史的积淀,是包含着一个地区人文、自然、社会等各种丰厚文化信息的载体,也是不断变化创新的文化形态,对其进行保护与研究应与时俱进,积极探索新的方法和技术,从不同的学科角度进行多维度的研究。借鉴近年来国内学者利用地理信息技术分析非物质文化遗产空间分布规律的经验,以数量地理的方法分析内蒙古非物质文化遗产市(盟)域、区域以及流域分布的基本现状,可以较全面地了解内蒙古非物质文化遗产的地理空间分布特征,掌握内蒙古地区非物质文化遗产生长的区域优势,为内蒙古非物质文化遗产保护和研究提供理论依据和参考。

---

❶ 张曙光. 蒙古族那达慕传承发展的动力机制研究[J]. 中央民族大学学报:哲学社会科学版,2008(3):36-40.

❷ 满涛. 别林斯基选集. 第四卷[M]. 上海:上海译文出版社,1991.

内蒙古自治区非物质文化遗产空间分布研究以国家级与自治区级非物质文化遗产项目为主要对象。为了保证研究的科学性、合理性，内蒙古国家级和自治区级非物质文化遗产的数据及相关信息均来源于中国非物质文化遗产网、内蒙古自治区人民政府网、内蒙古非物质文化遗产保护中心网、12个地级盟市人民政府网站以及实地调研所得。研究数据统计原则主要涉及以下四个方面：第一，国家级非物质文化遗产按照内蒙古现有的12个地市（盟）级行政单位进行划分，以非物质文化遗产项目的各盟市申报单位计入所在的市（盟）。内蒙古自治区直属机构申报的项目具有全区性，单独计算，不归入任何地级市（盟）；第二，本研究以内蒙古自治区人民政府正式公布的五批名录399项及三批扩展名录100项为依据；第三，以（盟）市域进行计算。一个盟市不同地区（或不同批次）申报的同一项目，算为1项，不重复计算；第四，同一非物质文化遗产项目有时存在于不同盟市，各盟市分别计项。因此，对于分布于不同（盟）市的非物质文化遗产项目进行拆分，国家级88项，自治区级543项。其中，内蒙古自治区直属机构申报分别为国家级12项、自治区级49项。因此，内蒙古自治区国家级非物质文化遗产12个盟市共拆分76项，自治区级为494项。

（3）文化遗产区域分布特征

内蒙古非物质文化遗产的空间分布也因其独特的生态环境具有自身特征，主要体现在区域、市域、流域分布三方面。区域分布指内蒙古自治区辖境内不同文化区非物质文化遗产数量与密度的分布状态，能够在宏观尺度上反映内蒙古自治区非物质文化遗产的空间分布特征。非物质文化遗产研究中文化圈理论和方法的应用是一个新的探索。正如乌丙安先生所言："这是一个在充分认识了抢救和保护非物质文化遗产意义的前提下提出的课题。"❶非物质文化遗产空间分布是一种有针对性的科学理论和方法，有利于保护工作有效机制的建立。由于目前文化区划分的标准不尽相同，保持着相对性

---

❶ 乌丙安.非物质文化遗产保护中文化圈理论的应用[J].江西社会科学,2005(1)：102–106.

与重点性的统一。

从区域角度分析内蒙古非物质文化遗产的数量，可明显看出其呈阶梯状分布。东部大兴安岭文化圈非物质文化遗产数量居于首位，国家级共有52项、自治区级226项；中部阴山地区以国家级18项、自治区级169项居中；西部阿拉善文化圈最少，国家级6项、自治区级43项（表2）。

表2 内蒙古自治区非物质文化遗产区域分布[1]

文化圈	面积（万km²）	国家级（项）	密度（项/万km²）	比例（%）	自治区级（项）	密度（项/万km²）	比例（%）
大兴安岭文化圈	66.38	52	0.78	68.4	226	4.25	57.1
阴山文化圈	25.04	18	0.72	23.7	169	6.75	34.2
阿拉善文化圈	26.9	6	0.22	7.9	43	1.60	8.7
总计	118	76	—	100	494	—	100

从区域角度分析非物质文化遗产的密度，国家级非物质文化遗产分布密度较高的地区为大兴安岭与阴山地区；自治区级非物质文化遗产也以阴山地区密度分布点最高，阿拉善地区最低。阴山地区自古以来就是北方游牧文化与中原农耕文明交融、汇合之地，南麓为黄河蜿蜒环绕，较为丰沛的水源、宜耕宜牧的土地，不仅滋养了众多的民族，也造就了各具特色的土默特文化、鄂尔多斯文化和河套文化，成为内蒙古自治区非物质文化遗产较为集中的地区。

内蒙古自治区非物质文化遗产从地域分布呈现出以下特征：数量分布明显不均衡且差距较大，以大兴安岭文化区为绝对主导，密度值总体偏低，与分布数量不完全一致，中部阴山地区具有较高的分布密度点。

（4）文化遗产市域分布特征

数据统计显示出内蒙古自治区12个地级市（盟）国家级和自治区级非物质文化遗产的分布数量和密度的具体状态。首先，从行政

[1] 刘春玲.内蒙古非物质文化遗产的结构类型与空间分布研究[J].内蒙古社会科学（汉文版），2017,38(5):192-199.

市域角度看，内蒙古自治区非物质文化遗产的数量分布不均衡。内蒙古自治区国家级非物质文化遗产主要分布于呼伦贝尔市、锡林郭勒盟、通辽市，分别为17项、13项、12项。自治区级非物质文化遗产数量分布与国家级非物质文化遗产数量分布特征基本相似，呼伦贝尔市、锡林郭勒盟、鄂尔多斯市分别拥有93项、71项、69项，共占总数的47.2%（表3）。

表3 内蒙古非物质文化遗产行政市域分布[1]

盟市	面积（万km²）	国家级（项）	密度（项/万km²）	比例（%）	自治区级（项）	密度（项/万km²）	比例（%）
呼和浩特市	1.7	5	2.94	6.6	38	22.35	7.7
包头市	2.77	2	0.72	2.6	19	6.86	3.9
乌海市	0.17	0	0	0	5	29.41	1.0
乌兰察布市	5.4	2	0.37	2.6	15	2.78	3.0
鄂尔多斯市	8.6	6	0.7	7.9	69	8.02	14.0
巴彦淖尔市	6.4	3	0.47	4.0	23	3.59	4.6
赤峰市	9.0	5	0.56	6.6	42	4.67	8.5
通辽市	5.9	12	2.01	15.8	33	5.59	6.7
兴安盟	5.98	5	0.84	6.6	43	7.19	8.7
呼伦贝尔市	25.3	17	0.67	22.3	93	3.68	18.8
锡林郭勒盟	20.2	13	0.64	17.1	71	3.51	14.4
阿拉善盟	26.9	6	0.22	7.9	43	1.60	8.7
总计	118.3	76	平均密度0.64	100	494	平均密度4.76	100

经过比较分析，可知12个盟市国家级非物质文化遗产分布与自治区级非物质文化遗产数量分布具有一致性，呼伦贝尔市、锡林郭勒盟拥有国家级和自治区级非物质文化遗产数量均居12个盟市

---

[1] 刘春玲.内蒙古非物质文化遗产的结构类型与空间分布研究[J].内蒙古社会科学(汉文版),2017,38(5):192—199.

前列，鄂尔多斯市自治区级非物质文化遗产储备较为充分。事实上，非物质文化遗产数量较多的盟市多为草原文化底蕴深厚、自然生态保护较好的牧区，良好的自然生态环境和深厚的草原文化底蕴境孕育了众多的非物质文化遗产。

从市域密度分布角度分析，内蒙古自治区非物质文化遗产在12盟市分布的密度值均不高，且与其数量反差较大。可见形成市域密度分布特征的主要因素是内蒙古地域辽阔，各盟市面积大、人口密度小、经济与区位条件的差异性。非物质文化遗产多集中分布于人口密集的地区，即是说非物质文化遗产的分布密度与人口密度在一定程度上呈正相关性，并且高密度市域大都是经济较发达地区，因此经济与区位条件也是影响非物质文化遗产空间分布不可忽视的因素之一。

（三）民族结构的多元一体化

"多元一体"理论肯定各民族在差异性基础上形成的同一性和整体性，不仅准确反映了中华民族的形成过程和整体结构，也是全面认识中国各民族形成和发展过程的重要视角，有助于自觉铸牢中华民族共同体意识。多元一体的中华民族共同体是中国数千年发展的必然结晶，具有构建性，是各民族交往交流交融而成的有机整体，是以国家认同为基础而结成的不可分割的民族实体，也是承载和实现中华民族伟大复兴中国梦的国民共同体。要顺应各民族交融一体的发展趋势，加强中华民族共同体建设，推动中华民族走向包容性更强、凝聚力更大的命运共同体。

依据费孝通先生的论述可知，民族结构具有两个特点，一是可变性，可变性只涉及中华民族的外部结构的独具特色，它不同于结构主义所说的使族群不复存在的可变性。指的是中华民族的构成部分会发生改变的情况。从历史的角度来看，中华民族的外部结构是一个变量，它会随着历史的发展而发生变化。民族结构的另一个特点是稳定性，所谓稳定性是指民族的整体结构不会轻易改变，不会因为其外部结构的可变性特点而改变整个结构的根基。正如纳日碧力戈说："在族群的这些结构下面，具有一个相当稳定的规则，这个规则是一个族群区别于另一个族群的内在根据之一。构成结构的因素可以千变万化，但并不影响一个族群相对于另一个族群的心理界限，不影响对内象征性认同和对外象征性排斥的存在。"❶是指即使中华民族结构的构成因素发生了变化，一些小族群被同化为另一些族群的一部分，或者一些族群消失了，但是中华民族的认同感和自我意识依然如故。

因此立足于构建民族文化遗产与民族共同体意识，要在特定环境和传承特性中去保护民族文化遗产。民族文化遗产作为中华文化的重要组成单元，既保持了各民族的鲜明特色，又"多元聚为一体，一体容纳多元"❷。

中华各民族都有与其生存、发展环境相应的，各具特色的文化，多种文化均生于同一片土壤，又具有相似的历史流变，因此，各民族之间相互影响具有相同的文化基因，相同的文化基因既是各民族长期密切联系的重要精神纽带，也是形成中华民族文化认同的根基所在。从文化遗产的多元一体格局证实其遗产基因属性，本章首先讲述工业化时代文化遗产原生属性受到极大威胁，其保护和传承遇到了相应的问题；其次分析萨林斯先生关于全球化的文化遗产复兴的观点，表明现阶段在全球化视野下，现代技术应用与文化遗产要以"保护为主，适当开发"为原则；最后提出构建民族文化遗产与民族共同体意识，在特定环境和传承特性中去保护民族文化遗产，表明民族文化遗产作为中华文化的重要组成单元，既保持了各民族的鲜明特色，又"多元聚为一体，一体容纳多元"，具有原生与进化、变异特征，具备文化基因属性，即"遗产基因"属性。

基因的遗传一般是不可改变的，除非发生基因突变，而文化基因作为一个民族或族群储存信息的功能单位，其既有不可改变的特点，还有同类凝聚的功能，即认同的力量。文化基因是认同内化的基础，认同的力量是伟大的，因此，中华民族从多元走向一体也是必然的。

---

❶ 纳日碧力戈. 现代背景下的族群建构 [M]. 昆明:云南教育出版社,2000.
❷ 郭台辉."多元一体"与"一体多元"——中华民族研究的两个命题 [J]. 思想战线,2022,48(3):1–12.

二、内蒙古自治区文化遗产智能化应用技术

人工智能技术具有"深度学习、跨界融合、人机协同、群智开放和自主智能"的特点❶，这些特点可以让文化遗产保护和开发流程发生质的变化。在基于大数据模型的背景下结合深度学习的算法，可以让计算机在某些方面替代人类去"自动"生成。目前广泛应用的人工智能算法经历了几次迭代，多数应用场景主要是基于生成对抗网络GAN（Generative Adversarial Networks）产生的输出。这种算法的核心就是让计算机通过自我学习，自我适应，生成接近人类智能产生的良好数据。

（一）人工智能自然语言领域

1.自然语言理解概念和发展

自然语言是一种会随人类地域文化演变而逐渐形成和完善的语言，他是人类进行交流和传递信息的工具。自然语言理解就是指以人类的某种语言作为输入，通过规则或算法模型来得到机器可理解的语言表述，自然语言理解就是自然语言处理的一部分。

自然语言理解的研究最早可以追溯到第二次世界大战结束之后，那个时代刚刚发明了计算机，且自动机和概率信息论模型为自然语言理解奠定了基础❷。后来自然语言理解可以分为三个阶段①理性主义方法。该方法多采用规则、模板着重研究和推理逻辑问题来对自然语言进行分析和处理。②经验主义方法。自20世纪90年代到2013年前后，计算机的发展以大规模语料库为基础，该方法以统计机器学习为主来构建计算模型与方法。③深度学习方法。近年来，随着算力的不断提高，自然语言理解的研究也取得了显著的进展。目前基于预训练语言模型的方法是研究的主流方向。

2.自然语言理解的应用

在实际生活中，几乎跟文字语言有关的应用都涉及自然语言理解。由于自然语言本身具有多样性、复杂性等特点，往往需要通过对底层语言特性进行学习，如句法、语义、语用等来对顶层实际场

---

❶ 吴琼.人工智能时代的创新设计思维[J].装饰,2019(11):18-21.
❷ 冯志伟.自然语言处理的历史与现状[J].中国外语,2008(1):9.

景应用,如机器翻译、阅读理解、人机对话等进行设计。本小节将介绍机器翻译、阅读理解、人机对话这三个主要的实际应用场景。

(1) 机器翻译

自然语言理解的研究最早是在机器翻译领域上展开的,顾名思义,机器翻译就是将一种语言转化成其他语言的应用。机器翻译主要经历了三个阶段:

第一,是基于规则的机器翻译,该方法针对每种语言制定一套特有的语言规则,其大致思路是逐字进行翻译,尽可能多的设计语言规则。然而这种方式翻译出来的效果不尽人意,且不具有灵活性,工作量繁冗。

第二,基于统计的机器翻译,该方法较少关注整体的规则和语言学,而是试图理解其中的模式规律。其核心思想是把翻译问题当作是概率问题,从数学的角度出发,对大规模的语料进行统计分析。这比之前的方法更为准确高效,并且提高了工作效率,降低了人为的工作量,翻译起来更加灵活,且风格丰富。

第三,基于神经网络的机器翻译,随着神经网络的发展,特别是深度学习技术的成熟应用,此方法的机器翻译已经大范围应用于日常的实际场景中,其质量和速度相较于之前都有了显著的提升。其中,最经典的框架便是编码器—解码器结构,该方法主要使用Sequence to Sequence模型,一般编码器和解码器都是由循环神经网络(Recurrent Neural Network,RNN)构成。

(2) 阅读理解

机器阅读理解是目前较为热门的自然语言理解任务之一,其旨在让机器"阅读"一份文档后,可以回答关于这份文档的相关问题。一般而言,基于深度学习的机器阅读理解模型的架构分为三个部分:①将文章和问题分别进行编码以获得其关于上下文的表示信息。②将文章向量表示和问题向量表示进行交互来获取相关联的信息。③按照具体任务形式生成并输出答案。

(3) 人机对话

近年来,人机对话系统在我们的生活中越来越常见。例如,小爱同学、Apple Siri、Microsoft Cortana、Amazon Echo等。其大致可以分为两类：面向任务的系统和非面向任务的系统。其中，面向任务的对话旨在帮助用户完成某些特定的任务，例如预订住宿，查找产品等。NLU是其中重要的一环。非面向任务的对话系统旨在让机器与人类交谈时提供恰当合理的反馈。该系统面向开放域，因此相较于面向任务的对话系统，其具有输入较不稳定，但内容丰富、多样等特点，因此，这种对话系统设计难度也比较高。近些年随着深度学习的发展，也极大地推动了人机对话系统的发展❶。

3.自然语言处理在文化遗产中的应用

内蒙古自治区是少数民族地区，区内有众多少数民族文化遗产，在文化遗产保护过程中少数民族传统文字和语言经常出现，给文化遗产记录和大众化传播带来诸多不便。人工智能"语言技术"建立在语言数据建模基础上，只要有基础的语言数据库，就可以实现实时翻译和交流。这种先进的计算模式，一方面有利于与文化遗产传承人交流和记录，另一方面在创新设计和推广上可以让少数民族语言进行智能展示。如在博物馆场景下，人工智能生成的程序或机器人可以实现自动选择语言，可以和不同民族观众交流，这种方式要比观众被动地听讲解器体验感更胜一筹。敦煌研究院与微软亚洲研究院合作开发的智能语音程序"敦煌小冰"，不仅具有对自然语言理解的能力，而且可以在最短的时间内根据用户需求提供关于敦煌莫高窟的信息，增强了受众对敦煌莫高窟的认识，并且利用互联网平台传播敦煌文化，为受众带来了全新的体验❷。

（二）人工智能计算机视觉领域

1.计算机视觉

计算机视觉是指用计算机来实现人的视觉功能，也就是用计算机来实现对客观的三维世界的识别与理解，这种三维理解是指对被观察对象的形状、尺寸、离开观察点的距离、姿态、质地、运动特

---

❶ 李玉兰.语音情感识别及在人机对话系统中的应用研究[D].成都:电子科技大学，2022.
❷ 韩海燕.人工智能在非物质文化遗产保护与创新设计中的应用研究——以内蒙古地区为例[J].艺术与设计（理论），2020,2(8):73-75.

征包括方向和速度等的理解❶。

计算机视觉的研究开始于20世纪50年代中期,当时的研究主要集中在二维景物图像的分析。利用二维图像解释三维目标和景物的研究始于1965年Roberts对多面体识别中提出的"积木世界"。在这之后,随着研究的深入,提出了具有代表性的计算机视觉的三个理论框架❷。

2. 计算机视觉的应用前景

利用三维计算机视觉方法识别人的手势、哑语,使残疾人或在特殊工作环境工作的人也能操作计算机,这是目前人们很重视的应用领域。三维计算机视觉获取外界环境的位置、形状与运动速度,可用于导弹的末端制导、无人驾驶车辆或各种移动式机器人的导航。在配有视觉系统后能具有更高的作业精度与对环境的适应能力。工业检测(如质量检测)也是当前计算机视觉发展的重要方向。基础的图像压缩比不会超过几十倍,而利用运动图分析或更高层次的三维物体重建与识别技术,可以使图像的压缩比大大提高。从图像数据库的角度来讲,指数增长的图像数据如何管理、如何查询成为一大问题,"基于内容的图像数据查询"已成为当前最热门的研究和应用课题之一,解决该问题的关键就是图像中的物体自动识别与分类。各种图像,如X光照片、显微图片、B超、CT和核磁共振图片(MRI)等已成为医疗诊断的重要手段,三维计算机视觉方法可应用与分析这些图片中物体的三维信息与运动参数。一种新的技术称为计算机辅助外科手术(Computer Aided Surgery,CAS)正在兴起,其基本技术就是用CT或MRI图像对体内物体进行三维定位并引导自动手术刀或辐射源实行手术或治疗。动态三维场景的显示是虚拟显示(Virtual Reality)、三维计算机动画等的关键技术,利用计算机图形技术显示三维场景,首先需要拥有场景的三维模型或数据。利用立体视觉或运动视觉方法直接从自然场景的图像得到它们的三维数据❸。

---

❶ 赵建. 基于三帧差法的运动目标检测方法研究 [D]. 西安:西安电子科技大学,2013.
❷ 马静. 月球车视觉导航中位置和姿态的确定方法 [D]. 哈尔滨:哈尔滨工业大学,2005.
❸ 谢存. 计算机视觉中若干问题实现技术和算法的研究 [D]. 大连:大连理工大学,2002.

3.计算机视觉在文化遗产中的应用

计算机视觉领域是人工智能应用最广的领域之一，其原理是基于数据建模后对画面的再生。前不久，一段人工智能技术修复的"100年前的老北京"影像视频在互联网刷屏，短短10分钟却信息量巨大。内蒙古自治区有很多文化遗产正面临失传的问题，有的文化遗产传承人年事已高，有的甚至没有"正宗"的传承人，如鄂温克文化遗产"萨满舞"、察哈尔文化遗产"阿斯尔"留下的只有少数图片和视频文件。面对文化遗产的传承和创新的乏力，可以利用人工智能的图像识别和修复等技术拓宽文化遗产的传播方式以及展示手法。通过对图像数据再创作和再设计，更加贴近现代传播途径和现代人审美需求，利于商业开发。另外，内蒙古自治区文化遗产还有很多工艺美术和图像艺术的项目，如内蒙古自治区民间剪纸是国家级文化遗产，利用深度神经网络（Deep Neural Network，DNN）可以实现将任何图片与剪纸风格结合在一起，生成具有内蒙古自治区民间剪纸风格的数字文创作品。

（三）人工智能机器学习领域

1.机器学习的概念

人类的知识有很多是通过学习获得的，学习对人类来说有着重要意义。人工智能是对人的智慧能力的模仿，同样也包括模拟人类学习的过程，而机器学习就是研究让计算机模拟人类学习的过程。机器学习是一个由多门学科相互融合形成的领域，计算机利用算法，从海量的数据中归纳和总结规律，这一过程也是计算机学习的过程，它能够从已有的信息中总结出规律并加以运用。比如可以利用对大量的数据进行训练，经过归纳总结之后，用于判断或进行预测。机器学习最基本的做法，是使用算法来解析数据并从中学习，然后对真实世界中的事件作出决策和预测。与传统的为解决特定任务、硬编码的软件程序不同，机器学习是用大量的数据来"训练"，通过各种算法从数据中学习如何完成任务。

举个简单的例子，当使用者浏览网上商城时，经常会出现商品推荐的信息。这是商城根据你往期的购物记录和收藏清单，识别出哪些是你真正感兴趣，并且愿意购买的产品。这样的决策模型，可以帮助商城为客户提供建议并提升产品消费水平。

近年来深层神经网络技术的发展，深度学习理论的出现，使得机器学习领域掀起了新的研究热潮，如谷歌公司于2014年收购了研究深度学习的公司DeepMind，此后的研究也有了不同程度的突破，新的研究成果让机器学习在广泛的领域内发挥了巨大的作用。

2.机器学习应用前景

（1）语音识别

由于机器深度学习领域的研究有了新的突破，以及借助于大数据和云计算发展的环境下，近些年语音识别已经有着快速的发展，语音识别技术效果也得到了显著的提升，并且此项技术已经进入了人们的日常生活。具有代表性苹果的Siri语音控制功能，通过和世界最先进的语音识别技术Nuance的合作，实现了语音识别功能。不仅如此，语音识别还应用于医疗、智能化的设备控制、语音书写控制等领域。

（2）图像识别

图像识别技术是利用智能算法对图像进行识别和智能化分析的过程，它的发展经历了从对文字的识别，到对数字图像识别的过程，直至现在发展到对现实环境中物体的识别。深度学习概念的出现，使图像识别向前跨了一大步。最开始将深度学习的研究运用于图像识别领域，是在谷歌的一个"猫脸识别"项目中。谷歌项目团队的研究人员搭建了一个深度神经网络用于深度学习，其先利用YouTube挑选出1000万张大小为200×200像素的猫脸缩略图，然后输入到搭建的深度神经网络中，此时运用计算机进行训练，就能在这1000万张缩略图中寻找到相似或重复出现的特点。在搭建的深度神经网络中出现能够识别猫脸的神经元，这样计算机就能够"认出"猫的样子，只要输入足够多的图片让计算机对具有此特点的图像进行识别，它就能准确地找出猫的照片。

图像识别领域还有一个重要的研究方向，就是在机器人领域视觉识别中的应用。机器视觉中对图像的识别集中在对三维图像的辨识，这也是现在图像识别的前沿领域。诚然，图像识别的应用领域也特别的广泛，例如运用于现代医学、地质环境的检测等领域。

（3）自然语言处理

自然语言处理技术主要研究人与计算机之间的沟通，与语音图像识别相比，自然语言是更加抽象的认知。因此，自然语言处理仍旧是人工智能研究的一个难点，它也是多个学科融合发展的结果。借助于深度学习技术，通过大量的数据的训练，让计算机理解某些字符或单词的语义。目前深度学习的概念对自然语言处理的进展的影响还比较缓慢，但现阶段计算机已经能够理解、处理一般的文本。例如理解一段文档，或者在一段文字中提取所涉及的人物、时间、地点。当然现阶段的自然语言处理还有很多问题需要去解决，比如一语双关、一词多义等，还有某些词语在特定的语境中含义也不尽相同的情况。因此自然语言处理还有很多问题需要克服，现阶段自然语言处理应用的领域都是比较正式的场合或者一些特定的服务，这些需要特别注重语言的规范性，并需要尽可能少的出现歧义❶。

3.机器学习在文化遗产中的应用

人工智能机器学习领域的场景建模与仿真技术可实现沉浸式文化遗产体验。内蒙古文化遗产有很多情景式项目，这类项目对展示和传播场景要求很高，例如"鄂尔多斯婚礼""察哈尔婚礼""阿斯尔宫廷剧乐"等。目前传播主要靠视频记录和实景演出，观众观看体验感差，实景演出又受时间、场地和人员的限制较强。利用人工智能的建模与仿真技术，结合AR、VR、全息成像可随时随地欣赏此类文化遗产，不仅可以实现场景和人物的高质量还原，还可以结合GAN对抗神经网络算法，实现"换脸"，让观众参与到表演当中，增强体验感。2018年在第14届雅典数码艺术节（Athens Digital Arts Festival）上展出了Fuse*工作室（意大利）创作的新媒介艺术作品《黑暗》（Dökk），Fuse*创建了一个系统，处理来自生物特征和运动传感器（由舞者佩戴并放在舞台上）的实时数据以及来自社交网络的数据，这些数据有助于数字声音场景的变化，增强观赏体验。

---

❶ 郑其宝. 人工智能影响下数字游戏智能化发展探究 [D]. 南京：南京艺术学院，2016.

（四）人工智能博弈计算领域

1. 博弈计算

计算机博弈也称机器博弈，英文为Computer Game。在计算机刚刚诞生的时期，人们便提出计算机博弈的概念。这一概念最终目的就是让计算机下棋，使计算机可学到人类的思维模式，使计算机可以像人一样获得与其他对手博弈的能力。机器博弈是人工智能中一个非常具有吸引力的分支，被称作人工智能的试金石。对于博弈的深入研究，使得人工智能领域方法和理论有了很大突破，在社会和学术层面产生了广泛的影响。博弈在人类社会中是普遍存在的，小的方面如开发智力的益智游戏、人与人之间的争吵辩论、各种场合下的利益分配，大的方面如商界利益的竞争、国家的政治外交、局部地区的冲突与战争，只要不同主体在特定环境下存在着某种利益冲突，博弈便是解决和平衡这种冲突的方式。博弈这种概念存在于生活的各个角落，对于这种理论算法研究有深刻的意义。而机器博弈集各种博弈策略与算法于一身，正如象棋、围棋等是一种对人类战争和利益划分的模式一样。

2. 博弈计算的应用

机器博弈作为人工智能领域一个重要分支，成为检验人工智能领域创新思路方法的载体。从国内的研究现状来看，机器博弈的研究成果主要集中在博弈软件的开发方面。如与一些游戏公司合作，做一些象棋、五子棋等博弈软件的开发设计。目前在PC客户端和手机端有很多棋类博弈软件，象棋中如"攻防专家""先知象棋""棋天大圣"已经很成功地商业化，成为群众喜闻乐见的机器博弈软件。在机器博弈软件方面做应用仅仅是机器博弈研究的一个方面，机器博弈中相关理论也会应用在经济学、社会学当中。其中对一些博弈论问题分析求解，并使用计算机中一些博弈论的知识在一些特定情况做决策，关于该种问题的研究已经作为一种新兴的学科出现在人们面前，即算法博弈论。算法博弈论作为计算机理论科学的一个新领域，重点关注并解决有关拍卖、网络和人类行为的根本问题，应用工程定量的方法，从具体优化问题的角度对应用建模，寻求最优解，判断不可解问题以及研究可解优化的上下限问题,同时对于可计算问题进行讨论,相对一些经济方法无法在线性时间内由计算机解决,算法博弈论将可计算性作为算法实施必须考虑的限制条件。在这种情况下做出对策比较符合现实世界的一些情景。一些对于非完美的博弈的理论方法,可以在经济学的理论中得到应用,这样整体的应用前景也会更加开阔,应用也更加广泛[1]。

3.博弈计算在文化遗产中的应用

博弈计算领域技术之一就是前文提到过的生成对抗网络GAN。GAN是通过框架中模块相互博弈学习,该算法有两个神经网络,一个是生成器(Generator),另一个是判别器(Discriminator),两个模型在对抗过程中同时训练,生成器扮演生成的角色,学习创造真实的数据,而判别器扮演批评的角色。博弈计算产生的图形图像、声音、文字,甚至是人物角色完全符合传统文化遗产的审美形式,让传统文化遗产不仅仅停留在保护层面,更能和优质的商业模式相结合。比如可以开发基于民间剪纸文化遗产的大众艺术产品,让任何图像变成"和林格尔"剪纸风格,甚至能让世界级文化遗产"呼麦""长调"在脱离传承人的情况下移植到任何流行音乐上,观众可以自己"唱"出令人震撼的世界级文化遗产作品。

三、内蒙古文化遗产智慧图谱应用场景

随着计算机技术的不断发展,实现文化遗产的智能化已成为世界性的潮流。世界各国,尤其是发达国家都在把本国文化遗产大规模转换成可智能化的数字形态,以便为知识经济时代新的竞争奠定基础。综观国内外研究现状,智能化手段应用于文化遗产的保护,在以下几个方面具有极大的价值。

(一)文化遗产的智能化保护

智能化保护就是利用先进的二维三维扫描、数字摄影、三维建模与图像处理等技术对文物进行存档,在文物图形结构与纹理等信息的高精度存档基础下进行智能化保护。智能化保护目的就是在计

---

[1] 孙英龙.非完美信息博弈算法研究与军棋博弈系统设计与实现[D].沈阳:东北大学,2013.

算机里建立相关的数字模型，为文物的信息共享、保护修复，以及考古研究、游览观赏与开发利用等提供准确可行的方案与信息❶。

1. 数字博物馆

数字博物馆是博物馆全球化、网络科技迅速崛起、数字典藏风暴兴起、博物馆教育职能加强和数字文物出现的产物。数字博物馆具有数字化档案、多媒体呈现、社群组织等特征。数字博物馆建设的目的是充分运用信息技术对文化遗产资源进行存储、加工和处理，并根据用户的信息需求通过互联网络智能化提供相关信息服务。它是自然科学和人文社会科学的相互融合，并以计算机技术、通信技术、微电子技术等相互结合为技术平台，构成新颖的信息服务与客户群管理系统。

数字博物馆与参观者、博物馆专业研究人员的信息交流方式主要有三种：一是通过快捷、实时、无时空限制、具有交互功能的互联网进行联系，这是最为常见的一种方式；二是通过具备交互功能的多媒体光盘进行联系（不具备交互作用的视频光盘，不在此列）；三是由数字博物馆的工作人员与参观者或博物馆专业研究人员面对面进行信息交流。

数字博物馆使得传统博物馆更加开放，有助于全人类分享社会进步带来的成果。随着全球信息化时代的到来，博物馆库藏信息智能化的发展趋势无疑会导致世界科学技术和文化艺术发展的深刻变革。

2. 数字图书馆

数字图书馆（Digital Library，DL），是进入20世纪90年代以后产生的一个全新的概念。随着计算机技术的迅猛发展，特别是网络技术、数码存储与传输技术等的全面普及，使人们对文献信息的加工、存储、查询、利用等方面有了新的要求。因此，数字图书馆也就应运而生。传统图书馆担负着信息采集、存储、传播及版权控制的重任，DL也同样要完成这些任务，只是各项任务的内容、采

---

❶ 彭冬梅,潘鲁生,孙守迁.数字化保护——非物质文化遗产保护的新手段[J].美术研究,2006(1):5.

取的手段及服务方式发生变化。

由于数字图书馆采用的是虚拟与现实相结合，大量的信息存储在无数个磁盘存储器中，通过计算机网络连接形成一个联机系统。因此，与传统图书馆相比，它占用的物理空间相对较小。数字图书馆收藏数字形式的信息，除了纸介质的书刊资料外，还收录其他一切可以数字化的信息，如视频、音频资料、计算机程序等，可以满足读者的多种需求。数字图书馆扩大了读者的范围，普通图书馆因为读者对象与地理位置的限制只能为少数人服务，数字图书馆则允许人们在任何地方、以任何身份进入图书馆自由查询。智能终端、大数据处理、物联网等技术在数字图书馆的应用，延展并提升了数据的价值，使数字图书馆的用户更加高效精准的对资料进行获取与研究。

数字图书馆还是保存和延续发展民族文献遗产的最佳手段，所有的珍贵资料都可以经数字化处理后，将原件保存在更适宜的环境中，而数字化的资料由于实现原件的复制，并不影响一般意义上的查阅[1]。

3.虚拟文物修复、复原及演变模拟

在文物当中存在大量的易损文物，数字修复和数字复原技术为此类文化遗产的保护和研究提供了新的手段。

目前常用的数字修复与数字复原技术主要分为两类，一类是将三维模型、虚拟漫游、图像处理、人工智能等技术集成应用于濒危遗产的现场调查和保护修复等各个环节；另一类是根据保护专家对诸如艺术图案中颜料的成分的研究、艺术家积累的经验知识以及保存比较完整的图案，综合利用色彩学知识和图像处理技术、人工智能等技术，实现艺术品的虚拟复原与演变模拟。虚拟复原就是把一些变色、褪色、脱落的艺术图案通过数字化方式复原成最初画成时的辉煌效果。色彩演变则展示在外界环境因素影响下艺术品发生质变或破损等渐变的过程。

---

[1] 郑亚琳.浅谈图书馆的发展方向[J].数字技术与应用,2010(5):2.

(二)文化遗产的智能化开发

1. 智能化图案、工艺品辅助设计

通过智能化图案、工艺品辅助设计系统,可以对已有的典型图案、工艺品进行创新设计,从而创造出不同个性、千变万化的新的符合时代需求的艺术作品,有助于物质与非物质文化遗产的保护、传承与发扬。目前国际和国内比较常用的智能辅助设计系统包含两个方面,一是对平面图案的辅助设计系统的研究,二是对三维实体工艺品的造型进行辅助设计系统的研究。

2. 智能化故事编排与讲述

智能化故事编排与讲述技术(Virtual Story Teller)是基于人工智能的一种虚拟环境:包括虚拟音乐中心、虚拟戏剧中心。该虚拟环境整合了多种音乐、诗歌、故事、戏剧等内容,具有自动对故事的情节编排、导演的功能,且具有交互性,即人们能够根据需要参与到故事的导演中去。这种技术可被应用于口头物质文化遗产的保护中。

3. 智能化舞蹈编排与声音驱动系统

智能化舞蹈编排与声音驱动技术的核心就是保护各种重要舞蹈文化的视觉效果与声频,并将数字化的相关舞蹈动作与音频等做成动作和音频库,进而开发出基于动作库的舞蹈编排系统和声音驱动的智能舞蹈编排系统。利用人工智能技术在很大程度上可以解决文化遗产的保护和开发之间的矛盾,特别对于地处边疆的少数民族非物质文化遗产的保存、保护和交流,更能有效地发挥人工智能独特的作用。如何更好地发挥人工智能的作用这是需要国家、文物部门、博物馆和人工智能技术研发机构不断探索的课题。

四、内蒙古文化遗产智慧图谱应用策略

内蒙古非物质文化遗产丰富,若将之转换为数字化并结合创新设计思维,可实现文化遗产数字化保护和创造性转化和开发,激活文化市场。另外,运用数字化手段对文化遗产进行传播能给予社会公众对遗产资源内涵和价值理解,实现文化创新,有利于文化遗产资源的保护与传承。数字化范围很广,人工智能是目前最新且应用

潜力巨大的数字化技术之一。内蒙古文化遗产不能停留在传统的数字化保护概念层面，应顺应智能时代发展趋势，把人工智能也作为文化遗产保护和创新设计的重要手段之一。

（一）内蒙古文化遗产保护智能体系建立

1.构建文化遗产文化基因库

文化基因是文化遗产的遗传密码，其发展与流变与其本身"交融互鉴"的属性有关。针对内蒙古地区各民族文化遗产的智能保护，首先，需要对民族文化遗产的遗传密码——即"文化基因"进行深入研究，以文化基因作为基本单元，对各个地域与文化进行挖掘与梳理，对文化遗产信息进行编码；其次，基于文化基因"多元一体"的遗传属性，理清文化遗产的遗传脉络，建立文化基因遗传数据库；最后，依托文化基因遗传脉络，建立以"计算"为导向的文化遗产智能信息库，利用智能技术，不断的识别、获取、完善文化遗产智能图谱。

2.构建基于基因图谱的保护体系

文化基因遗传同生物遗传基因一样，始终是一个动态的过程，是伴随文化族群演变持续不断的文化发生现象。内蒙古地区建立基于文化基因遗传的民族文化遗产保护体系，必须立足于整个动态遗传过程的整体性保护基础上。文化遗产信息库应具备既要保存现有历史文化遗产信息的基础，也要智能化的对符合文化遗产动态中即将流变的民族文化保持警惕性，针对地进行预防性保护，将风险与流变控制在安全范围内。为此，在遵循文化基因遗传中心法则的基础上，综合考虑各类遗传要素，建立面向"民族文化基因"的文化遗产整体性保护图谱，包括民族文化遗产的整体识别、文化基因本体的谱系绘制以及基因遗传行为的整体保护是十分重要的任务❶。

利用人工智能技术，精准识别文化基因图谱，建立文化遗产整体性保护的智能体系是时代所趋。现代智能化技术的应用，最大程度的对文化遗产进行智能化保护与预测，合理匹配开发传承模式，

---

❶ 李彦群,任绍斌,耿虹."文化基因遗传"视角下民族文化遗产整体性保护[J].城市发展研究,2021,28(2):74-82.

保持文化原真性的同时，遵循"保护为主，适当开发"的原则，允许环境变化下适应文化变异的发生，更高效、全面、有序地指导民族文化遗产进行保护、传承与开发。

（二）文化产业与智能化的融合发展

高技术、信息化的时代发展进程下，民族文化也同样经历了工业化、机械化、信息化时期，走向智能化阶段。当技术与传统碰撞，文化遗产的传播与保护如何适应当代智能化社会现状更好的发展成为了人们重视的关键问题。

1. "高技术"与"大文化"结合的时代趋势

内蒙古自治区是多民族文化遗产资源大省，近几年自治区在民族文化遗产保护方面做了很多工作，但是保护形式还比较单一，一般多为海量信息的简单堆积，无法得到广泛传播和永久保存。新媒体时代数字媒体的开放性、交互性、智能性、跨界性与共享性给了我们为民族文化遗产的传播路径很多启示，数字化、智能化、高技术的应用可以扩宽内蒙古地区各民族文化遗产传播的方式。同时，数字化、智能化的交互传播也可使内蒙古地区各民族文化更具有情感价值、文化价值和使用价值，同时还能满足接受者的民族情感的需求。

面对科学技术高速发展的今天，人们获取信息的方式不再是单一形式，高科技、新材料的不断涌现，获取信息的方式也为文化遗产保护提供了更多可发展空间。总结本文文化遗产保护与发展的案例与研究，内蒙古地区文化遗产保护可以从以下两个方面进行技术提升：一方面，在文化遗产研究上，通过智能技术，构建民族文化基因图谱，遵循文化的遗传路径，依托中华民族"多元一体"的文化遗传特征，可精准保护、预测、发展民族文化遗产。在文化遗产保护上，利用智能技术对文化实体进行保护、监测与修复，可极大提升文化保护与修复的精准度与研究人员的作业安全和效率。另一方面，在民族文化发展上，智能技术的社会常态化已经融入人类生活的方方面面，传统与新技术的碰撞必将催化新的文化基因重组。利用高新智能技术，可以正确积极地借用文化基因的流变现象与规律，在保留文化原真性的原则下，通过文化资源的转换和运作实现文化价值的积累，保护传承各民族文化，避免文化基因的恶性突变，创新重组民族文化基因以适应当下文化环境的发展路径，可以有效推动既有的文化遗产走向创新型价值提升。

2.智能时代民族文化遗产的传承与保护

智能时代高新技术的应用成为社会发展的必然趋势。内蒙古地区各民族文化遗产智能化传播与保护亟待开拓一种新的模式，一方面，利用智能手段开拓新的文化遗产的文化基因研究路径，从技术上大大减少了学者研究检索分析数据的时间与准确性，从发展上利用智能技术根据文化基因的演进过程推算文化未来发展方向，重组文化基因，推动民族文化遗产创新性发展，提升文化价值。从传播传承上，增加了文化遗产与公众的互动性，在虚拟或现实环境中建设适应文化发展的环境，提升公众的接纳心理，主动融入文化学习与技艺体验。另一方面，在智能化技术应用的同时，需要保证基础的地域文化的原真性和完整性，继续采取如文化战略转嫁、文化符号提炼植入、地理隔离及生态保育等一系列的传承模式，使传统文化基因在历史的发展演变过程里焕发新的生命力。

运用现代智能化手段对文化遗产进行创新性开发，可以极大给予社会公众对遗产资源内涵和价值的理解，实现文化创新，有利于文化遗产资源的保护与传承。因此在未来的研究中，应该不断扩大高新智能技术在文化遗产保护的应用领域与研究领域，提升内蒙古地区民族文化遗产的软实力，将潜在的经济价值转换为现实。解决内蒙古地区各民族文化传播手段相对单一的问题，推动内蒙古自治区文化传播的可持续性，让人们深入了解和挖掘内蒙古地区各民族的文化遗产。

五、总结

内蒙古自治区非物质文化遗产丰富，首先，要分门别类地对其进行实地田野调查和文献研究。内蒙古自治区文化遗产研究主要集中在对文化遗产分布、保护、开发等方面的基础研究，缺少对文化遗产谱系更深入、直观的调查和记录。如中央民族大学博士生通拉嘎在其学位论文中以马头琴为例对蒙古族文化遗产保护提出了见解和方法，并进行文化脉络的研究❶。这类专项的调查还需要不断深入下去，尽早形成可以被人工智能利用的智能数据信息。

其次，是内蒙古自治区文化遗产数据信息建设。建立内蒙古地区文化遗产保护智能大数据平台，首先要考虑即将面临失传或者濒危的文化遗产项目，要对其实施抢救性智能数据平台建设。这要求对世界级文化遗产和国家级文化遗产尽早建立智能数据平台，由文化主管部门联合高校和相关科研院所，建立智能数据平台建设的行业标准，按照行业标准分步实施数据调查和采集，利用大数据系统进行分类整理和数字化转化、存储，建立内蒙古地区文化遗产智能数据库。除了整理现有的遗产数据外，还需要在大数据库中挖掘相关关系，在智能算法的深入学习中，不仅要了解过去的遗产数据，而且要能够预测未来遗产数据因时间、气候、环境等变化而发生的变化，进而采取更加合适的保护和开发措施。

再次，人工智能是基于计算的技术，在信息提取上，人工智能要对文献中存储的数据项进行自动分类，这是人工智能计算的一个重要应用。对于文献和互联网资料的收集，人工智能技术利用跨媒体感知计算理论，综合文本扫描、视觉识别、机器认知、语义理解等技术，帮助文化遗产研究人员自动收集并整理文献，生成多种可用数据文件，供研究人员使用。此外，对音频和视频文献，包括少数民族语言和国外音视频文献，人工智能的自然语言处理技术可在音频信息转化为文本信息的过程中发挥重要作用。采用规则推理以及机器学习的方法，对存量文化遗产信息资源进行自动化分类，提高文化遗产信息资源的分类组织速度，科学描述文化遗产信息资源包含的对象、概念、属性。

最后，在创新设计方面，人们可以将文化遗产大数据为基础，加上算法辅助，结合相应文化市场开发规则，开发出类似于百度AI博物馆这种包含智能搜索、智慧地图、图像识别、语音交互导览、机器翻译、AI教育等功能模块，将枯燥的文化遗产数据模型"计算"成具有创新设计的相关商业情景模式。正如武汉理工大学

---

❶ 通拉嘎. 蒙古族非物质文化遗产研究 [D]. 北京：中央民族大学, 2010.

潘长学教授认为："当代中国的设计需要关注文化（文化传承、生活哲学、非物质文化）、前沿技术转换（虚拟现实、智能材料、纳米技术、人工智能、3D技术、机器人工程学）、社会协同（设施、机制、服务、协助）、创意（快乐、巧妙、情趣、文化寄托）、视觉体验（识别、艺术活动、形象、商业推动）、产业效率（工程、工业、制造、农业）。其本质是运用设计的方式制造产品和服务，满足人的各种需要。"❶文化遗产的创新设计也要考虑文化、前沿技术、社会协同、创意、体验和效率几个方面，未来的人工智能将在这些方面发挥其强大的能力。

综上，人工智能虽然还有诸如泛审美、伦理、版权等问题，但是其技术已经逐渐进入了社会生活的方方面面，在文化遗产保护与创新设计方面当然也不例外。如果还是把文化遗产数字化定义在传统的技术层面，势必会更加落后。如今人们强调创新设计，不仅仅是图形图像、文创产品、旅游纪念品的设计，更要利用先进的智能化手段思考商业模式的设计，思考能否基于人工智能技术从服务设计、社会设计层面解决文化遗产保护与开发的社会问题。

---

❶ 潘长学. 设计是不断以新知识系统解决不同场域的和谐问题 [J]. 设计, 2019(4) : 62-64.

附录 2
潮尔乐器田野调查

内蒙古自治区传统乐器类文化遗产资源丰富，马头琴、火不思等都被列入中国非物质文化遗产保护名录，其造型、工艺、音色都有较高的艺术研究价值❶。潮尔，蒙古语指两个或两个以上的声音同时鸣响，现将多声部且有持续低音的乐器和喉音统称为潮尔。潮尔包含"潮尔声乐（如呼麦）"和"潮尔乐器"，潮尔器乐包含"冒顿潮尔（胡笳）""托布秀尔（内蒙古少量流传）""乌塔顺潮尔（与马头琴同宗，狭义弓弦潮尔）""叶克勒"，潮尔乐器广义指一个类型的乐器，即本文研究对象。

托布秀尔乐器广泛流传在中国新疆地区卫拉特蒙古部和蒙古国西蒙古部落以及俄罗斯图瓦共和国、阿尔泰共和国、卡尔梅克共和国等蒙古族民间。它是一种能够演奏双声部乐曲的二弦无品，是蒙古族弹拨乐器和弓弦乐器最古老的形式之一。托布秀尔乐器采用无梯式琴码，即无品二弦蒙古族弹拨乐器，由共鸣箱、琴杆、琴头、琴轴、琴弦、音孔、弦码、弦枕等部件构成，其乐器构造、形状以及制作方式等诸多方面均有着鲜明的蒙古族文化特征。

冒顿潮尔，即人声、器乐混合的音乐表现形式，是一种木制吹管类乐器，由一人独立完成。其流传在中国新疆阿拉泰地区、蒙古族聚居地与蒙古国等地。因其特殊的吹奏方式、喉音管音叠发声的特点备受人们喜爱，是草原游牧文化的结晶。冒顿潮尔以木管振动琴体来获得音响共鸣之意，共三孔，采用竖吹，类似箫，奏时先以人声哼鸣发出长低持续音，然后再利用手指按孔发出高声部的管奏旋律。其特点是人声与器乐结合。它的音色圆润动人，主要以双声部的"二重结构"音响为主。冒顿潮尔是距今 2000 年以匈奴为代

---

❶ 李世相. 从五十年积淀中看音乐学科的发展——内蒙古大学艺术学院 50 周年校庆活动感言[J]. 内蒙古大学艺术学院学报,2007(4):24–32.

表的北方游牧民族为这一音乐文明继承者，直到今天依旧为草原文明之集大成者蒙古族所传承。

弓弦潮尔，是蒙古族特有的马尾胡琴类乐器之一，即拉弦乐器，属外弓弓弦乐器。它是宫廷音乐的主要演奏乐器之一，是传统的英雄史诗的伴奏乐器。弓弦潮尔以泛音、实音演奏丰富多变，广泛流传于蒙古草原、内蒙古自治区东部的科尔沁地区。弓弦潮尔乐器的独特之处在于它能同时发出两种不同声部的声音，即旋律声部的"实音"与持续低音声部的"虚音"（又称泛音）。它的音色低沉浑厚又抒情苍劲，既能表现音乐的深沉，又能展现音乐的古朴苍劲，主要用于英雄史诗、乌力格尔的伴奏，后来也用于演奏古老的叙事民歌等。

叶克勒，是中国新疆卫拉特蒙古族图瓦部落所独有的弓弦乐器，流行于内蒙古地区阿拉善盟一带以及新疆阿勒泰地区，其历史可以追溯至宋代的"马尾胡琴"，是我国目前遗存"最早的弓弦乐器"，也是马尾胡琴类代表乐器之一。它的音色与潮尔类似，低沉浑厚、古朴苍劲。叶克勒如今已出现濒危状态，在中国新疆卫拉特蒙古族地区和内蒙古阿拉善盟地区只有少数高龄的老人还保留着这种古老乐器。本研究从潮尔乐器的本体层、语意层以及文化内涵特征层面展开调研。

一、调查计划

调查地点：中国国家博物馆乐器馆、内蒙古马头琴艺术博物馆、内蒙古博物院、内蒙古非物质文化遗产保护中心，甘肃省张掖市、肃南县，青海省海西蒙古族藏族自治州、新疆维吾尔自治区库尔勒市和静县、阿勒泰汗德尕特蒙古族乡、布尔津县禾木村、乌梁海地区、阿勒泰和内蒙古自治区阿拉善盟额济纳旗的非物质文化遗产聚集地。

调查内容：本课题从潮尔乐器的本体层、语意层以及文化内涵特征层面展开调研，本体层主要调研内容包含潮尔乐器的发声原理、音色、音调以及操作方式等方面；语意层主要包含形制材料与技艺两方面；文化内涵特征层面主要从潮尔乐器的历史文化特征、民俗特征与文化交融特征展开。

调查方法：访谈法、观察法。

调查对象：非遗传承人、手艺人、表演者。

调查时间：15天。

二、调查点基本情况

调研资料收集地点选取中国国家博物馆和呼和浩特马头琴博物馆。中国国家博物馆是历史与艺术并重，集收藏、展览、研究、考古、公共教育、文化交流于一体的综合性博物馆，隶属于中华人民共和国文化和旅游部，资料来源较为权威。呼和浩特马头琴博物馆位于大盛魁文化创意产业园内，是呼和浩特市第一个文化创意产业园，大盛魁园还被中国乡土艺术协会非物质文化遗产交流中心授予"中国非物质文化遗产交流示范基地"称号。纪录片《大盛魁》远赴新西兰参加国际纪录片交流活动，并被中国国家广播电视协会评为"2009年全国十大纪录片"。

托布秀尔乐器广泛流传在中国新疆卫拉特蒙古部，是蒙古族传统的二弦弹拨乐器。这种乐器历史悠久，流传地域广远，与蒙古族人民的生活息息相关，是游牧生活中抒情明志的主要乐器之一，也是薪火相传的蒙古族文化的组成部分，是独具民族特色的重要文化遗产。博湖县是一个多民族聚居的县，保留了一大批历史悠久且具有文化价值的原生态民族民间艺术。由于该地区流传的托布秀尔具有代表性，因此博湖县托布秀尔于2007年被列入自治区非物质文化遗产名录，并批准在博湖县建立新疆蒙古族非物质文化遗产保护传承中心。

冒顿潮尔作为蒙古族一种古老的吹管类乐器，被学界公认为是人类音乐文化的活化石，其木质、三音孔（孔位靠管中部以下）、无吹孔的拙朴结构及其"喉啭引声"的独特双声演奏技法，在内蒙古大草原销声匿迹了半个多世纪，只流传在中国新疆阿尔泰蒙古族地区，新疆维吾尔自治区最北部的阿拉泰地区，以及在阿拉泰市北部的布尔津县和哈巴河县、禾木村、喀纳斯村、罕达尕特和乌梁海蒙古部落民间。

新疆阿勒泰地区乌梁海部是中国境内叶克勒流传最为集中的地区，"阿勒泰"这一地名因境内有"阿尔泰山"而得名。位于中国新疆东北部的阿尔泰山不仅矿藏丰富，而且森林茂盛，水源充沛，其名"阿尔泰"为蒙古语"金子"之意。阿尔泰山脉自西北向东南分别位于哈萨克斯坦、俄罗斯联邦、中国新疆维吾尔自治区、蒙古人民共和国境内。禾木村杂居着蒙古族、哈萨克族等民族,其中图瓦人是禾木村蒙古族的主要组成部分。中国的图瓦人支属于蒙古族,仅有两千多人,生活在阿勒泰地区的禾木、喀纳斯、白哈巴等地。

内蒙古地区由于其地域的独特性,形成了千姿百态的文化形式,科尔沁的弓弦潮尔就是其中的代表。弓弦潮尔音乐文化传承至今,不断地让人们感受到它所具备的神秘色彩,它孤寂而忧伤,空灵又沧桑,触动着人们的内心,让人们为之叹服。潮尔音乐是科尔沁地区的文化特征,人们在谈及这一音乐文化时,更多的是感叹它丰富的内涵。

三、潮尔乐器田野调查结果

(一)托布秀尔(表1)

表1 托布秀尔田野调查表

【潮尔田野】项目				
	编号	001		
乐器名	中文	托布秀尔		
	英文	Taub show		
	蒙文	Tob-tsuur		
收藏者/收藏地		马德嘎先生/新疆博湖县博物馆		
所属地区		新疆阿尔泰乌梁海、博湖县		
年代	匈奴汗国时期	时间		2300年前
总体尺寸		92~95cm		
原理分析				
发声原理		它是一种能够演奏双声部乐曲的二弦无品弹拨乐器 乐器1:潮尔持续低音声部 乐器2:潮尔旋律声部 发声形式:握琴于右腿上,左手拨弦时托布秀儿内弦为空弦发出持续低音;右手按弦奏出旋律声部		
操作方式		因为托布秀尔乐曲需在内外两弦间演奏出双声部绰尔乐曲,所以在托布秀尔演奏中需要丰富多彩的双手演奏技术技巧 在左手演奏中,一般都用拇指以外的3根手指就能完成弹拨任务,但是用4根手指也比较常见,甚至由于乐曲的需要也有用到拇指的时候。在左		

操作方式	手把持乐器演奏时要保持放松，手指处于随时弹奏状态，手腕形状应向内侧弯曲。常见的左手弹奏方法有揉、勾、敲、滑、轮5种 　　右手演奏方法与骏马、奔驼以及羊的各种步态联系起来，为其命名富有民族特色的专业术语。托布秀尔右手弹拨方法无可争议也都来自蒙古人的生活与思维方式。利用右手拇指指肚及其他指指甲向下擦奏和利用拇指指甲及其他指指肚向上勾奏的托布秀尔演奏方法叫作右手弹拨方法。其中向下擦奏叫拨弦，向上勾奏叫弹弦。所以右手弹和拨的综合概念就是右手弹奏方法。蒙古人在弹拨托布秀尔琴弦中喜欢用心灵感知来弹奏，忌讳重力打击琴弦
演奏姿势	坐弹、立弹、身前、身后、正弹、反弹 　　男演奏者的姿势为左脚靠前（约10cm），双脚跟之间的距离约20cm并向外倾斜，使双脚间距离约处于40cm，双膝稍向外张。这是显现男性演奏者高贵优雅气质的一种要求或原则。女性演奏者的姿势是左脚跟放在右脚跟前方，双脚板挨着并稍斜，双脚尖距离约15cm，双膝不宜过度外张。这是为了体现女演奏者典雅仪态的一种标准或原则。凡是在演奏托布秀尔时不论男女都要求全身放松

结构、材料

	结构	材料		结构	材料
琴杆	琴杆长度40cm 琴杆上端宽度2~2.5cm 下端宽度3cm	桦木 白松	琴头	马头雕刻琴头 琴头长12~15cm 琴头安装弦轴部位的下端厚度2~2.5cm 上端厚度1.5~2cm 琴头上端宽度7cm 下端宽度3.5~4cm	沙枣树 杏木 桃木 乌木
琴码	上码到下码长度65cm	桃木 乌木	音箱/共鸣箱	共鸣箱长度40cm 底座宽度22~25cm 腰部最窄处16~17cm 肩部最宽17~18cm 侧板宽度7.5~8cm 侧板厚度0.25cm 面板厚度0.25cm	共鸣箱面板的制作选用白松、桐木，共鸣箱背面的制作选用椴木，琴杆的制作选用椴木、白松、水曲柳、桐木
共鸣箱面板	桑木 白松 桦木	桦木 白松	琴弦	琴弦穿入内层轴孔，外层轴由木料或牛角料制成，内层轴由金属制成	古代用小羊肠制作琴弦。20世纪50年代用商品羊肠琴弦，后选用钢丝琴弦，现在多用尼龙琴弦
琴轴	四根琴轴均由外层轴和内层轴组成	黑果枸子 乌木 红木	琴体染色	托布秀尔乐器一般用棕褐色漆料	—

续表

		工艺分析	
琴杆制作程序	首先绘制好琴杆设计图并根据设计图纸用不同的木料制作琴杆。琴杆总长120~125cm	琴杆制作示意图	
琴头制作程序	1.选用一整块红柳树木，长120cm 宽7cm 2.按照事先画好的形状制作出琴颈和琴头，琴颈105cm 3.接着将琴颈下端与共鸣箱连接部分打磨均匀，将琴颈的底座部分充分的与共鸣箱的凹槽部分紧密地结合，用胶粘合固定 4.接着是安装琴轸，多选用山羊角为材料制成	琴头制作示意图	
共鸣箱制作程序	首先绘制好共鸣箱设计图并根据它的尺寸将木料用凿子、刀子挖出凹槽，上宽16cm、下宽18cm、上下长20cm、厚度7cm，在共鸣箱背面中央掏出直径2cm的音孔。然后做共鸣箱的面板，再把共鸣箱的外表打磨平整光滑。最后在共鸣箱的上下各打出3×3cm方形洞口，留做琴杆插孔	共鸣箱制作示意图	
琴轴和弦码制作程序	琴轴和弦码的制作方法与技术：选用木料或山羊角制作琴轴，长10~12cm，其粗细根据琴轴孔的大小来确定，插入轴孔的部分做成圆形。手握部分由个人的喜好来定，或圆形或方形甚至菱形均可。用木料制作弦码，上码黏合在琴杆与琴头交汇处，它的宽度为0.5cm，长度与琴杆的宽度一致，上码比琴杆的正面凸出0.2~0.3cm，脊上留两道微型凹槽用于举架琴弦	琴轴制作示意图	

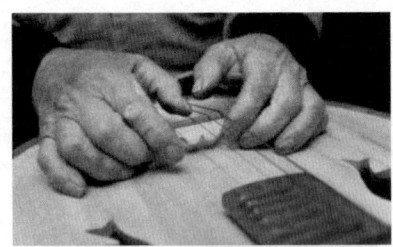

琴弦制作程序	托布秀尔乐器产生之初，用5根和9根马尾搓成琴弦，这是古代的制弦方法。蒙古族自从发明以羊肠制弦技术以来，就不再用马尾制作琴弦了。到了20世纪70年代用尼龙丝线制作琴弦。传统的托布秀尔乐器将尼龙线或小肠制作的琴弦下端固定在琴底部的牛皮弦枕上，下码安置在共鸣箱正面下半部位，两根琴弦通过下码脊部两道微型凹槽，直通上码的两道微型凹槽，最后插入琴头长方凹槽并将其紧缠于琴轴	琴弦制作示意图	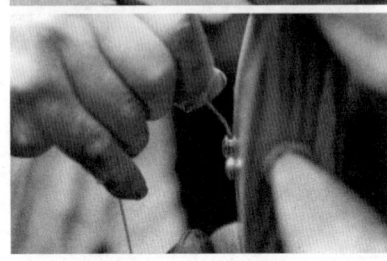
琴体染色	过去，民间艺人制作的传统托布秀尔乐器有的染色，有的不染色。托布秀尔乐器一般用棕褐色漆料涂染，涂漆三四遍，采用涂一层后晾干再涂第二层，以此类推的方法	琴体染色示意图	
共鸣箱蒙面	在古代选用方形木料并直接挖出传统托布秀尔乐器的共鸣箱，所以不用单独制作背面板，正面需要选用山羊皮蒙面，而且一般选择秋季或冬季宰杀的山羊的皮。将鞣熟的山羊皮抻展平整后铺在共鸣箱的正面并用胶水粘合在箱体正面四周，再用铆钉固定，当胶水干透之后可拔下铆钉。然后在共鸣箱正面四角绘制盘旋纹、云纹等精美图案，有时在共鸣箱中央绘制图案	共鸣箱蒙面示意图	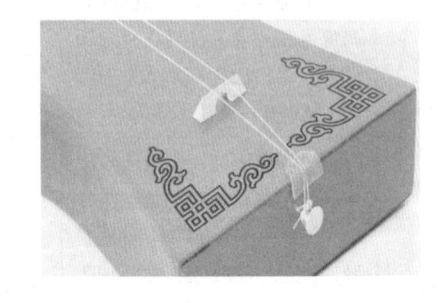
形态分析			
随着时代的变迁，经济文化的不断发展，托布秀尔的形制结构也发生了一些变化。现今流传在卫拉特蒙古族和硕特部落的托布秀尔琴是结合了史料记载中燕飨番部合乐二弦中的共鸣箱与燕飨庆隆舞乐三弦的无品琴颈、琴轴发展而来			

续表

设计比较		
乐器名	相似之处	不同之处
小三弦	尺寸基本一致	蒙皮不同
冬不拉	形制相似	源流不同

文化分析	
历史源流	托布秀尔是蒙古族乐器祖先之一,是蒙古族弹拨乐器和弓弦乐器最古老的形式,是一种历史悠久,流传广泛的二弦弹拨乐器
文化用途与特征	自诞生之日起,它就与蒙古族游牧生活紧密相连,承载着蒙古族人民的喜怒哀乐。托布秀尔不仅给蒙古族牧民的生活带来了无限的乐趣,还是他们寄托思想和抒发感情的重要工具
民族	名称
卫拉特蒙古族	"托布秀尔"是蒙古族卫拉特方言中的音译,译为"敲的东西"。并从语言学发展的角度,分析了托布秀尔在最初发现的时候,就具有弹和拨的特点
地区	名称
博湖县	"托布秀尔"亦称"托不舒尔"或"图布舒尔",是新疆卫拉特蒙古特有的弦鸣类弹拨乐器
乌梁海	"托布秀尔"是支属于蒙古族的图瓦人的乐器,阿勒泰乌梁海部落的蒙古族长期与图瓦人杂居,逐渐普及了托布秀尔
相关文献	[1]范子烨.托布秀尔:元好问笔下的"阿尔泰神器"(外一则)[J].名作欣赏,2021(1):95-99. [2]敖日木加甫.非遗乐器"托布秀尔"传承的现状及未来展望[J].中国文艺家,2019(6):103. [3]贾晓莉.托布秀尔[J].音乐生活,2016(11):60. [4]梁秋丽,周菁葆.丝绸之路上的弹拨乐器——"托布秀尔"(二)[J].乐器,2015(4):54-56. [5]梁秋丽,周菁葆.丝绸之路上的弹拨乐器——"托布秀尔"(三)[J].乐器,2015(5):54-56. [6]薛方.新疆蒙古族萨吾尔登中托布秀尔音乐之比较研究[D].乌鲁木齐:新疆师范大学,2016. [7]梁秋丽.新疆卫拉特蒙古族弹拨乐器"托布秀尔"研究[J].艺术教育,2014(8):92-93. [8]梁秋丽.新疆卫拉特蒙古族弹拨乐器托布秀尔之传承模式及局限探究[J].歌海,2014(2):49-51. [9]王有才.托布秀尔琴传[J].新疆人文地理,2013(6):40-44. [10]本报记者 梁爱武 通讯员 高来 陈联民.制作"托布秀尔"富了民间艺人[N].巴音郭楞日报,2008-09-24(A05).

续表

形制分析			
正视图	侧视图（左）	侧视图（右）	背视图
纹样细节图		琴头细节图	

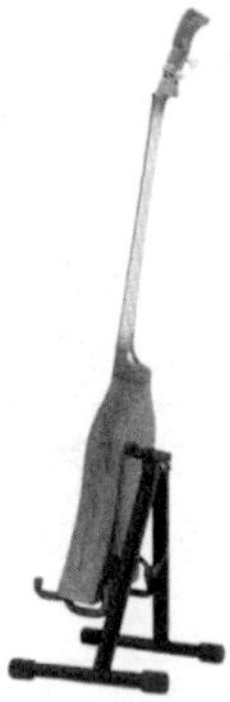

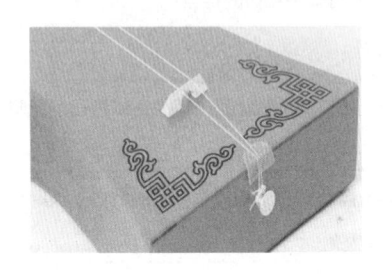

纹样名称	盘旋纹、云纹
装饰纹样寓意	吉祥如意美好

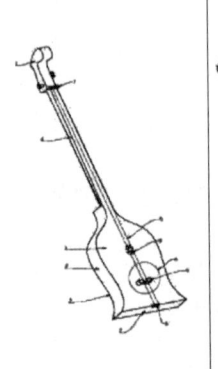

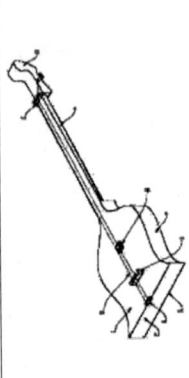

托布秀尔的历史和蒙古族形成的历史一样久远。13世纪70年代，在清《西域图志》中，有关于"托布秀尔"的详细记录：圆布舒尔，即二弦也，以木为槽形方，底有孔。面长六寸八分二厘六毫，阔五寸三分九厘三毫。边长七寸八分八厘五毫，阔六寸四分八厘。以木为柄，白山口至槽边内际，长一尺七寸二分八厘，上阔九分一厘，下阔一寸零七厘八毫。曲首长于槽面，阔等。后开槽以设弦轴槽长二寸零四厘、阔三分。轴长四寸零四厘，弦白山口至覆手内际，长二尺三寸零四厘，通体用樟木，槽面用桐木。施弦二，以单肠为之。系于左右两小轴，以手冒拨指弹之取声

（二）冒顿潮尔（表2）

表2 冒顿潮尔田野调查表

【潮尔田野】项目		
编号		002
乐器名	中文	冒顿潮尔
	英文	Moden—Choor
	蒙文	Morton Thiol
收藏者/收藏地		乔龙巴特·阿勒先/蒙古族
所属地区		中国新疆阿尔泰地区、蒙古国乌布苏省阿尔泰地区、俄罗斯图瓦共和国的乌梁海蒙古部落
年代	远古时期	时间	公元前1世纪
总体尺寸		50~70cm

原理分析		
发声原理		用牙齿、嘴唇、舌头掌控气流，发出洪亮的声音
操作方式		乐手在演奏之前，需口含少许水，雾状呼入潮尔管内，使乐器略受潮。然后潮尔乐手将乐器放置在左侧嘴角或右侧嘴角处，略触到牙齿。若放置在右侧嘴角，即可用左手去握潮尔下端，拇指在3个音孔的中间音孔上，食指在下音孔上协同其他指夹住潮尔乐器，再用右手拇指拖住潮尔乐器背部，食指放在潮尔上音孔以备演奏。若放置在左侧嘴角，即可用右手握住乐器下端，拇指在3个音孔的中间音孔上，食指在下音孔上协同其他指夹住潮尔乐器，再用左手拇指拖住潮尔乐器背部，拇指放在潮尔上音孔以备演奏。不论放置左右的哪一侧嘴角，都是朝前竖式吹奏
演奏姿势		立式演奏、坐式演奏、蹲式演奏

材料分析			
扎拉特草茎秆潮尔			
地区	新疆阿尔泰地区乌梁海人与蒙古国的乌梁海人	制作方法	秋季，人们将扎拉特草、藜芦等植物的茎科切下来，然后直接挖好音孔即可
使用材料	扎拉特草、藜苇	尺寸	总长约60cm，上口1.5~1.7cm，下口0.6~1cm。器件厚度约0.4cm
木质潮尔			
地区	中国内蒙古自治区、新疆维吾尔自治区和蒙古国	制作方法	先将木料晒干并分成两条，然后在这两条板材上各挖出半圆形凹槽，并用胶水将其粘合成一个空心整体，再用丝线将其缠绕捆绑固定，线距一般间隔1.5cm左右。最后，用刚刚打猎捕获的野生动物黄羊或家畜羊的食管外层薄膜皮将潮尔紧紧地统套固定

续表

使用材料	落叶松、杨木、白柳	尺寸	下孔直径为0.8~1cm，上孔直径约1.5cm，厚度约0.2cm，管身长度50~53m

工艺分析	
传统制作流程图	改良版制作流程图
取材	烧水
打磨内外径	捆扎手工木片
清洗羊肠	蒸煮
套羊肠	压制十天
阴干后处理琴口	涂抹猪油
开孔	定型

续表

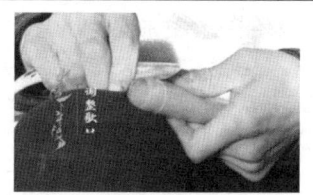 试音后调整歌口	 绘图
 加固后上涂料	 雕刻
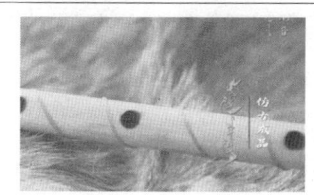 阴干后完成仿古成品	 完成现代成品

形态分析

蒙古族潮尔分为扎拉特草茎秆潮尔和木质潮尔两种。这两种潮尔管长虽然是根据演奏人员特殊情况而定制，但是一般潮尔的全长为50~70cm，平均60cm，多数潮尔乐器全长50~53cm，正面下半部分设有3个音孔。潮尔不像现代管乐没有吹孔，而是用牙齿、嘴唇、舌头掌控气流，发出洪亮的声音。这种同时能演奏双声部的举世无双的乐器，体现着蒙古族乐器的独特性

设计比较

乐器名	不同之处
河南贾湖骨笛	不开吹孔、设有7个按音孔、两端皆通的中空骨质单管斜吹单声部乐器
中原笛	1个吹孔、6个或7个按音孔、1个笛塞组成的中空竹质单管斜吹单声部乐器

文化分析

历史源流	远古时期匈奴的先民们创造了潮尔，到了匈奴汗国时期已经发展到了比较成熟的阶段，不仅广泛流行于全国，而且传播到了邻国。关于潮尔的最早文献记载也从此时开始，同时在公元前1世纪潮尔由匈奴汗国传入中原地区，从此匈奴潮尔开始向传统潮尔与冒顿潮尔同源异流的两种乐器发展。流传中原地区的潮尔在其发展的过程中，从汉代开始直到清末一直作为历代王朝重要的乐器。自20世纪初潮尔失去国乐地位坠入滑坡阶段，后失传半个多世纪，到了20世纪80年代得以重生。但到目前，吹奏冒顿潮尔者寥寥无几，而另一支流的传统潮尔以其原有形制被蒙古族人民一直传承至今

文化用途与特征	在北元时期一直作为宫廷乐器并沿用到了蒙古大汗林丹汗的宫廷乐团，成为宫廷乐团中的重要乐器，在清代依旧是宫廷乐团主要乐器之一。冒顿潮尔艺术随着蒙古族社会的兴衰，到了民国时期逐渐失去了它的国乐地位，与宫廷乐队一同淡出，变成了蒙古旗王公、达官府里的重要乐器之一	
	地区	名称
	中国	潮尔
	蒙古国	楚尔
	哈萨克斯坦	斯布孜格
	俄罗斯图瓦共和国	苏尔
	土耳其	内
	巴什科尔托斯坦共和国	库拉乙
相关文献	[1] 莫尔吉胡，道尔加拉，巴音吉日嘎拉.蒙古音乐研究文集[M].呼伦贝尔：内蒙古文化出版社，2010. [2] 刘正国.笛乎·箎乎·龠乎[J].音乐研究，1996(3). [3] 王伟.新疆跨界民族吹管乐器的研究综述[J].喀什师范学院学报，2012(5). [4] 乌兰杰.蒙古族音乐史[M].呼和浩特：内蒙古人民出版社，1998.	

形制分析

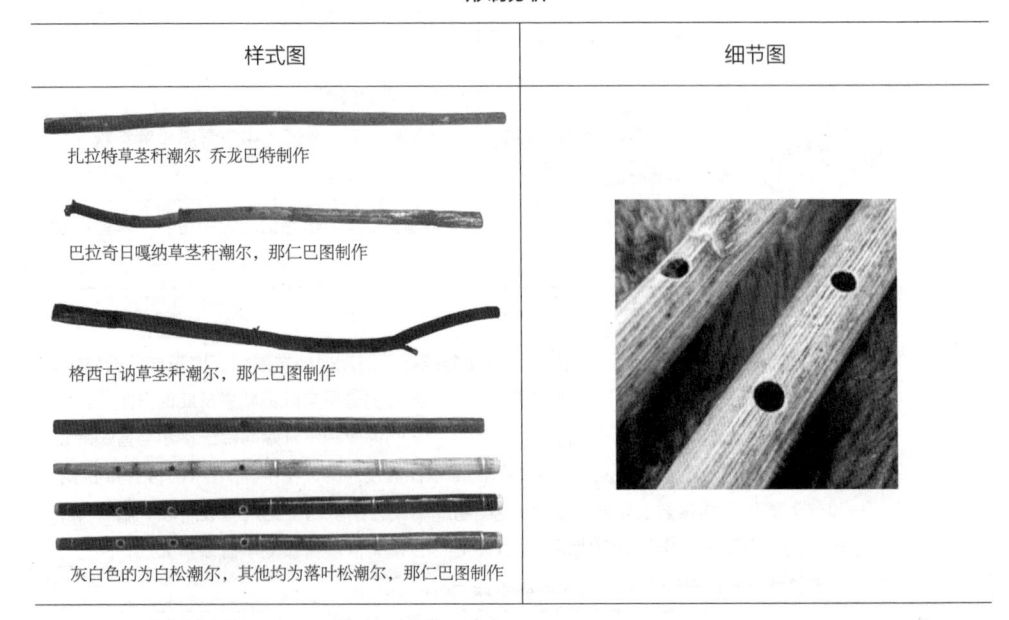

样式图	细节图
扎拉特草茎秆潮尔 乔龙巴特制作 巴拉奇日嘎纳草茎秆潮尔，那仁巴图制作 格西古讷草茎秆潮尔，那仁巴图制作 灰白色的为白松潮尔，其他均为落叶松潮尔，那仁巴图制作	

续表

演奏姿势		嘴部手部细节示范	
 潮尔演奏姿势（木质潮尔），那仁巴图示范（正位），乌力吉巴雅尔摄影	 潮尔演奏姿势（木质潮尔），那仁巴图示范（侧位），乌力吉巴雅尔摄影	 潮尔吹奏方法，那仁巴图示范，乌力吉巴雅尔摄影	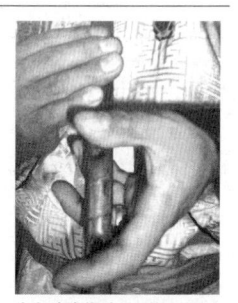 潮尔演奏指法，那仁巴图示范，乌力吉巴雅尔摄影
潮尔传统演奏姿势（盘腿），乔龙巴特示范，乌力吉巴雅尔摄影	潮尔传统演奏姿势（蹲坐），乔龙巴特示范，乌力吉巴雅尔摄影		
潮尔传统演奏姿势（跪坐），乔龙巴特示范，乌力吉巴雅尔摄影	潮尔传统演奏姿势（站立），乔龙巴特示范，乌力吉巴雅尔摄影	绰尔演奏指法，那仁巴图示范，乌力吉巴雅尔摄影	绰尔演奏指法，那仁巴图示范，乌力吉巴雅尔摄影
结构示意图（正侧面） 		结构示意图（背面） 	

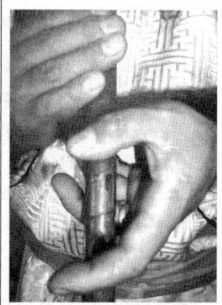

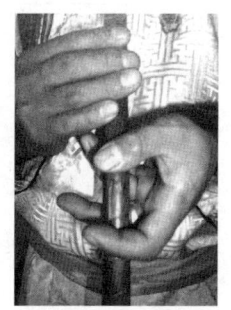

附录2 潮尔乐器田野调查

225

（三）叶克勒（表3）

表3 叶克勒田野调查表

【潮尔田野】项目			
编号			003
乐器名	中文		叶克勒
	英文		Yeckle
	蒙文		ilkel
收藏者/收藏地			乔龙巴特·阿勒/蒙古族
所属地区			新疆阿勒泰市汗德尕特
年代	宋代	时间	宋、元、明、清、20世纪60年代、20世纪80年代至今
总体尺寸			85~103.5cm
原理分析			
发声原理			以正四度g-c1定弦即高音弦在外，低音弦在内，音域为一个半八度g-c2。音域较窄，演奏时第一把位运用较多，触弦方式，采用按压式触弦，未见运用泛音。琴弦使用纤维或马尾弦，无指板，在左手技法中多用指甲顶弦，触弦方式不同于马头琴的顶弦和科尔沁部弓弦潮尔的手指内侧推弦，采用按压式触弦
操作方式			右手执弓擦双弦发声，左手按音位改变音高
演奏姿势			采用坐立演奏，演奏时双脚并排，将叶克勒置于双脚之上，琴身微斜，立于身体左前方，抑或将琴的底部置于并拢的双脚之上进行演奏
材料、结构与工艺分析			
琴杆	采用白松木，琴杆（琴体）总长85cm，其中，琴头9cm、中部杆身35cm、下部妇音箱的杆长40cm，音箱底凸出1cm琴弦挂柱。琴杆呈长条状，正面平整，背面圆形。琴杆且3cm宽扣、上端厚3cm、下端厚3cm	琴头	琴头刻绘有本部落、苏木的徽号，琴杆顶端长10cm，琴头顶端宽8cm，琴头下端宽7cm，3.5cm。正面平整地片倒梯形琴头，并在其上设有两道长15.5cm、宽2cm的前后通透弦槽
琴码	松树琴码呈长方形，没有上琴码；下琴码高0.7cm、长1cm、厚0.7cm，上沓厚0.3cm。上下琴码脊设宽0.3cm的两道弦槽，上码弦槽间距1.5cm，下码弦槽间距2.5cm。符合阴阳两弦实际间隔	音箱/共鸣箱	臼松椭圆形箱体。箱体用整块木头槽剖而成，正面采用山羊皮覆盖，铁钉固定

续表

琴皮	早产而亡的羊羔或马驹皮、大红鱼皮	琴弦	马尾毛制成的阴阳两弦或称粗细两弦，外弦粗内弦细，束琴弦的线没有固定条数。阴阳两弦总长度均为64cm，两弦间距为2.5cm，上下两处琴码间弦长55cm
琴弓	马尾毛制成的琴弓，握柄端顺直的藤条琴弓的线没有固定条数。握柄端固定在拉弦装置上，另一端穿出弦槽再用琴弓弦缠牢固定。琴弓总长为61cm	拉弦带	12cm长拉弦骨系在琴弦下头，固定在琴底座挂弦柱上，向上通过上下琴码，穿入弦槽并缠绕拧紧于琴轴

比较分析

乐器名	相似之处	不同之处
弓弦潮尔	皆以搓擦双弦为主，都采取坐姿进行演奏。旋律声部的高音弦皆位于外侧，内侧的低音弦为持续低音。都采用四度定弦，外弦均为大字组A，内弦均为小字组d	叶克勒触弦方式不同于马头琴的顶弦和科尔沁部弓弦潮尔的手指内侧推弦，采用按压式触弦

文化分析

| 历史源流 | 宋代关于叶克勒记载：
1."马尾胡琴"的记载首次出现是在宋代沈括的《梦溪笔谈》："马尾胡琴随汉车，曲声犹自怨单于。弯弓莫射云中雁，归雁如今不记书。"
2.宋代《番王按乐图》，图中共五人，着少数民族服饰，中间一人拉奏乐器，其乐器形制为梨形琴箱，琴头一侧装有四轸，而弓子明显为外弓，属于外弓乐器
3.宋代陈旸《乐书》："奚琴，本胡乐也，出于弦，而形亦类焉。盖其制，两弦间以竹片轧之，至今民间用焉。非用夏蛮夷之意也。"
元代关于叶克勒记载：
1.《元史·礼乐志》："胡琴，制如火不思，卷颈，龙首，二弦，用弓捩之，弓之弦以马尾。"
2.《元史·礼乐志》中的相关记载，不难发现"胡琴"这一名称所指代的乐器，与宋代《番王按乐图》中的乐器十分近似。但《元史》的记载是两根弦，而《番王按乐图》中描绘的则是四根弦的"火不思"乐器，只不过已经不是弹奏，而是使用马尾弓了。由此可以看出，这是继承宋代马尾胡琴的形制
清代关于叶克勒记载：
1.《皇舆西域图志》中记载叶克勒形制："伊奇里·胡尔，即胡琴也。以木为槽，面蒙以革，柄以木为之，柄端穿直孔以施弦，槽面正中设柱以承弦，曲首下际安山口，开孔通后槽以设弦轴。施弦二，以马尾为之，别以木为弓，马尾为弓弦，以弓弦压双弦，以取声。"
2.《皇朝礼器图式》中记载：①发现有一种叫"胡琴"的乐器，其形制是两根弦，琴体为梨形，用马尾弓演奏。琴体似乎是一种木制面，与当代叶克勒的形制大致相同，但是叶克勒的琴体是蒙皮的形式。②发现一种叫"奚琴"的乐器，记载图片中琴体应该是空的，这空的琴体在以后的时间里发展成为用皮蒙面是可能的。这与当代叶克勒的琴制相似了 |

历史源流	3.《皇朝礼器图式》："本朝定制燕飨箫吹乐胡琴，刳木为槽，以金漆龙首，方柄，槽椭而锐，冒以革，后有棱，二弦。"
文化用途与特征	叶克勒是族人一代代传下来的，每当族人有结婚或者重要的聚会时，都要带上叶克勒去演奏，为人们助兴。叶克勒是乌梁海部音乐文化的一种重要物质载体
名称	文献
依克勒	《中国民族民间器乐曲集成》❶
衣革尔	《新疆阿尔泰山区土瓦族的来源和现状》❷—苏北海
依克利	《中国少数民族传统音乐研究参考书目汇编》❸—田联韬
叶克尔·潮尔	《追寻胡笳的踪迹——蒙古音乐考察纪实之二》❹—莫尔吉胡
叶克勒	《中国弓弦乐器史》❺—项阳
叶克勒	《丝绸之路的音乐文化》❻—杜亚雄、周吉
音乐作品	1.《扎拉木哈日》（蒙古语黑骏马）；2.《玛加拉》（图瓦语棕熊）；3.《恰恰乐布尔》（图瓦语泼洒）；4.《冒仁乃呀布的乐》（蒙古语走马）；5.《咕咕格》（蒙古语咕咕鸟）；6.《巴拉金和日》（蒙古语带花色的马或花斑白马）

形制分析

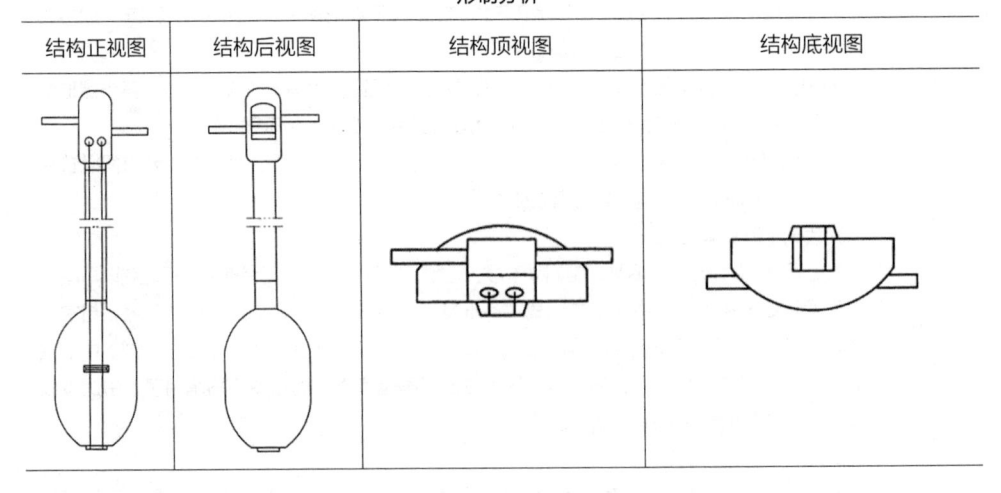

结构正视图	结构后视图	结构顶视图	结构底视图

---

❶《中国民族民间器乐曲集成》全国委员会. 中国民族民间器乐曲集成·内蒙古卷[M]. 北京：人民音乐出版社，2001.
❷ 苏北海. 新疆阿尔泰山区土瓦族的来源和现状[J]. 新疆大学学报（哲学社会科学版），1985(1)：41-49.
❸ 田联韬. 中国少数民族传统音乐研究参考书目汇编[J]. 民族艺术研究，1998(5)：25-36.
❹ 莫尔吉胡. 追寻胡笳的踪迹——蒙古音乐考察纪实之二[J]. 音乐艺术，1986(1)：1-11.
❺ 项阳. 中国弓弦乐器史[J]. 乐器，2000(2)：28.
❻ 杜亚雄，周吉. 丝绸之路的音乐文化[M]. 苏州：苏州大学出版社，2015.

续表

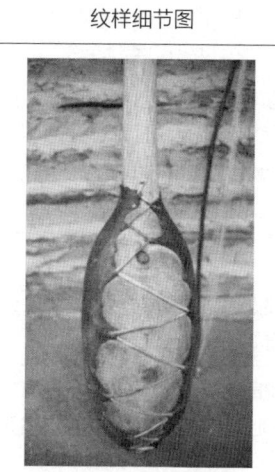

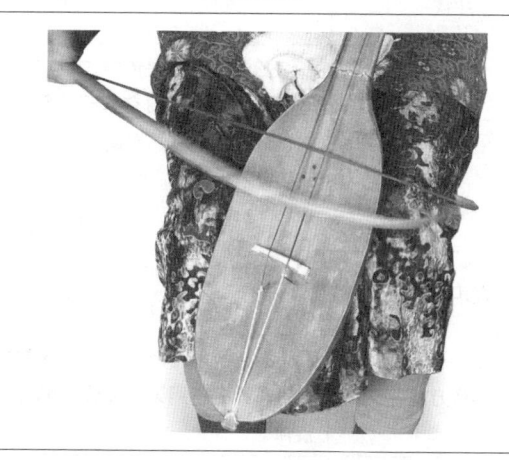

纹样细节图	细节图

传承人/演奏家

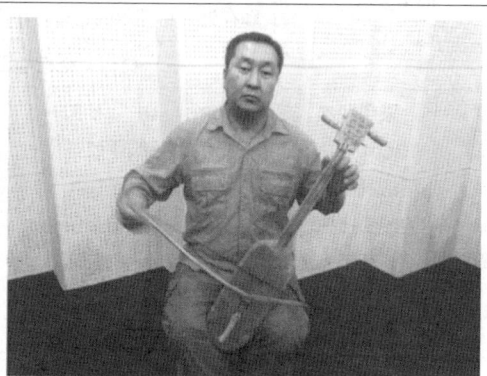

（四）弓弦潮尔（表4）

表4　弓弦潮尔田野调查表

【潮尔田野】项目

编号		004
乐器名	中文	弓弦潮尔
	英文	Bowstring Chor
	蒙文	Wutasin-Chor
收藏者/收藏地		乌力吉先生（乌力吉先生根据从内蒙古科尔沁草原所获得世纪弓弦潮尔稀有文物，模仿原型，原尺寸复制而成的两弦、皮蒙、扁形头弓弦潮尔。）
所属地区		内蒙古自治区通辽市科尔沁地区

续表

年代	元代	时间	元、明、清、20世纪60年代、20世纪80年代至今
总体尺寸	弓弦潮尔主要是内蒙古科尔沁蒙古人侍承和运用的二弦弓弦乐器。其结构、材料、制作具有鲜明的蒙古特色，基本结构以音箱、琴杆、琴头、琴轴、琴弦、音孔、琴码、弦枕、琴弓等部件构成。头形有扁形头、弯形头、马头等各种形状。倒梯形音箱较为多见		

设计原理分析

发声原理	大拇指轻触内弦（低音弦）空弦音上方的四度音的同时，食指轻触外弦（高音弦）空弦上方的五度音，构成同度泛音——Hiang音
操作方式	传统的科尔沁部弓弦潮尔演奏中只用大拇指、食指和无名指。触弦方式为食指和无名指用第一关节内侧触弦，大拇指则用指肚侧触弦来配合高音弦的旋律
演奏姿势	科尔沁部"潮尔齐"在演奏弓弦潮尔时多于炕头盘腿而坐，左腿在内，右腿在外，将潮尔固定在左小腿前，且琴身自然向左倾斜

材料、结构与工艺分析

琴杆	采用椴木，总长91cm。其中，琴头13cm、中部杆身53cm、下部穿过音箱的杆长25c汛包括音箱底凸出1cm的琴弦挂柱。音箱内部琴杆呈方形且稍细，音箱上端的琴杆两头略粗、中端略细，正面整、背面圆形。与音箱连接处宽3cm、上端2.5cm、头部3.5cm。与音箱连接处厚6cm、上端2.5cm、头部3cm	琴头	位于琴杆顶端，宽3.5cm、厚3cm、长13cm。琴头上打出长6.5cm、宽2cm的长方形弦槽，侧面设琴轴洞
琴码	椴木呈马鞍形，上琴码高2cm、底座长2.7cm、上脊长2.3cm、底座厚1.5cm、上脊厚0.3cm；下琴码高3cm、长6.3cm、上脊长4.7cm、底座厚1cm、上脊厚0.3cm。上下琴码设两道弦槽，上码弦槽间距1.5cm，下码弦槽间距2.3cm（其弦槽宽度为0.3cm），符合阴阳两弦	音箱/共鸣箱	倒梯形箱体音箱选用1cm厚板材组成箱壁，音箱正面0.1cm厚羊皮蒙面，背面用0.5cm厚木板封堵。音箱高23cm、肩宽21cm、底座宽16cm、厚8.5cm（包括两面蒙制材料）。在音箱背面中央四方结构中设置直径为1.5cm个圆形音孔
琴皮	在皮质的选择上，用科尔沁地区常见的家畜，如马皮、牛皮或羊皮等制成。（以前也有蒙蟒皮，但因保护，现很少使用）	琴弦	黑色马尾毛制成的阴阳两弦或称粗细两弦，位于琴手侧或右手侧阳弦采用142根马尾毛束成；位于把位侧或左手侧阴弦采用131根马尾毛束成。阳弦总长为100cm，阴弦总长为95cm，包括拉弦带14cm及琴轴缠绕8cm，合计22cm

续表

琴弓	用柳树条铜做成一头握住柄弯曲较大,另一头较顺直的弓形体,用一簇300根黑色马尾毛抻拉并固定在两头,琴弓总长75cm	拉弦带	黑色马尾毛编制而成的14cm拉弦带固定在琴底座凸出1.5cm的琴杆挂弦柱上,由此连接琴弦通过上下两座琴码弦槽,将上端穿入琴头专设的琴轴室缠绕拧紧在琴轴两周
蒙古刀	科尔沁蒙古人虽然很少为传统弓弦潮尔搭配图案或哈达,但在琴码背部凿出凹槽,将蒙古刀的刀刃向外,从上而下渗入的习俗却非常独特。这种方法被当地人认为可以起到辟邪的作用,通过试验发现,还可以稳定音调,改善音质,使音色浑厚		

设计比较分析

乐器名	相似之处	不同之处
弓弦潮尔马头琴	皆以拉擦双弦为主;都采取坐姿进行演奏;旋律声部的高音弦皆位于外侧,内侧的低音弦为持续低音;都采用四度定弦,外弦均为大字组A,内弦均为小字组d	叶克勒触弦方式不同于马头琴的顶弦和科尔沁部弓弦潮尔的手指内侧推弦,采用按压式触弦

设计文化分析

历史源流	一部分学者则认为唐代梨形琴箱的"忽雷"(胡兀日)应是包括科尔沁部弓弦潮尔在内的"马尾胡琴类器"的始祖 宋代关于叶克勒记载: "奚琴是科尔沁部弓弦潮尔的前身" "马尾胡琴"的记载首次出现是在宋代沈括的《梦溪笔谈》: "马尾胡琴随汉车,曲声犹自怨单于。弯弓莫射云中雁,归雁如今不记书。" 宋代陈旸《乐书》记载:"奚琴,出于弦鼗,而形似焉,奚部所好之乐也。盖其制,两弦间以竹片轧之,至今民间用焉。" 元代关于弓弦潮尔记载: 元代《十善福白史册》记载,潮尔(科尔沁部弓弦潮尔)在元朝之前就有了,并且元朝宫廷中设有"抄儿赤""忽兀儿赤"的官职。 明代关于弓弦潮尔记载: 明代《元史礼乐志》中记载:"胡琴,制如火不思,卷颈,龙首,二弦,用弓捩之,弓之弦以马尾。" 清代关于叶克勒记载: 科尔沁部弓弦潮尔作为史诗说唱艺术的伴奏乐器在科尔沁部家喻户晓
音乐作品	弓弦潮尔是科尔沁部英雄史诗莽古斯乌力格尔伴奏乐器,因此在民间广泛流传的科尔沁部弓弦潮尔的代表曲目中有许多使用莽古斯乌力格尔的曲调,如《恶魔调》《开篇》《英雄奔马调》《叙述调》《打仗调》《勇士古诺干》等

续表

形制分析	
正视图	后视图

细节图

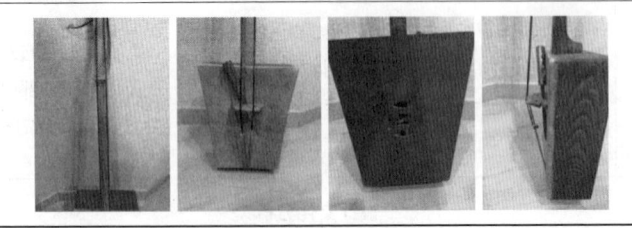